日本政治思想史

原　武史

(改訂版) 日本政治思想史 ('21)

装丁・ブックデザイン：畑中　猛

m-11

まえがき

放送大学で開講された日本政治思想史の教科書としては、これまでに渡辺浩『近世日本政治思想』(一九八五年)、松沢弘陽《ひろあき》『日本政治思想』(一九八九年初版、一九九三年改訂版)、平石直昭『日本政治思想史　近世を中心に』(一九九七年初版、二〇〇一年改訂版)、宮村治雄『日本政治思想史「自由」の観念を軸として』(二〇〇五年)が刊行されてきました。内容は互いに全く異なり、渡辺版と平石版は主に江戸時代、松沢版は明治時代と大正時代、そして宮村版は「自由」という概念を軸に古代から明治時代までを扱っていますが、だんだんと大学の教科書レベルから逸脱し、難解になる傾向がありました。

本書は、高校卒業程度の基礎知識を有する大学生を読者として想定しながら、これまでとはがらりと変わった日本政治思想史を描くことを目的としています。これまでの教科書のような、「〇〇の政治思想」というタイトルのついた章は一つもありませんし、特定の概念をめぐる有名思想家の列伝でもありません。日本の政治体制を支える思想は必ずしも言説化されていないという前提のもとで、政治思想を個々の人間に還元する見方をとっていないからです。

このため本書では、荻生徂徠《おぎゅうそらい》や福澤諭吉、中江兆民など、日本政治思想史を論ずる場合に出てくる定番の思想家が、必ずしも正面から扱われていません。もちろん忘れているわけではなく、確信犯的にやっているのです。しかし、テキストを軽視するどころか、重要な古典や思想家の原文は煩瑣をいとわずに引用しています。政治思想史の教科書にありがちな、抽象的な理念をふりかざすことは極力避け、初学者でもわかりやすく学べることに重点を置いたつもりです。

こう書くと一見斬新なようですが、この分野の事実上の創始者である丸山眞男《まさお》の政治思想史学を継承するという問題意識があることは確かです。もちろん丸山の著作には、今日の学問的水準からすれば問題点も少なくなく、特に西洋政治思想史を念頭に置きつつ、荻生徂徠の思想に「近代」の萌芽を見ようとする初期の作品（『日本政治思想史研究』）についてはほぼ完全に否定されています。しかし本講義では、丸山が残した豊かな思想史学の可能性を継承したいという問題意識があり、丸山の研究に対する批判を踏まえながらも、全章を通してしばしば丸山からの引用があることを断っておきたいと思います。

全15章のうち、第1章から第3章までが総論、第4章から第15章までが各論に相当します。総論では、日本政治思想史とはどういう学問であるかが解説されるとともに、空間と政治、時間と政治の関係について論じられ、私が研究している天皇制についての見取り図が示されています。なぜなら天皇制こそは、丸山自身も長年のテーマとして取り組んだように日本政治思想史の重要な柱であり、天皇制を探ることで言説化されない政治思想も明らかになるからです。各論では、私自身のこれまでの研究をもとに、江戸時代から戦後にかけて多様なテーマを取り上げていますが、総論で論じられた問題が形を変えながら受け継がれているのがわかるでしょう。ただし紙幅の関係上、触れられなかったテーマもあります。

本書は、これまでの教科書とは叙述の方法が異なるにもかかわらず、丸山をはじめとする優れた学者の先行研究に多くを負っています。古典以外にも、適宜彼ら彼女らの著作に言及しています。決して政治学者だけにとどまらず、歴史学者や社会学者などの説も含まれているのは、ひとえに日本政治思想史という政治学の一分野が複数の学問領域の境界に位置しているからです。既存の枠組みにおさまらないこの学問ならではの面白さを味わっていただければ幸いです。そして本書を通して、単に「過去」について学ぶだけでなく、現代日本の政治に対する思想史的視点を養っていただければ、著者としてこれ以上の喜びはありません。

なお、本書では行幸、巡幸、行啓、巡啓、御召《おめし》列車、御用邸などの皇室用語はそのまま用いることとしました。年の表記は旧暦が使われた明治五(一八七二)年までは人物の生没年を除いて元号優先、太陽暦に変わる一八七三(明治六)年以降は西暦優先とし、中国や朝鮮の年の表記も同様の基準で元号、西暦のどちらかを優先させました。また引用文の旧漢字はすべて新字体に改めたことをお断りしておきます。

二〇二一年 一月

原 武史

目次

5 各論2・国学と復古神道 83

6 各論3・明治維新と天皇 99

9

各論6・東京と大阪　147

10

各論7・シャーマンとしての女性　164

13

各論10・戦後の「アメリカ化」 215

14

各論11・戦後の「ソ連化」 232

15

1 総論1・日本政治思想史とは何か

《目標＆ポイント》 日本政治思想史という学問が西洋政治思想史をモデルとして丸山眞男により事実上始められたことに触れるとともに、西洋とも中国や朝鮮のような他の東洋とも異なる日本の政治思想の特徴について概観します。

《キーワード》 丸山眞男、自然、作為、孟子、革命、天皇制、権力の偏重

1．政治思想史とは何か

複数の人間がいれば、必ずそこに政治が存在します。例えば夫婦が二人で生活していても、どちらがゴミ出しをするかを決めるだけで政治的な駆け引きが伴います。つまり私たちは、たとえ政治家ではなくても、好むと好まざるとにかかわらず、日常生活のなかで無意識的に政治的な行動をとっているのです。ロビンソン・クルーソーのように無人島で一人生活することができない以上、政治というのは人類の発生とともにあるといっても過言ではないでしょう。

本書で扱う政治思想史は、政治学の一分野です。日本政治といえば、国会や議会、内閣、選挙、官僚制といった諸制度、あるいは首相や閣僚、知事、市町村長、議員、市民運動家や右翼といった人々を思い浮かべるかもしれません。しかし政治思想史という学問は、目の前にある制度や人々からいったん離れて、どうすれば複数の人間からなる共同体や社会で、お互いがよりよく生きてゆく

ことができるかを、古代からの人類の叡知をもとに考えてみようという問題意識に基づいています。

もし現実の政治にすべての人間が百パーセント満足していれば、政治思想は生まれません。けれども、すべての人間が満足する政治というのは、原理的にあり得ません。クローン人間のような同一の人間をつくり出すことが倫理的に認められていない以上、ある人間にとっては満足すべきであっても、別の人間にとってはそうでないのが政治というものです。だからこそ政治思想には、いつの時代であっても現実の政治を批判したり、相対化したりする視点が必ずといってよいほど含まれています。

しかしながら、政治思想に究極の正しい「解答」というものは存在しません。それが永遠に解決不能な命題であることは、今日もなお世界各地で政情が安定せず、紛争や衝突が絶えないことからも明らかではないでしょうか。それでも、一人の人間が他者と共存しつつ良き人生を歩んでゆきたいという真摯な思いは、たとえいつどこで生まれようが、誰もがもっているはずです。実際に前述のような政治制度が確立される前から、洋の東西を問わず、さまざまな思想家がこの難問を解こうとしてきました。

ヨーロッパでは、古代から現代にかけての代表的な政治思想家として、プラトン（前四二七〜前三四七）、アリストテレス（前三八四〜前三二二）、アウレリウス・アウグスティヌス（三五四〜四三〇）、トマス・アクィナス（一二二五頃〜七四）、ニッコロ・マキャヴェリ（一四六九〜一五二七）、ジャン・ボダン（一五三〇〜九六）、トマス・ホッブズ（一五八八〜一六七九）、ジェームズ・ハリントン（一六一一〜七七）、ジョン・ロック（一六三二〜一七〇四）、ジャン・ジャック・ルソー（一七一二〜七八）、エドマンド・バーク（一七二九〜九七）、G・W・F・ヘーゲル（一七七〇〜一八三一）、アレクシ・ド・トクヴィル（一八〇五〜五九）、J・S・ミル（一八〇六〜七三）、カール・マルクス（一八一八〜八三）、ウラジーミル・レーニン（一八七〇〜一九二四）、カール・シュミット（一八八八〜一九八五）、ハンナ・アーレント（一九〇六〜七五）、ジョン・ロールズ（一九二一〜二〇〇二）、ミシェル・フーコー（一九二六〜八四）、ユルゲン・ハーバーマス（一九二九〜　）といった名前が挙げられるでしょう。

いずれも言わずと知れた偉大な思想家であり、日本でも明治以降、全集や代表作が次々に翻訳されてきました。一例を挙げれば、「東洋のルソー」と呼ばれた中江兆民（一八四七〜一九〇一）は、ルソーの代表作である『社会契約論』の一部を漢字カタカナ交じり文に翻訳した『民約論』を一八七四（明治七）年に著したのに続き、一八八二年には古典中国語（漢文）に翻訳した『民約訳解』を刊行しています。

もちろん個々の思想家によって、「解答」の仕方は全く異なっています。したがって学問の方法としては、できるだけ翻訳に頼らず、原語でひたすらテキストを読んでゆくことが最も重要になります。テキストに何が書かれているかを「解読」することと、政治思想を研究することがほぼ同義となるわけです。

あるいは、民主主義、共和主義、社会主義、共産主義、全体主義、保守主義、国家主義、市民、権力、自由、平等、正義、主権、自然権ないし自然法、公共性ないし公共圏といった、政治を語る上で欠かすことのできない諸概念があります。これらの概念はすべてヨーロッパで生まれ、漢語に翻訳されたものですが(1)、一体誰がいつ、いかなる理由から唱え出したのか、そして時代とともににどう変遷しつつヨーロッパ以外の世界に拡大し、今日に至っているのかを解明することもまた、政治思想史という学問の重要な課題とされています。

いずれにせよ政治思想といえば、第一義的には西洋由来の政治思想を指すことが多いのです。古代ギリシアから二〇世紀のヨーロッパまでの政治思想の変遷は西洋政治思想史と呼ばれ、日本でも明治以来、長い研究の蓄積があります。福澤諭吉（一八三四～一九〇一）にせよ、先にあげた中江兆民にせよ、あるいは民本主義で有名な吉野作造（一八七八～一九三三）にせよ、彼らはみな西洋の政治思想をいち早く吸収し、そこから多くの影響を受けた思想家にほかなりません。

2. 日本政治思想史という学問

しかし言うまでもなく、政治は西洋だけで行われてきたわけではありません。中国、朝鮮、日本などの東アジアでも行われてきました(2)。

ただし、紀元前の古代ギリシアですでに民主政治（デモクラシー）が行われたヨーロッパとは異なり、中国や朝鮮では古代から近代にかけて、一貫して皇帝や国王を政治的主体とする君主政治が行われてきました。日本もまた民主政治が行われてこなかった点では中国や朝鮮と同じですが、だからといって単純に君主政治が行われてきたともいえません。後に触れる政治学者の丸山眞男《まさお》（一九一四～九六）は、「日本の政治史においては、専制君主（despot）が出現したケースは乏しく、それはドラスティックな革命が稀であることと相関関係にある。統治構造の変遷にあっても、最終的な権力（争点の決定者）がどこにあるか、その所在が明確にlocate〔位置確定〕されぬものが多い」（『丸山眞男講義録第六冊　日本政治思想史１９６６』東京大学出版会、二〇〇〇年。傍点原文）と述べています。

実際には中国や朝鮮でも、科挙で合格した官僚（臣）が君主を補佐する体制がとられることが多かった上、君主が幼少の場合には母親や祖母などに当たる親族の女性（皇太后、太皇太后、大妃《テビ》、王大妃《ワンテビ》、大王大妃《テワンテビ》など）や父親などが代わりに政治を行うこともありましたが(3)、革命や併合によって清や大韓帝国が滅んだ二〇世紀初頭まで、君主政治の原則は揺らぎませんでした。したがって当然、政治思想史もヨーロッパとは全く異なる展開をたどりました。

東アジアで初めて体系的な政治思想が生まれたのは、中国の春秋戦国時代でした。この時代には、諸子百家と呼ばれる諸思想が乱立し、そのなかから一人の道徳的に優れた人間による統治を正当化する儒教という政治思想が発生したのです。儒教は、魯の孔子（前五五二または前五五一～前四七九）によって大成されて以来、実に二千年以上にわたって中国の正統思想として君臨し続けたばかりか、朝鮮や日本、琉球、越南（ベトナム）といった周辺諸国にも大きな影響を及ぼしました。このような儒教に匹敵する政治思想を、ヨーロッパに見いだすことはできません。

儒教には多くの経典があります。四書と呼ばれる『論語』『孟子』『大学』『中庸』や、六経《りくけい》と呼ばれる『易《えき》』『春秋』『詩経』『書経』（『尚書』）『礼記《らいき》』『楽経《がっけい》』がそれに当たります。実際には『楽経』は散逸しているため、六経ではなく五経《ごきょう》と呼ばれることが多く、四書と合わせて四書五経と呼ばれることもあります。

南宋の時代には、朱熹《しゅき》（一一三〇～一二〇〇）によって四書を重視した朱子学が大成され、儒教の正統的な地位を確立しました。朱子学は、太祖元（一三九二）年から一九一〇（隆熙四）年まで続いた朝鮮王朝（一八九七（光武元）年からは大韓帝国に国号を変更）でも体制イデオロギーとなったばかりか、江戸時代の日本でも多くの優秀な朱子学者が生まれ、後期になるほど地方の藩校や私塾にも広がりました。

いや、朱子学だけではありません。江戸時代の日本では、中江藤樹《とうじゅ》（一六〇八～四八）や弟子の熊沢蕃山《ばんざん》（一六一九～九一）が陽明学者となったほか、伊藤仁斎《じんさい》（一六二七～一七〇五）や荻生徂徠《おぎゅうそらい》（一六六六～一七二八）が朱子学を批判し、仁斎学（古義学）や徂徠学（古文辞学）と呼ばれる新たな儒学を大成しました。さらに後期になると、儒学全般に対抗して日本古典を研究する国学が台頭し、本居宣長《もとおりのりなが》（一七三〇～一八〇一）によって大成されました。宣長は、とりわけ『古事記』の研究を通して中国とは異なる日本独自の「道」を明らかにすることで、天皇の「発見」へと至ったのです。

したがって日本は、中国を中心とする東アジアの儒教文化圏に属しながらも、とりわけ近世から近代にかけて、中国とも朝鮮とも異なる政治思想史をたどることになりました。

しかし、このような日本政治思想史の研究は、西洋政治思想史の研究に比べて遅れました。その背景には、明治以来の日本の歩みそのものが反映していました。前述のように明治の日本は、西洋を近代化のモデルとし、議会や内閣などの制度ばかりか、政治思想までも西洋から一方的に取り入れました。

福澤諭吉は『文明論之概略』の第二章「西洋の文明を目的とする事」で、「断じて西洋の文明を取るべきなり」という有名な一文を残しています（岩波文庫、一九九五年。以下、同書からの引用はすべてこの版による）。おそらく福澤の念頭にあったのは、「進んだ西洋」と「遅れた東洋」という図式だったでしょう。儒教に代表される東洋の政治思想は、批判や克服の対象にしかならないわけです。福澤が一八八五（明治一八）年に発表した社説「脱亜論」で、西洋文明を奉じる立場から、儒教に固執する中国や朝鮮を批判したのはよく知られています。確かに中江兆民は、西洋の政治思想を受容する媒介として儒教に着目し、ルソーの思想を『孟子』をはじめとする儒教思想と接ぎ木させようと試みた点で福澤とは異なっていましたが（松本三之介「中江兆民における伝統と近代―その思想構築と儒学の役割」、『明治思想における伝統と近代』東京大学出版会、一九九六年所収）、西洋の政治思想をモデルとする価値観そのものは福澤と共有していたように思われます。

私事で恐縮ながら、私が東京大学大学院法学政治学研究科修士課程の入学試験を受けたときには日本政治思想史という試験科目はなく、日本政治思想史を専攻する場合でも「政治学史」を受験しなければなりませんでした。政治学史というのは西洋政治思想史のことで、一九二四（大正一三）年に東京帝国大学で政治学講座から分設され、南原繁（一八八九～一九七四）が最初の担当者になりました。この名称には、政治学は西洋でしか生まれなかったという歴史観が反映しています。ちなみに現在でも、東大では西洋政治思想史が政治学史と呼ばれており、試験の方法自体も変わっていないようです。

日本政治思想史の本格的な研究が始まったのは、西洋政治思想史よりもずっと遅く、一九三九（昭和一四）年に南原繁により東京帝国大学法学部に「東洋政治思想史」の講座が置かれたのが最初です。南原には、当時流行していた天皇中心の歴史観である「皇国史観」に対抗したいという気持ちもあったように思われます。

3. 丸山眞男の『日本政治思想史研究』

講座を初めて担当したのは、早稲田大学教授で、東京帝国大学兼任講師となった津田左右吉《そうきち》（一八七三〜一九六二）でした。しかし津田は、右翼団体の原理日本社を率いていた蓑田胸喜《むねき》（一八九四〜一九四六）らから大逆思想家とされて猛烈な攻撃を浴び、四〇年には著書が発禁処分になったばかりか、大学も辞職させられます。

津田を継いだのが、東京帝国大学法学部で南原繁に師事して助手、次いで助教授となる丸山眞男でした。日本政治思想史という学問は、事実上丸山によって始められたといっても過言ではありません。丸山は、西洋政治思想史のように古代から現代までを俯瞰するのではなく、江戸時代と明治時代を中心として本格的な研究を始めました。

日本が太平洋戦争へと突き進んでいった時代に、丸山は自らの研究成果を「近世儒教の発展における徂徠学の特質並にその国学との関連」「近世日本政治思想における「自然」と「作為」」という二つの論文にまとめました。一九五二年に東京大学出版会から刊行された『日本政治思想史研究』（新装版は一九八三年に刊行）に収録された二つの論文は、日本政治思想史のモデルとして西洋政治思想史を強く意識し、特に古代のアリストテレス、中世のトマス・アクィナス的な「自然」の論理からホッブズの社会契約説に見られる「作為」の論理への転回を近代の政治原理として位置づけ、それに当たる日本政治思想史を江戸時代における朱子学から徂徠学への転回に見いだそうとしたものです。

〔提供：朝日新聞社〕

図１－１　丸山眞男

ではいったい、丸山のいう「自然」と「作為」

とは、どういう意味でしょうか。ここには、政治が行われる共同体や社会を、あらかじめ存在しているもの、つまり所与の「自然」と見なすのか、それとも人工的につくり出されたもの、つまり人間による「作為」と見なすのかという対立軸があります。前者の観点に立てば、既存の階層や秩序は不変の前提になります。しかし後者の観点に立てば、既存の階層や秩序をいったんご破算にし、全く新しい社会をつくり出すことが可能になるわけです。

丸山は、朱子学の「自然的秩序」と荻生徂徠の「聖人の作為」を対比させました。徂徠は、「道」は朱熹が解釈するような「天地自然の理」のなかにあらかじめ存在するのではなく、中国古代の傑出した統治者である「聖人」が人工的につくり出したと解釈しました。丸山は、徂徠学に見られる「作為」の論理のなかに、西洋の社会契約説へとつながる「近代」の萌芽を見いだそうとしたのです。けれども、「作為」の主体を「聖人」だけに限定せず、人民一般にまで広げる社会契約説のような思想は、東洋ではついに生まれませんでした。丸山が強引な徂徠学の解釈をした背景には、政治思想史はすべからく西洋がたどったのと同じ「近代」に向かって進んでゆくはずだとする意識があったように見えます。

丸山が始めた日本政治思想史という学問は、「思惟《しい》様式」という聞き慣れぬ用語に表されているように、インパーソナル（非人格的）な範疇を設定しながらも、とりわけ初期には朱熹や伊藤仁斎、荻生徂徠、本居宣長、あるいは福澤諭吉といった個人の思想に重点を置いていました。つまり、全集をはじめとするテキストの解読に力点が置かれるわけです。丸山がとったこの方法は、先輩の学問である南原繁の「政治学史」（一九六二年に『政治理論史』として東京大学出版会より刊行）を忠実に踏襲していました。

4. 天皇制というアポリア

丸山の『日本政治思想史研究』には、もう一つの意識がありました。丸山自身が新装版に収めた「英語版への著者の序文」によれば、それは、論文執筆当時に流行していた「近代の超克」論に対抗して、「近代」を擁護しようとしたことです。いや、それだけではありません。神武天皇から昭和天皇（一九〇一～八九）まで血縁でつながった「万世一系」の天皇を仰ぎ、不変の「国体」を誇っていた当時の「皇国史観」にも対抗して、日本にも「近代」へと向かう政治思想の萌芽があったことを証明しようとしたことです。その意味では、研究自体が一つの抵抗の思想表現にほかなりませんでした。けれども、「近代」へと向かうストーリーのなかに江戸初期の朱子学から中期の伊藤仁斎、荻生徂徠を経て、後期の本居宣長までの政治思想史をはめ込んだ「丸山史観」は、もはや学説としては完全に破綻しています(4)。

敗戦後、丸山は研究を続ける一方、同時代の日本の政治に対する関心をもち続け、日本に西洋由来の民主主義を浸透させようとしました。その具体的模索については第13章で触れますが、一つのピークを迎えるのは、自民党の岸信介政権が進めようとした日米安全保障条約の改定に反対する「六〇年安保闘争」でした。戦後に丸山が果たした役割は、明治初期に啓蒙思想家の福澤諭吉が果たした役割に匹敵するといってよいでしょう。

しかし本講座では、「丸山史観」とは別の方法で日本政治思想史を考えてみたいと思います。具体的にいえば、かつての「皇国史観」とは別の意味で、なぜ日本の政治を支えている思想は変わらないのかを問うてみたいのです。もっとも丸山自身、七〇年代以降になると『古事記』『日本書紀』

や本居宣長の代表作である『古事記伝』などを読み込み、日本思想の「古層」や「執拗低音」に迫ることで「丸山史観」を修正しようとしていますので、その意味では丸山の問題意識を継承する試みといえるかもしれません。

こう書くと、直ちに次のような反論が寄せられるでしょう。戦後、日本国憲法によって国民主権や基本的人権の尊重が定められたではないか。男女の普通選挙が実現され、貴族院に代わって参議院が設置され、政党政治が復活して国会議員ばかりか知事も選挙で選ばれるようになるなど、民主主義が確立されたではないか。戦前までと比べて、日本の政治は明らかに近代化されたではないか――。

けれども、それらはあくまでも制度の次元の話にすぎません。ここで注意しなければならないのは、こうした制度がもたらされたからといって、民主主義が完全に体現されるわけではないということです。誰よりも丸山自身がこのことを痛感していました。『日本の思想』（岩波新書、一九六一年）には、「西欧やアメリカの知的世界で、今日でも民主主義の基本理念とか、民主主義の基礎づけとかほとんど何百年以来のテーマが繰りかえし「問わ」れ、真正面から論議されている状況は、戦後数年で、「民主主義」が「もう分ってるよ」という雰囲気であしらわれる日本と、驚くべき対照をなしている」という一文があります。丸山にいわせれば、民主主義とは「永久革命」によってしか成し遂げられないものであり、「もう分ってるよ」はあり得ないのです。

おそらく、日本の政治や社会の根本が時代を超えていかに変わらないかを最もよくわかっていたのは、丸山自身も尊敬していた福澤諭吉でしょう。福澤は『文明論之概略』の第九章「日本文明の由来」で、日本文明を西洋文明から分ける思想を「権力の偏重」と名づけました。「日本にて権力の偏重なるは、あまねくその人間交際の中に浸潤して、至らざる所なし」。つまり「権力の偏重」は、政府ばかりか「全国人民の気風」にまでなっているというのです。この状況は今日もなお払拭されたわけではありませんが、『文明論之概略』で十分論じられていない問題があります。

それは天皇の問題です。もっといえば天皇制です。敗戦の翌年に発表され、丸山の名を一躍高からしめた論文「超国家主義の論理と心理」では、すでに天皇制の問題が正面から論じられています。なお天皇制という用語は、一九三二（昭和七）年にコミンテルンが日本共産党に提示したテーゼ（三二年テーゼ）に由来するものであり、共産主義革命を前提としているので使わない学者もいますが、本書では天皇を君主や象徴とする国家の体制を意味する用語として、そのまま用いることにします。

前述のように、中国や朝鮮では長年にわたり、儒教、とりわけ朱子学が政治体制を支えるイデオロギーとなりました。朱子学が重視した四書の一つで、孔子の教えを継承した孟子（前三七二？～前二八九）の言行や思想が記された『孟子』には、王朝の交代を正当化する革命という思想があります。五常と呼ばれる仁、義、礼、智、信といった徳を完璧に兼ね備えた天子《てんし》、秦の始皇帝以降でいうところの皇帝が徳を失ったと判断される場合には、もはや「天」から天命が降りていないので革命が正当化されるのです(5)。ここには、体制の正統性を問い直す視点があり、「作為」の論理が一層よく当てはまります。朱子学の大成者である朱熹もまた、条件つきながら放伐による革命を原理的に認めています。この点で『日本政治思想史研究』のように、朱子学を「自然」の論理だけで論じることには問題があります。

ところが日本では、江戸時代の儒学者ですら、『孟子』の革命をそのまま肯定する学者は多くありませんでした。ましてや国学者は、王朝が何度も交代する中国や朝鮮のように、天皇の支配が交代することはあり得ないと考えていました。日本では記紀神話に登場するアマテラス（『古事記』では天照大御神、『日本書紀』では天照大神と表記）の子孫だけが天皇になることができるとされたのであり、徳を完璧に備えさえすれば原理的に誰もが天子になれると考える儒教はしりぞけられたのです。体制の正統性が問題となったのは、せいぜい一四世紀に分裂した南朝と北朝のうち、どちらを正統とすべきかをめぐって議論が起こった程度でした。

後醍醐天皇（一二八八～一三三九）に仕えた北畠親房《ちかふさ》（一二九三～一三五四）は、『神皇正統記《じんのうしょうとうき》』のなかで南朝正統論を唱えました。江戸時代に水戸藩主の徳川光圀《みつくに》（一六二八～一七〇〇）が編纂した『大日本史』でも、南朝正統論を展開しています。この問題は明治末期に国定歴史教科書の南北朝並立の見解をめぐって起こった「南北朝正閏《せいじゅん》問題」で再燃し、明治天皇（一八五二～一九一二）が水戸学にならって南朝を正統としたことで決着しました。したがって今日でも、北朝の天皇（光《こう》厳《ごん》、光明《こうみょう》、崇光《すこう》、後光厳、後円融）は歴代天皇に加算されていません。

天皇制は、天子が有徳者かどうかが常に問われる儒教思想に基づいていないため、個々の天皇の資質が問われることはありません。たとえ「皇国史観」が消えても、初代神武天皇から一二六代とされる現天皇（徳仁《なるひと》）まで、もっといえばアマテラスから現天皇までが一つの血統でつながっているという「万世一系《ばんせいいっけい》」イデオロギーは、完全に消えてはいないのです(6)。

西洋でも東洋でも、政治思想で一貫して問題となったのは、支配者の資質でした。それは政治思想の原点といってよいものです。西洋政治思想史の始祖である古代ギリシアのプラトンは、主著『国家』で善のイデアを知ることのできる哲人王という一人の人間の支配を最善のものとしましたし、儒教でも徳を完全に兼ね備えた一人の人間の支配を究極の理想として掲げていました。

しかし日本の政治体制では、支配者の資質を問う視点がきわめて弱いという特徴があります。明治維新で新政府が「神武創業」への復古を掲げたのは、神武天皇がモデルとして優れていたからではありませんでした。だからこそ明治天皇の教育は、神武天皇ではなく中国古代の聖人とされた堯《ぎょう》や舜《しゅん》をモデルとせざるを得なかったのです(7)。それは天皇に限った話ではありません。徳川家康(一五四二〜一六一六)が江戸に幕府を開いたのも、徳を完全に兼ね備えていたからではなく、戦国の最終的勝利者となったからであって、戦争に勝ち抜いた者が支配者となるという単純な論理が幅をきかせていました(渡辺浩「「御威光」と象徴－徳川政治体制の一断面－」、『東アジアの王権と思想』東京大学出版会、一九九七年所収)。このために体制の正統性をイデオロギーにする必要がなかったのです。

5.「作為」でなく「自然」

こうして見ると、日本政治思想史を従来の西洋政治思想史をモデルとする方法でとらえるだけでは限界があることがわかります。戦中期の丸山眞男が徂徠学に「作為」の論理を見いだそうとしたにもかかわらず、日本では古代から一貫して、人間によってつくられたはずの政治体制を、あたかも地震や台風のような自然災害のように、人間の力によっては変えることのできないものとしてとらえる「自然」の論理が、きわめて強いからです。この場合の「自然」の意味は、朱子学の「天地自然の理」という場合の「自然」よりはむしろ、日本語の「おのずから」に近くなります。

福澤諭吉のいう「権力の偏重」というのも、このことと関係しています。既存の体制は常に所与のものとしてあり、「下」が「上」に対してものが言えない息苦しさが出てきます。福澤だけではありません。実は江戸時代にも、荻生徂徠や本居宣長のようなすぐれた思想家は、「下たる人」や「御前へ出る人々」が自由にものが言えない体制の息苦しさを、八代将軍徳川吉宗（一六八四〜一七五一）に提出した『政談』や、紀州藩主徳川治貞《はるさだ》（一七二八〜八九）に提出した『秘本玉くしげ』といった著作のなかで指摘していました。けれども、この体制を正当化する政治思想ははっきりしなかったのです。

このような日本の政治思想を探るためには、個々の思想家の言説を追ってゆくだけでは限界があります。体制を支えている思想が、必ずしもテキストに書かれているわけではないからです。言説化されないものまで含めて思想と見なす新たな視点が必要になってきます。次章ではこの点につき、さらに考えてみたいと思います。

≫注

（1）これらの漢語の中には、民主主義や社会主義のように、明治になって新たにつくり出されたものもあれば、自由や平等のように、古代から使われてきた漢語を転用したものもあります。

（2）ここでいう中国、朝鮮、日本は、特定の王朝や国号を指すわけではなく、中国大陸、朝鮮半島、日本列島といった地理的な名称を意味します。

（3）皇后では前漢の呂后（前二四一〜前一八〇）や唐の武皇后（武則天、則天武后。六二四〜七〇五）が、皇太后では清の西太后（慈禧太后。一八三五〜一九〇八）が有名です。武皇后は中国史上で唯一、女性の皇帝になっています。大妃と王大妃、大王大妃というのは朝鮮における先代王と先々代王の妃で、主に現国王の母と祖母のことです。このような政治は、中国でも朝鮮でも玉座の後ろに女性が御簾（屏風）を垂らして座っていたことから、「垂簾聴政」と呼ばれました（中国では「臨朝称制」ともいいます）。垂簾聴政については第4章で再説しますが、以下の著書を参照。朱子彦『垂簾聴政　君臨天下的「女皇」』（上海古籍出版社、二〇〇七年。原文は中国語簡体字）、尹貞蘭《ユンジョンラン》『王妃たちの朝鮮王朝』（金容権訳、日本評論社、二〇一〇年）、キム・スジ『大妃　王より上位の女性』（ソウル・人文書院、二〇一四年、原文は韓国語）。父親では清の宣統帝の父、醇親王載灃（一八八三〜一九五一）や朝鮮の高宗《コジョン》の父、興宣大院君《フンソンテウォングン》（一八二〇〜九八）が有名です。このほか、皇太子（皇帝の子）や王世子《ワンセジャ》（国王の子）、叔父、外戚などの男性が政治を行うこともありました。日本の摂関政治や院政も、天皇に代わって藤原氏のような外戚や父、祖父、曽祖父に当たる上皇が政治を行う点でこれと似ています。

（4）この点については丸山自身も前掲「英語版への著者の序文」で「本書の基底に流れている「朱子学的思惟様式の普及と、それにつづくその漸次的な解体」とか、あるいは「自然から作為へ」といった進化論的図式が、どこまで歴史的実証に堪えるか、については少なからず疑問の余地がある」と述べています。

（5）「天」については平石直昭『天』（三省堂、一九九六年）を参照。革命という言葉は幕末にrevolutionの訳語としても用いられますが、儒教の革命とは意味が異なります。revolutionはフランス革命やロシア革命のように、君主制が共和制へと変わるのに対して、儒教の革命は一人の君主が交代するだけで、君主制という政体そのものは変わらないからです。

（6）歴代天皇のなかに女性がいてもみな未亡人か独身であり、女性天皇の子が天皇になった例はないという意味で、これを男系天皇と呼ぶことができます。二〇〇〇年代になって皇室典範改正論がもち上がった際、保守派の論者が女系天皇（女性天皇の子）を認めることに強く反対したのは、「万世一系」が否定されることを危惧したからでした。

（7）聖人というのは儒教で理想とされた君主のことで、堯や舜のほか、夏王朝の建国者とされる禹《う》、殷の創始者とされる湯王、周の創業に尽力した文王（前一一五二〜前一〇五六）、武王、周公、それに孔子が当てはまるとされています。

学習課題

1. 政治思想史から見た西洋と東アジアの違いについて考えてみよう。
2. 政治思想史から見た中国・朝鮮と日本の違いについて考えてみよう。
3. 丸山眞男『日本政治思想史研究』の特徴とその問題点をまとめてみよう。

参考文献

丸山眞男『日本政治思想史研究』（東京大学出版会、一九五二年。一九八三年に改版）
丸山眞男『日本の思想』（岩波新書、一九六一年）
松本三之介『明治思想における伝統と近代』（東京大学出版会、一九九六年）
福沢諭吉『文明論之概略』（岩波文庫、一九九五年）
『孟子』上・下（小林勝人訳注、岩波文庫、一九六八年）
渡辺浩『東アジアの王権と思想』（東京大学出版会、一九九七年）
荻生徂徠『政談―服部本』（平石直昭校注、平凡社東洋文庫、二〇一一年）
本居宣長「秘本玉くしげ」（『本居宣長全集』第八巻、筑摩書房、一九七二年所収）

2 総論2・空間と政治

《目標&ポイント》 日本では言説化した政治思想が空間をつくり出すのではなく、逆に空間が言説化されない政治思想をつくり出すという特徴があります。近代天皇制や徳川政治体制を例に、その特徴について考察します。

《キーワード》 国体、言説化、視覚化、君民一体、論語、礼楽刑政、空間政治学

1.「国の体たる、それ何如ぞや」

日本の政治体制を支えている思想が必ずしも言説化されていないことを示す格好の実例として、本章ではまず「国体」について考えてみましょう。

国体を英訳するとナショナル・ポリティになりますが、この言葉を一つのイデオロギーにまで高めたのは、幕末の水戸学者、会沢正志斎《せいしさい》（一七八二～一八六三）でした。会沢は尊王攘夷論に大きな影響を与えた『新論』で、「国の体たる、それ何如《いかん》ぞや。夫《そ》れ四体具《そなわ》らざれば、以て人となすべからず。国にして体なくんば、何を以て国となさんや」（『日本思想大系53　水戸学』岩波書店、一九七三年所収。原文は漢文）と述べました。頭と胴体と手と足が備わっていなければ人間とはいえないように、国にも「体」がなければ国とはいえないとしたわけです。一八世紀から一九世紀にかけて、日本近海に出没するようになった西洋列強の外圧が、日本が日本であるとはどういうことか

という強烈な国家意識を呼び起こしたのです。

会沢は、「国体」の中核として天皇に注目し、西洋のキリスト教に対抗して天皇が祭祀を行うことの重要性を強調しました。明治になると、「国体」は一八九〇（明治二三）年発布の教育勅語で「我カ臣民克《よ》ク忠ニ克ク孝ニ億兆《おくちょう》心ヲ一《いつ》ニシテ世世《よよ》厥《そ》ノ美ヲ済《な》セルハ此レ我カ国体ノ精華ニシテ教育ノ淵源亦《また》実ニ此《ここ》ニ存ス」とあるように、単なるナショナル・ポリティではなく、日本は世界に比べるもののない美しい「国体」をもっているというニュアンスが加わります。そして一九二五（大正一四）年成立の治安維持法の第一条では、「国体ヲ変革シ又ハ私有財産制度ヲ否認スルコトヲ目的トシテ結社ヲ組織シ又ハ情ヲ知リテ之ニ加入シタル者ハ十年以下ノ懲役又ハ禁錮ニ処ス」とあるように、初めて法律用語として登場しました。これを受けて、最高裁に当たる大審院は、一九二九（昭和四）年五月三一日の判決で、「我帝国ハ万世一系ノ天皇君臨シ統治権ヲ総攬《そうらん》シ給フコトヲ以テ其ノ国体ト為シ」と定義しました。

この定義が、大日本帝国憲法の第一条「大日本帝国ハ万世一系ノ天皇之ヲ統治ス」と第四条「天皇ハ国ノ元首ニシテ統治権ヲ総攬シ此ノ憲法ノ条規ニ依リ之ヲ行フ」に依拠しているのは明らかでしょう。しかし、丸山眞男が『日本の思想』（岩波新書、一九六一年）のなかで指摘しているように、「国体」はそうした散文的な規定に尽きるものではありませんでした。

> 国体を特定の「学説」や「定義」で論理化することは、ただちにそれをイデオロギー的に限定し相対化する意味をもつからして、慎重に避けられた。それは否定面においては――つまりひとたび反国体として断ぜられた内外の敵に対しては――きわめて明確峻烈な権力体として作用する

が、積極面は茫洋とした厚い雲層に幾重にもつつまれ、容易にその核心を露わさない。

（傍点原文）

正確にいえば、文部省は一九三七（昭和一二）年に『国体の本義』を出版して「国体」を明らかにしようとしました。にもかかわらず、冒頭に「我が国体は宏大深遠であつて、本書の叙述がよくその真義を尽くし得ないことを懼《おそ》れる」とあるように、その試みに限界があることを文部省自身が認めていました。四五年八月にポツダム宣言を受諾することが「国体」を護持し得るか否かをめぐって鈴木貫太郎内閣の意見が割れ、最後は昭和天皇の「聖断」によって受諾が決定されたことは、政府の最高首脳部ですら「国体」が何を意味するかについて一致した見解がなかったことを意味しています。

2.「国体」の視覚化

では、「国体」とは丸山がいうように、否定面だけを媒介としたものであり、積極面としてはとらえようのないものだったのでしょうか。この問いに対しては、「国体」の言説化はできなくても、視覚化はできたという答えが可能なように思われます。

詳しくは第11章で触れますが、一九二一（大正一〇）年に皇太子裕仁《ひろひと》（後の昭和天皇）がヨーロッパから帰国したのを機に、天皇制の大掛かりな再編が行われ、「国体」は目に見えるものになりました。より具体的にいえば、皇太子や天皇が積極的に行幸や行啓を行うとともに、万単位の臣民と会うことのできる「君民一体」の空間が、東京ばかりか植民地を含む全国各地に設定され、親閲式や奉祝会、奉迎会などの新しい儀礼が行われるようになりました。臣民が皇太子や天皇の面前で日の丸の旗行列や君が代、奉迎歌の斉唱、万歳三唱、分列式などを行い、両者が一体になっていると感じることのなかに「国体ノ精華」を見るようになるわけです。

大正から昭和初期にかけての皇太子や天皇は、例外的に文語調の令旨《りょうじ》や御詞《おことば》、勅語、詔書を読み上げることはあっても、基本的には無言の存在でした。不特定多数の臣民の前で詔書を読み上げることもありませんでした（次章で触れる一九四五年八月一五日の玉音放送が大きな政治的効果を呼び起こしたのは、この原則を破ったからです）。皇太子や天皇が肉声を発し、臣民がその言葉を理解した上で感動するのではなく、逆に臣民が歌を斉唱したり、万歳や分列行進をしたりして一体感が生まれることで、どの国にもない「国体」のすばらしさを実感したわけです。

例えば一九二四（大正一三）年一一月八日、皇太子裕仁が福井市を訪れた際に福井城旧下馬門《げばもん》跡広場で行われた奉迎会では、同行した宮内大臣の牧野伸顕《のぶあき》（一八六一～一九四九）がこう記しています。

旧城門外の広場に市民数万人を集め、殿下は便殿に出御《しゅつぎょ》遊ばさる。知事（中野與吉郎《よきちろう》）奉迎文を朗読、捧呈し、次いで奉迎者一同奉迎歌を合唱して後、知事、殿下の万歳高唱。万民之に和す。此間十分間内外なりしが実に壮観を極《き》はめ、秩序整然、忠誠の気分満々たり。何れの国にても如此《かくのごとき》真純なる恭虔《きょうけん》の赤心を以て主権者を迎ふる処あるべしとも思はれず。特種《ママ》の国体観、益々例証せられたるものと云ふ可し。

（『牧野伸顕日記』中央公論社、一九九〇年）

ここで重要なのは、言説ではなく空間です。抽象的な言説ではなく、具体的な空間のなかに「国体」が視覚化され、牧野がその「国体」を目のあたりにして、「何れの国にても如此真純なる恭虔の赤心を以て主権者を迎ふる処あるべしとも思はれず」という感想を漏らしていることに注目しなければなりません。

確かに一八九〇（明治二三）年の帝国議会開設以来、日本も本格的な議会政治の時代に入りました。しかしだからといって、明治から昭和初期にかけての政治が完全に代議制に収斂されたわけではありません。なぜなら、一九二八（昭和三）年の普通選挙法施行以降ですら、女性や学生生徒、植民地在住の人々などには参政権がなく、無産政党もほとんど議会に進出できなかったからです。大正後期以降の天皇制は、このような狭義の政治から疎外された人々を含む「君民一体」の空間を各地につくり出すことを通して、多くの臣民に「国体」を観念的に理解させたのではなく、体験として実感させたのです。

おそらく、大正から昭和初期にかけて、沖縄県を含む全国各地と台湾、樺太を訪れた当の裕仁自身もそうだったでしょう。一九四五年八月一五日にラジオで放送された終戦の詔書（正確には「大東亜戦争終結ニ関スル詔書」）で、裕仁＝昭和天皇は「朕《ちん》ハ茲《ここ》ニ国体ヲ護持シ得テ忠良ナル爾《なんじ》臣民ノ赤誠ニ信倚《しんい》シ常ニ爾臣民ト共ニ在リ」（傍点引用者）と述べています。

3．儒教と近代天皇制

古代ギリシア以来の西洋政治思想の中核には、ロゴス（言葉）がありました。例えばアリストテレスは『政治学』（牛田徳子訳、京都大学学術出版会、二〇〇一年）のなかで「人間に独自な言葉は、利と不利と、したがってまた正と不正を表示するためにある。なぜなら人間だけが善と悪、正と不正、その他を知覚できるということ、これが他の動物と対比される人間の特性にほかならないからである。そして人間が善と悪、正と不正などを共有することがオイコスやポリスを作るからである」と述べていますし、ハンナ・アーレントも『人間の条件』（志水速雄訳、ちくま学芸文庫、一九九四年）のなかで「政治的であるということは、ポリスで生活するということであり、ポリスで生活するということは、すべてが力と暴力によらず、言葉と説得によって決定されるという意味であった」と述べています。ポリスは政治共同体としての都市国家、オイコスは家を意味します。

ところが儒教の四書の一つである『論語』為政第二には、次のような一節があります。

子曰《い》わく、之《こ》れを道びくに政を以ってし、之れを斉《ととの》うるに刑を以ってすれば、民免れて恥じ無し。之れを道びくに徳を以ってし、之れを斉うるに礼を以ってすれば、恥じ有りて且つ格《いた》る。

（吉川幸次郎『中国古典選３　論語（上）』朝日文庫、一九七八年。原文は漢文）

先生がこう言われました。法律によって規制した上、規則にはずれるものが出た場合、刑罰で秩序を維持する政治ならば、民は何とか抜け穴をつくることばかり考えて、恥じらいの心を失ってしまう。しかし、徳によって民を導き、礼、すなわち人として正しく美しい行動様式によって秩序を維持する政治ならば、恥ずべきことを恥じる心が起こり、正しき道にいたるであろう。

ここで孔子が言おうとしているのは、国家を統治する手段としての「礼楽《れいがく》」と「刑政」についてです。通常は「徳」の代わりに「楽」が当てられ、「礼楽《れいがく》」と「刑政」がセットで用いられます。

前者は言葉によらない政治、後者は言葉による政治を意味します。秩序を維持するにはどちらも必要だが、言葉によらず、正しく美しい行動様式や音楽によって民を感化する政治のほうが、言葉によって法を定め、違反者を権力で罰する政治よりも優れている――孔子はこう考えるのです。

儒教の言葉に対する考え方は、西洋政治思想とは対照的であることがわかるでしょう。こうした儒教の考え方は、日本でも古代律令制に影響を与えました。奈良時代には、天武天皇（六三一？～六八六）が礼楽整備の一環として「五節舞《ごせちのまい》」を制作したとする考え方が広まり、これを聖武天皇（七〇一～七五六）が継承して史上唯一の女性皇太子となる娘の阿倍内親王（後の孝謙・称徳天皇。七一八～七七〇）に学ばせ、内親王が太上天皇（元正《げんしょう》天皇。六八〇～七四八）や天皇の前で五節舞を舞っています（勝浦令子《のりこ》『孝謙・称徳天皇　出家しても政を行ふに豈障《あに》らず』ミネルヴァ書房、二〇一四年）(1)。

礼楽が制定されなかった江戸時代にも、礼楽を理想の統治と考えて改革を試みる儒学者がいました。第4章で触れる新井白石（一六五七～一七二五）がそうです。白石の統治を否定した荻生徂徠もまた、「それ人は、言《ものい》へばすなはち喩《さと》る。言はざればすなはち喩らず。礼楽は言はざるに、何を以て言語の人を教ふるに勝れるや。化するが故なり。習ひて以てこれに熟するときは、いまだ喩らずといへども、その心志身体、すでに潜《ひそ》かにこれと化す。つひに喩らざらんや」（「弁名」上、礼。『日本思想大系36　荻生徂徠』岩波書店、一九七三年所収。原文は漢文）と述べているように、言葉によらずに感化する礼楽のほうが、言葉による理解を前提とする刑政よりも優れていることをよく認識していました。

儒教が理想とするような、言葉によらず、正しい行動様式や音楽による統治は、皇太子や天皇が基本的に無言で、臣民の斉唱や分列式によって一体感を味わう近代天皇制に一見よく似ています。これを見る限り、大正後期に刷新された近代天皇制こそ、儒教思想の忠実な後継者のように見えなくもありません。

しかし、両者では政治の方向がまるで異なります。儒教の礼楽では、政治が上（天子）からの支配としてとらえられるのに対して、近代天皇制では政治が下（臣民）からの奉仕としてとらえられています。礼楽は、上（天子）が下（民）を感化するための手段にほかなりません。礼楽の担い手は「上」に属しており、「下」は礼楽によって知らず知らずのうちに感化されて従うわけです。一方、近代天皇制は、斉唱や分列式の担い手が下（臣民）であり、下からの「献上事」を上（皇太子や天皇）が「聞こしめす」、つまり受け取ることで、両者の一体感が生まれるのです。

丸山眞男は、講演をもとにした「政事《まつりごと》の構造―政治意識の執拗低音―」という晩年の論文でこう述べています。

> 政事が上級者への奉仕の献上事《まつりごと》を意味する、ということとは、政事がいわば下から上への方向で定義されている、ということでもあります。これは西洋や中国の場合と、ちょうど反対と言えます。〔中略〕日本では「政事」はまつる＝献上する事柄として臣のレヴェルにあり、臣の卿《まへつきみ》が行う献上事を君が「きこしめす」＝受けとる、という関係にあります。
>
> （『丸山眞男集』第十二巻、岩波書店、一九九七年所収）

丸山によれば、ここに日本の「政事」を一貫する特徴がよく表れています。政治学者の成沢光《あきら》は、この論文を「文献史料（テクスト）上の用語例を時代背景（コンテクスト）の差異を軽視して分析し、通時的な「自然的な傾向」なるものを取り出そうとする方法自体に問題が多い」（「文庫版あとがき」、『政治のことば　意味の歴史をめぐって』講談社学術文庫、二〇一二年所収）と批判しましたが、ここでは丸山の分析に従うことにします。

丸山のいう「上級者への奉仕の献上事」としての政治は、大正後期に近代天皇制の刷新が図られることで、奉仕の担い手が「臣」から「臣民」へと拡大されるとともに、空間的にも植民地を含む国家全体へと拡大されたのです。そのために利用された空間が、東京の宮城《きゅうじょう》（現・皇居）前広場であり、全国各地の練兵場や飛行場、運動場、学校のグラウンドといった、行幸や行啓の際に万単位の臣民を収容できる「空き地」でした。

こうした「空き地」は、はじめから「国体」を視覚化するための政治空間として設計されたわけではありません(2)。練兵場や飛行場は軍事施設ですし、運動場や学校のグラウンドはスポーツや学校行事のための施設です。宮城前広場ですら、関東大震災まではあまり活用されていませんでした。ところが広場に天皇が現れるや、そこはたちまち政治空間へと一変する。言説化した政治思想が空間をつくり出すのではなく、逆に空間が言説化されない政治思想をつくり出すのです。敗戦後も天皇が巡幸の途上、全国各地で熱狂的に歓迎されたのは、たとえ空襲により焦土と化しても「空き地」が残ったからであり、天皇が再び現れるだけで直ちに「君民一体」の空間が再現されたからでした(3)。

さらに、儒教の天子ないし中国の皇帝と日本の天皇の間には重大な違いがあります。「天」から天命を受けることで支配の正統性を与えられる天子（皇帝）とは異なり、天皇は通常の場合、究極の支配者にはなり得ません。なぜなら近代天皇制では、「天皇自身も実は皇祖神にたいしては「まつる」という奉仕＝献上関係に立つので、上から下まで「政事」が同方向的に上昇する型を示し、絶対的始点（最高統治者）としての「主《ヘル》」は厳密にいえば存在の余地はありません」（前掲「政事《まつりごと》の構造―政治意識の執拗低音―」。傍点原文）という丸山の説明が、そっくり当てはまるからです。

具体的にいえば、天子（皇帝）は「天」を祭る儀式（祭天）を行うものとされるのに対して、明治以降の天皇は宮中で大嘗祭《だいじょうさい》や新嘗祭《にいなめさい》をはじめとする祭祀を行うほか、アマテラスをまつる三重県の伊勢神宮に参拝するようになります(4)。その際に天皇はアマテラスや歴代天皇や皇族の霊、あるいは天神地祇と呼ばれる神々に向かって拝礼したり、御告文《おつげぶみ》と呼ばれる祝詞《のりと》を奏上したりしますが、臣民がその空間を見ることはありません。ただし例外があり、天皇が勅語や詔書を発する場合には、究極の支配者として振る舞おうとすることは前述のとおりです。

政治学者で、丸山眞男の弟子でもある平石直昭は、丸山の研究を踏まえながら、古代日本の政治観について分析しました。それによれば、天皇は基本的に神祇に奉仕しつつ臣下からの政治的奉仕を受けますが、ある種の例外的な事態には、政治的行為者として立ち現れます（「前近代の政治観―日本と中国を中心に―」、『思想』一九九〇年六月号所収）。この分析は、近代天皇制にもそっくり当てはまります。

いや、近代天皇制だけではありません。戦後の象徴天皇制にも当てはまります。二〇一六（平成二八）年八月八日、天皇明仁《あきひと》（現上皇）は「象徴としてのお務めについての天皇陛下のおことば」をテレビで一〇分あまりにわたって述べました。この「おことば」は勅語や詔書に相当するもので、生前退位の意向が強く示され、政府はそれに合わせた法整備などの対応を取らざるを得なくなりました。この点で天皇は例外的に政治的行為者として立ち現れたという見方ができると思います。

なお付言すれば、儒教には「天譴《てんけん》」という思想があります。為政者が王道に背いた場合、「天」が諌めるという考え方です。こうした考え方は、「天」をアマテラスに置き換えれば、近現代の天皇制にもないわけではありません。第10章で触れる大正天皇（一八七九～一九二六）の皇后、節子《さだこ》（貞明《ていめい》皇后。一八八四～一九五一）は、アマテラスによる警告を、「神のいさめ」や「神罰」と表現しています。昭和天皇も太平洋戦争中に戦勝祈願のため伊勢神宮に参拝したことを敗戦直後に振り返り、「〔アマテラスが〕御怒りになったのではないか」と述べたことがありました（木下道雄『側近日誌』文藝春秋、一九九〇年）。この点では「下から上への方向」だけでなく「上から下への方向」もあり得るわけです(5)。

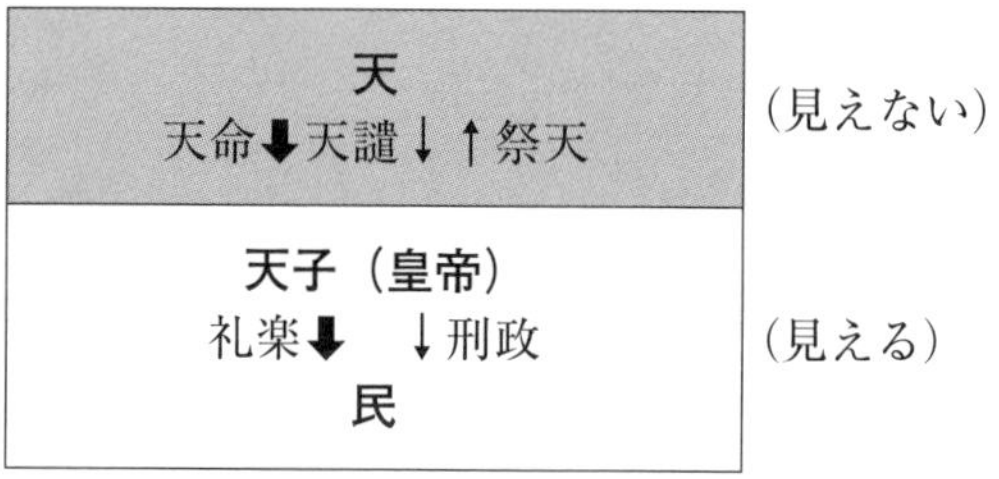

図2－1　儒教における政治構造

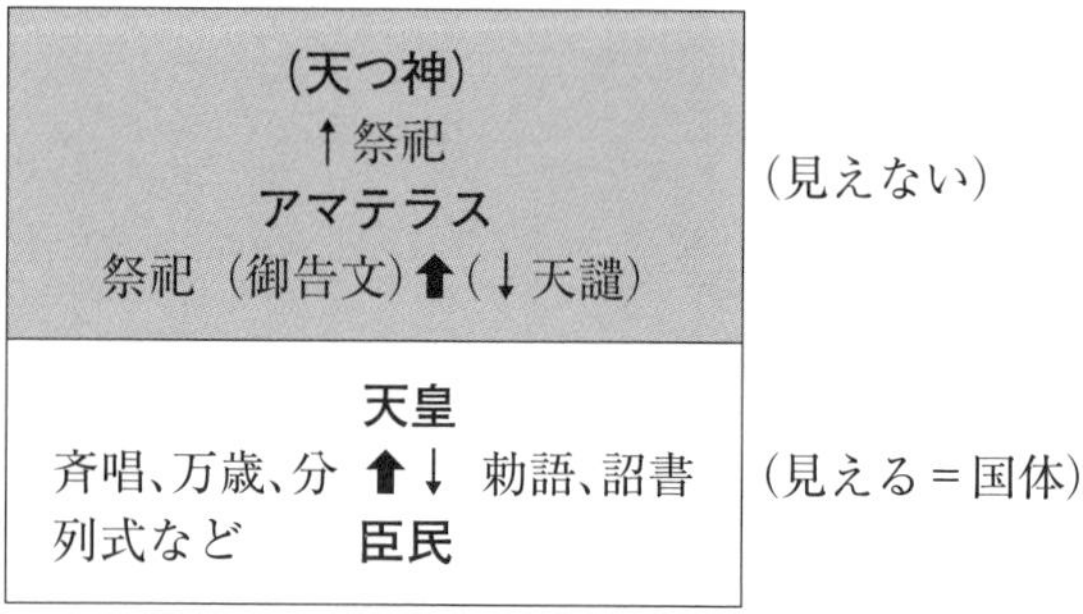

図2－2　近代天皇制における政治構造

以上に説明したような、儒教と近代天皇制の政治構造の違いをわかりやすく図示すると、図2－

1と図2－2のようになります（回数の多さや重要度に応じて、矢印を太くしたり細くしたりしています）。両者を比べてみると、太い矢印の方向がちょうど正反対になっていることがわかると思います。

4．空間のなかの政治思想

明治までの日本には、支配者と被支配者がいつでも会うことのできる公共空間がありませんでした。現在の皇居前広場は江戸城の西の丸下に相当し、江戸時代には有力な譜代大名の屋敷が置かれていました。全国各地に練兵場や飛行場、運動場、学校のグラウンドなどが設けられるのも、言うまでもなく明治になってからでした。

それでは、支配者と被支配者が出会う空間がなかったのかといえば、決してそんなことはありません。江戸時代には、諸大名が一年おきに江戸と自領の間を往復する参勤交代や、将軍が徳川家康をまつる日光東照宮に参詣する日光社参が行われ、壮大な行列が組まれました。そのときには、江戸と自領や日光を結ぶ街道自体が、町人百姓に対して大名や将軍が「御威光」を輝かせるための政治空間へと変わったのです。

大名の行列は、もともと行軍としての意味をもっていました。そもそも江戸時代というのは戦国時代の延長線上にあり、いつまた徳川家に謀反を起こす勢力が現れるかもしれないという警戒感から臨戦態勢がとられていたわけです。二百年以上も泰平の世の中が続いたのは、あくまでも結果にすぎません。

しかし泰平の世の中が続くにつれて、臨戦態勢はしだいに弛緩し、行列の機能に変化が生じるようになります。それを一言でいえば、大名や将軍の行列自体が身分を重々しく見せるための飾りになるのです。

この点を最も鋭く分析したのが、政治学者で、丸山眞男の弟子でもある渡辺浩でした。渡辺は「丸山史観」を批判するとともに、個々の思想家を研究するだけではわからない徳川政治体制の思想に着目しました。

大名等の行列は、無論画一的ではなかった。各々の格式に応じて顕著な、また微細な相違があった。それによって相互の位置関係が表示され、確認された。供連れの人数・服装を始め、立てる槍が何本で、列中のどこに位置するか、薙刀《なぎなた》も立てるか、乗物の形式・色はどうか、着換えを入れた挟箱《はさみばこ》を何個、その位置に伴うか、それに金紋が付いているか、長柄傘《ながえがさ》の形はどうか、馬を引くか、茶弁当を持つか、その塗りはどうか、これら全てが、行列の中央を行く主人の身分を露骨に打ち明けた。

（「「御威光」と象徴－徳川政治体制の一断面－」、『東アジアの王権と思想』東京大学出版会、一九九七年所収）

乗物というのは、高級な駕籠《かご》を意味します。行列を見れば、それだけで駕籠に乗っている人物の地位や身分がわかったというのです。沿道の人々は、壮大な行列を見て反射的に土下座しようとしたのであり、大名自身を見ていたわけではありませんでした。おそらく人々は、たとえ駕籠に誰も乗っていなくても、きらびやかな駕籠を見ただけで土下座したでしょう。このような、支配者の資質とは関係のないフェティシズム（物神崇拝）に基づく支配を、「視覚的支配」（Visual Domination）と呼ぶことにします。

これを同時代の隣国である朝鮮王朝における国王の行列と比較してみると、違いがよくわかります。朝鮮でも、歴代の国王は行幸を行いましたが、一八世紀になると沿道での直訴が合法化されました。朝鮮では最も下の身分である奴婢を含む多くの民が、行列をとめて国王に訴えることができたのです。江戸時代の日本では、将軍への直訴は基本的にあり得ず、たとえあったとしても死罪を覚悟しなければなりませんでした。

朝鮮で国王への直訴が認められた背景には、儒教の民本思想があります。名もなき民の声を聞くことは、儒教思想に見合っているとされたのです。儒教の本国である中国でも、民本思想がここまで徹底することはありませんでした。図2－1の天子を国王に変えれば、朝鮮では礼楽や刑政という「上から下への方向」だけでなく、直訴という「下から上への方向」もあったことになります。国王の行列が通った沿道ばかりか、ソウルの王宮前の広場にも国王が現れ、民の直訴を聞き入れる政治空間になりました。言説化した政治思想が、そうした空間をつくり出したのです。

この点もまた、日本とは正反対です。朝鮮と日本は、ともに中国を中心とする東アジアに位置する隣国どうしでありながら、政治思想のあり方はこれほど違います。両者の違いについては、第4章で改めて触れるつもりです。

徳川政治体制に見られる将軍を頂点とした「御威光」の体制は、幕末になると急速に崩壊へと向かいましたが、明治以降の近代天皇制に受け継がれました。明治天皇は、歴代天皇で初めて京都から東海道を経由して江戸に入り、江戸を東京と改称したのに続いて、これまた歴代天皇で初めて北海道から九州までの全国各地を巡幸しました。天皇は当初、輿や馬車に乗り、沿道や訪問先で身体をさらしていましたが、鉄道網が整備される明治中期以降になると、もっぱら豪華な装飾をしつらえた御召《おめし》列車に乗るようになります。それとともに天皇の身体は再び見えなくなり、沿線の臣民は、天皇の身体が見えない御召列車に向かって敬礼しなければならなくなりました。

ところが、大正期になり、大正天皇の体調が悪化するのに伴い、天皇像の転換が図られます。一九二一（大正一〇）年に皇太子裕仁の訪欧を機に活動写真で皇太子を映写することが解禁され、帰国後には東京と京都で奉迎会が開かれるなど、「見えない天皇」から「見える天皇」への転換が図られたのです。同年には裕仁が事実上の天皇である摂政になり、植民地を含む全国を回るようになります。このとき初めて、従来の鉄道に加えて、各地の広場が積極的に活用されることで、「国体」が視覚化されました。それはまた、昭和初期の二・二六事件を頂点とする超国家主義を発生させる要因にもなりました(6)。超国家主義については、第11章で改めて触れたいと思います。

5. アーキテクチャという視点

このように、有名思想家の言説を追ってゆく西洋政治思想史の方法だけでは、日本政治思想史を解明することができません。具体的な空間に注目することで、テキストに書かれていない日本特有の政治思想が見えてくるわけです。

私はこれまで、空間を構成している街道、鉄道、広場、住宅といった、一見政治思想とは無関係なアーキテクチャから日本政治思想史をとらえる「空間政治学」という方法を提唱してきました。『直訴と王権　朝鮮・日本の「一君万民」思想史』（朝日新聞社、一九九六年。韓国語版は知識産業社、二〇〇〇年)、『「民都」大阪対「帝都」東京　思想としての関西私鉄』(講談社学術文庫、二〇二〇年)、『増補版　可視化された帝国』(みすず書房、二〇一一年)、『団地の空間政治学』(NHKブックス、二〇一二年)、『完本　皇居前広場』(文春学藝ライブラリー、二〇一四年)、『レッドアローとスターハウス　もうひとつの戦後思想史　増補新版』(新潮選書、二〇一九年)などは、多かれ少なかれこのような問題関心に基づいています。第4章以下の各論でも、空間政治学の視点が取り入れられてゆくことになると思います。

空間とともに日本政治思想史を考える上で重要なのは、時間です。次章では総論3として、時間について考えてみましょう。

≫注

(1)　五節舞は平安時代になると後述する大嘗祭や新嘗祭で奏されるようになりますが、室町時代に廃絶します。江戸時代に再興されますが、現在伝わるのは昭和天皇の大嘗祭で創作されたものです。服藤早苗『平安王朝の五節舞姫・童女－天皇と大嘗祭・新嘗祭』(塙書房、二〇一五年)を参照。

(2)　この点は、中華人民共和国で五〇年代から七〇年代にかけて、政治的な集会を開くために全国各地に広場が建設されたのとは異なります。ウー・ホン『北京をつくりなおす　政治空間としての天安門広場』(中野美代子監訳、大谷通順訳、国書刊行会、二〇一五年)を参照。

(3)　こうした戦前と戦後の連続性を批判した数少ない一人が坂口安吾(一九〇六～五五)でした。安吾は一九四八(昭和二三)年に発表した「天皇陛下にささぐる言葉」(『坂口安吾全集』15、ちくま文庫、一九九一年所収)のなかで、「天皇が現在の如き在り方で旅行されるということは、つまり、又、戦争へ近づきつつあるということ、日本がバカになりつつあるということ、狐憑きの気違いになりつつあるということで、かくては、日本は救われぬ」と述べています。

(4) 新嘗祭は天皇が五穀の新穀をアマテラスをはじめとする天神地祇に献げ、自らも食べて収穫に感謝する祭祀、大嘗祭は即位の礼の後で初めて行われる新嘗祭のことです。伊勢神宮の起源は垂仁天皇の時代までさかのぼれるとされていますが、明治天皇まで天皇自身が参拝した記録は残っていません。

(5) もっとも第1章で触れたように、日本の政治体制では支配者の資質を問う視点はきわめて弱いですので、これはあくまでも例外にすぎません。図2－2でカッコに括ったのはこのためです。

(6) このほか、大正から昭和に変わった直後の一九二七年から二九年にかけては、禁止されているはずの天皇への直訴が、一時的に頻発したことがありました。宮内庁編『昭和天皇実録』第五(東京書籍、二〇一六年)および前掲『増補版　可視化された帝国』を参照。

学習課題

1. 「国体」という用語の特徴について考えてみよう。
2. 儒教と近代天皇制の政治思想の共通点と相違点についてまとめてみよう。
3. なぜ日本政治思想史で空間の視点が重要なのかについて考えてみよう。

参考文献

会沢正志斎「新論」(『日本思想大系53　水戸学』岩波書店、一九七三年所収)
文部省編纂『国体の本義』(文部省、一九三七年)
吉川幸次郎『中国古典選3　論語(上)』(朝日文庫、一九七八年)
荻生徂徠「弁名」(『日本思想大系36　荻生徂徠』岩波書店、一九七三年所収)
原武史『増補版　可視化された帝国』(みすず書房、二〇一一年)
丸山眞男「政事の構造」(『丸山眞男集』第十二巻、岩波書店、一九九七年所収)
平石直昭「前近代の政治観－日本と中国を中心に－」(『思想』一九九〇年六月号所収)
渡辺浩『東アジアの王権と思想』(東京大学出版会、一九九七年)

3 総論3・時間と政治

《目標&ポイント》 日本では西洋や中国とは異なり、現実の時間を超越して永遠不変の規範や原理を求める志向性が弱いので、現実の時間こそが支配の主体になりやすいことを、記紀神話から近代天皇制までの歴史のなかに探ります。

《キーワード》 古層、なる、おのずから、勢、社会進化論、時間支配、玉音放送

1．西洋、中国と日本の違い

現実の政治に対して、政治思想というのは多かれ少なかれ規範的な関係にあります。このことを最初に明らかにしたのは、古代ギリシアの哲学者、プラトンでした。目に見える感覚的な世界の背後には、時間を超越した不変不動の世界がある。プラトンはこの世界を「イデア」と名づけ、代表作の『国家』では、イデアを本当に体得した人間が国を治めるときに、理想のポリス、つまり政治共同体が実現されると述べました。

このプラトンのイデア論を批判しつつ継承したのが、プラトンに師事したアリストテレスです。アリストテレスはプラトンのように、現実の世界とは別個にイデアが存在するとは考えませんでした。けれども、だからといって規範的な思想そのものを捨ててしまったわけではありません。アリストテレスは、目に見える事物にこだわりつつ、個別のなかに本質が内在すると考え、その本質を

「形相」（エイドス）と名づけました。

近代になっても、プラトンのイデアやアリストテレスの形相に相当する概念は継承されました。例えば、ドイツの哲学者であるイマヌエル・カント（一七二四～一八〇四）は、代表作『純粋理性批判』のなかで、現象の背後にありながら認識することのできない対象を「物自体」と名づけています。

儒教が支配イデオロギーとなる中国でも、南宋の時代に朱熹が朱子学と呼ばれる政治哲学を大成しました。その根底には、「理気論」と呼ばれる存在論があります。万物は「気」から成り立っている。しかし他方、万物には「気」とは別に、それぞれの本来のあり方を意味する「理」があるというのです。もちろん「天」にも「天理」がありますし、人間にも「本然の性」と呼ばれる「理」があります。朱子学は、現実的な時間を超越し、規範的な政治思想をつくろうとする点で、プラトン以来のヨーロッパの思想に通じるものがあります(1)。

一方、日本では、そのような志向性が非常に弱かったといえます。『方丈記』冒頭の「ゆく河の流れは絶えずして、しかももとの水にあらず。よどみに浮ぶうたかたは、かつ消えかつ結びて、久しくとゞまりたるためしなし。世中《よのなか》にある人と栖《すみか》と、又かくのごとし」（岩波文庫、一九八九年）という有名な一節に代表されるように、自然と人間の間に区別を設けず、すべては時間とともに変容するのであり、現実のなりゆきに個人が抵抗することはできないという無常観が幅広く定着したからです(2)。

したがって日本では、儒教思想が後期になるほど広がった江戸時代でも、朱子学が支配イデオロギーになることはありませんでした。背景には、朱子学を批判する学者の間に「理」に対する嫌悪感があったことが挙げられます。この点は、同じ東アジアにありながら、朱子学が支配イデオロギーとなり、「理」と「気」をめぐる解釈の違いから党派が形成され、やがて党派どうしの権力闘争まで起こった隣国の朝鮮王朝とは対照的です。

江戸中期に活躍した儒学者の伊藤仁斎にせよ荻生徂徠にせよ、「理」を認めませんでした。国学者の本居宣長に至っては、人欲を去り、「天理」と一体になることで聖人になれるとする朱子学に対して、「人欲も即天理ならずや」(「古事記伝一之巻　直毘霊」、『本居宣長全集』第九巻、筑摩書房、一九六八年所収)とまで極言しています。こうした思想風土にあっては、「理」のイデオロギー性を暴露することはできても、その反動としてありのままの現実を肯定することになりかねず、規範的な政治思想はなかなか育ちません。

2. 記紀神話と「なる」論理

日本における時間と政治の関係を考察する際に重要な論文として、丸山眞男が一九七二(昭和四七)年に発表した「歴史意識の「古層」」(丸山眞男編『日本の思想6　歴史思想集』筑摩書房、一九七二年所収)があります。

丸山は一九四九年に発表した「軍国支配者の精神形態」(『増補版　現代政治の思想と行動』未来社、一九六四年所収)で、極東国際軍事裁判(東京裁判)に出廷した被告の答弁に現れた「なる」論理――人間の能力を超えるものとして現実をとらえる論理――を、ニュルンベルク裁判に出廷したナチスの被告の答弁に現れた「つくる」論理――政治的主体がつくり出すものとして現実をとらえる論理――と比較しつつ、日本ファシズムの矮小性を批判的に分析しましたが、「歴史意識の「古層」」ではさらに記紀神話にまでさかのぼり、後期古墳時代から千数百年にわたる日本の歴史の「古層」に横たわる等質性を、「なる」論理として抽出しようとしました(3)。正確にいえば、丸山は世界の諸神話にある宇宙創成論の基底に「つくる」「うむ」「なる」という三つの基本動詞があるとし、「つくる」論理の磁力が強いために「うむ」が「つくる」に引っ張られるユダヤ＝キリスト教系列の神話に対して、日本神話では「なる」論理の磁力が強く、「うむ」を「なりゆく」過程に引き込む傾向があるとしたのです。

> 「古層」を通じてみた宇宙は、永遠不変なものが在《ザイン》る世界でもなければ、無《ニヒツ》へと運命づけられた世界でもなく、まさに不断に成りゆく《ヴェルデン》世界にほかならぬ。こうした「なる」の優位の原イメージとなったものは、おそらく、「ウマシアシカビヒコジ」の「葦牙」が「萌え騰《あが》る」景観であろう。この原イメージは、次項の「つぎつぎ」にも「いきほひ」にも貫徹している。有機物のおのずからなる発芽・生長・増殖のイメージが同時に歴史意識をも規定していることが、まさに問題なのである。
> （前掲「歴史意識の「古層」」。傍点原文。片仮名のルビはすべてドイツ語）

ウマシアシカビヒコジというのは、『古事記』では宇摩志阿斯訶備比古遅神、『日本書紀』では可美葦牙彦舅尊と表記されますが、ここでは『古事記』の文章が想定されています。すなわち、地上世界がまだ水に浮かぶ脂のようで、クラゲのように混沌と漂っていたときに、葦が芽を吹くように萌え伸びるものによって宇摩志阿斯訶備比古遅神が成ったとする記述を踏まえているわけです。

丸山は、この論文の次項で説明される「つぎつぎ」と「いきほひ」を合わせて、日本の歴史意識の「古層」をなし、「近代にいたる歴史意識の展開の諸様相の基底に執拗に流れつづけた、思考の枠組」を、「つぎつぎになりゆくいきほひ」という言葉で定式化しました。日本思想史学者の相良《さがら》亨《とおる》（一九二一～二〇〇〇）は、これを「おのずからなりゆくいきほひ」と言い換えています（「はじめに」、『講座日本思想1　自然』東京大学出版会、一九八三年所収）。

　ここでいう「おのずから」は日本語の「自然」に相当します。朱子学にも「天地自然の理」という概念がありますが、日本語の「自然」と中国語の「自然」や英語のネイチャーとは異なります。丸山はこう述べています。「もちろん漢語の自然が人為や作為を俟たぬ存在だという意味では、それは〝natura〟と同様に、「おのずから」の意に通じている。けれども「自然」にも、naturaにも、ものごとの本質、あるべき秩序というもう一つの重大な含意があるのに対して、「おのずから」はどこまでもおのずからなる、という自然的生成の観念を中核とした言葉であって、事物の固有の本質という定義には、もともとなじまない」（前掲「歴史意識の古層」。傍点原文）。

　確かにアリストテレスの思想にも朱子学にも、生成という概念はあります。例えば樫の実は生成して樫の木となる。けれどもアリストテレスの場合、樫の実のなかに樫の木になるという目的が内在しているのであり、樫の木は「形相」なのです。この点は朱子学も似ています。樫の木には樫の「理」があるのであって、樫の実が生成して樫の木になるのは、「理」が内在しているからなのです。

　これに対して日本の「なる」や「おのずから」には、「形相」や「理」に相当する概念が含まれていません。あるべき理想を目的としているわけではないので、結果として不断に連続する「いま」を肯定してゆくことになるのです。

3. 社会進化論と「勢」

江戸時代の儒学者、富永仲基《なかもと》（一七一五〜四六）は、「翁《おきな》の文《ふみ》」（『日本古典文学大系97 近世思想家文集』岩波書店、一九六六年所収）という著作で伊藤仁斎や荻生徂徠の儒学ばかりか、神道、儒教、仏教全体を批判し、「今の文字をかき、今の言《ことば》をつかひ、今の食物をくらひ、今の衣服を着、今の調度を用ひ、今の家にすみ、今のならはしに従ひ、今の掟《おきて》を守《まもり》、今の人に交り、もろ〳〵のあしきことをなさず、もろ〳〵のよき事を行ふ」ことこそが「道」であるとしました。政治学者の渡辺浩は、ここに徳川前期思想史に共通する「状況の特殊性に着目して普遍的であるはずの規範を相対化する傾向」の一つの極点を見ています（『近世日本社会と宋学』東京大学出版会、一九八五年）。

明治初期に新政府に出仕し、森有礼《ありのり》（一八四七〜八九）や福澤諭吉らとともに啓蒙学術団体「明六社」のメンバーとなる加藤弘之（一八三六〜一九一六）の「転向」にも、こうした日本の思想風土が反映していると見ることができます。

加藤は当初、『真政大意』や『国体新論』を通して天賦《てんぷ》人権説、つまり人間は生まれながらにして自由かつ平等で、幸福を追求する権利をもつという思想を唱えていました。同じく天賦人権説を唱えた福澤諭吉は、「天は人の上に人を造らず人の下に人を造らずと言えり」という有名な一文から『学問のすゝめ』を書き起こしています。

その数年後には、チャールズ・ダーウィン（一八〇九〜八二）が唱えた進化論を社会に適用したハーバート・スペンサー（一八二〇〜一九〇三）の社会進化論が一世を風靡します。一八七五年に刊行された福澤の『文明論之概略』にも「天下の形勢はなお蒸気船の走るが如く、天下の事に当る者はなお航海者の如し」という一文があるように、人力より「勢」を重視する言説が見られるようになりますが、社会進化論から決定的な影響を受けたのは加藤でした(4)。加藤は一八八一年に『真政大意』と『国体新論』を絶版にする旨を届け出たのに続き、翌年には『人権新説』を出版し、「天賦人権トハ妄想論者ノ説ニ拠ル」と断じて天賦人権説に基づく自由民権運動を批判する一方、「優勝劣敗」の原理に基づく社会を正当化したのです。

なぜ明治初期の日本では、天賦人権説が根づかないうちに社会進化論が広く受容されたのでしょうか。丸山眞男は、前述した「古層」と進化という思想の相性のよさにつき、次のように指摘しています。

> 「つぎつぎになりゆくいきほひ」の歴史的オプティミズムはどこまでも（生成増殖の）線型《リニアー》な継起であって、ここには凡そ究極目標などというものはない。まさにそれゆえに、この古層は進歩ではなくて、生物学をモデルとした無限の適応過程としての進化（evolution）の表象とは奇妙にも相性《あいしょう》が《ママ》あるのである。
>
> （前掲「歴史意識の「古層」」。傍点原文）

ここで丸山は、進歩と進化の違いを強調しています。キリスト教の摂理史観が世俗化した歴史観であるがゆえに未来の理想社会を目標とする進歩史観に対して、進化にはそうした究極目標は存在しません。時間軸でいえば過去も未来もなく、「いま」が無限に継起し続けることになります。その結果、先に触れた富永仲基のように「いま」という時間にしたがい、時勢を事後的に追認してゆくことになるのです。

明治から昭和初期にかけて長らく活躍したジャーナリストで評論家の徳富蘇峰（一八六三〜一九五七）もまた、社会進化論を受容した一人でした。自由民権運動の旗手として平民主義を唱えていた蘇峰は、日清戦争を機に思想的な大転回を遂げ、日本の帝国主義的な膨張を肯定してゆきました。作家の松浦寿輝《ひさき》は、長年にわたる蘇峰の言論活動を総括して、こう述べています。

今ここで言いうるのは、何と七十余年にわたって展開された蘇峰の言論すべてにおいて絶えず最重要のキー・ワードでありつづけたものこそ「大勢」にほかならず、その点においては日清戦争以前であろうと以後であろうと彼の姿勢は一貫しており、何の変節も遂げていないという一点である。徳富蘇峰とは畢竟、「勢ニ従フモノハ栄ヘ勢ニ逆フモノハ亡《ほろぶ》矣」という一事を、それのみを、それぞれの時代、それぞれの状況に即しつつ繰り返し巻き返し説きつづけた超優秀な煽動ジャーナリストであった。

（『明治の表象空間』新潮社、二〇一四年）

徳富蘇峰のような、「大勢」への盲従がそのまま当為となるような時間感覚は、一九一八（大正七）年に日本初の本格的な政党内閣を組閣したことで知られる政治家の原敬（一八五六〜一九二一）にもはっきりと見られます。

原敬もまた、「勢」に敏感な政治家でした。けれども原にいわせれば、加藤弘之や徳富蘇峰とは異なり、明治維新から自由民権運動を経て政党政治へと至る歴史こそが「自然の趨勢」にほかなりません。政治学者の三谷太一郎は、「「自然の趨勢」はこうして原においては政治の世界における究極的価値判断の尺度として設定される。すなわち、さまざまの政治的諸行動及び諸人格は、それが「自然の趨勢」に順応しているか、または逆行しているかによって評価される」（『日本政党政治の形成』東京大学出版会、一九六七年）と述べています。

このような原敬の政治姿勢は、大正デモクラシーの指導者の一人であった政治学者の吉野作造から、痛烈な批判を浴びることになります。吉野は、普通選挙の実施に消極的な原を、「政治を哲学と科学とから離し、まったく行き当りバッタリで行くべき筈のものとする、他に類型のない、世界無比の畸形的政治家」と切り捨てています（「原首相の訓示を読む」、岡義武編『吉野作造評論集』岩波文庫、一九七五年所収）。

しかし吉野もまた、「内政にあっては民本主義の徹底」「外政に在っては国際的平等主義の確立」こそを「世界の大勢」と見なした点で、「勢」と無縁な思想家ではありませんでした（「世界の大主潮とその順応策及び対応策」、同）。そして皮肉にも、吉野の思想はやがてロシア革命の影響から革命による社会主義体制への移行こそ「世界の大勢」と見なす学生や思想家から時代遅れと見なされるようになります。

4. 天皇制と時間

もちろん、すべての思想家や政治家が単に「勢」や「世界の大勢」への素早い順応ばかりを説いていたわけではありません。例えば中江兆民は、「欧米強国には盛に帝国主義の行はれつつある今日、なほ民権論を担ぎ出すとは世界の風潮に通ぜざる流行後《おく》れの理論なり」とする「世の通人的政治家」に対して、「しかりこれ民権論なり、しかりこれ理論としては陳腐なるも、実行としては新鮮なり」と答えています（「考えざるべからず」、松永昌三編『中江兆民評論集』岩波文庫、一九九三年所収)。最近では江戸後期の歴史家、頼山陽《らいさんよう》(一七八〇〜一八三二)に注目し、頼は「勢」を重視しつつも、動的で止まることのない世界に順応するのではなく、逆にそれを人間がどう主体的能動的に制御してゆくかを政治の主な課題としていたとして、ここに『君主論』を著したニッコロ・マキャヴェリに通じる近代政治学の誕生を見ようとする研究まで出てきました(濱野靖一郎『頼山陽の思想 日本における政治学の誕生』東京大学出版会、二〇一四年を参照)。

さらには、以下のような反論が寄せられるかもしれません。初代神武天皇以来、今日まで続く天皇制こそは、流れゆく時間のなかに永遠に変わらない一つの原理的なものを提供しているのではないか。時間とともに天皇が交代しても、男系の血統が継承されることのなかに、大日本帝国憲法の第一条で定式化された「万世一系」という本質が内在しているのではないか——。

松浦寿輝は、時間を無化する存在としての天皇制に注目し、「神武以来、連綿と続く万世一系の皇統とは、いったい何か。物理的にはそこに長大な歳月の総体が内包されているという事実とは無関係に、いわば「歴史」の外、「時間」の外に位置する形而上的持続のことにほかなるまい」(前掲『明治の表象空間』)と述べています。松浦のいう「形而上的持続」とは、前章で触れた「国体」という用語に置き換えることもできるでしょう。実際に『国体の本義』(文部省、一九三七年)には、「大日本帝国は、万世一系の天皇皇祖の神勅を奉じて永遠にこれを統治し給ふ。これ、我が万古不易の国体である」という一節があります。

こうしたイデオロギーが、明治になってつくり出されたことは言うまでもありません。それに対して徹底した批判を加えたのが、後に国家主義のイデオローグとなり、二・二六事件で処刑された北一輝(一八八三〜一九三七)でした。

北一輝は、明治時代には幸徳秋水（一八七一～一九一一）や堺利彦（一八七〇～一九三三）らに近い社会主義者で、デビュー作でありながら発禁処分を受けた大著『国体論及び純正社会主義』では、「国体」が二段階ないし三段階の進化を遂げてきたと主張しました。具体的にいえば、「国体」は明治維新を機に、家長国（君主国、貴族国）から公民国家（民主国）へと進化したという驚くべき解釈を提示したのです。

北にあっては、社会進化論が穂積八束《やつか》（一八六〇～一九一二）のような「万世一系の皇統」に固執する憲法学者を批判するための原理となっています。松浦寿輝が指摘するように、社会進化論は加藤弘之のような「右」だけでなく、若き北一輝のような「左」にも影響を与えたわけです（前掲『明治の表象空間』）。

けれども、北のような批判は例外的でした。天皇と時間の関係につき考察を加えた民俗学者の折口信夫《しのぶ》（一八八七～一九五三）は、天皇とは本来、新年に祝詞を唱えることで、時間の再生を保障する王のことだと述べました。「暦を定め、春の立つ日を定めるのは天子であらせられた。天子は、暦を自由にする御方で人民に臨んで居られる。此が日本古代人の宮廷に対する信仰であつた。天子の御言葉で世の中の総べてのものが元に戻り、新なる第一歩を踏むのである」（「上世日本の文学」、『折口信夫全集』第一二巻、中央公論社、一九五五年所収）。古代の天皇は、暦をつくり、時間を管理するという点で、天子、すなわち中国皇帝と同様の役割を担っていたというのです。

折口の指摘に従うならば、天皇は時間の外に位置して時間を支配する存在となり、松浦寿輝の指摘が当てはまることになります。この点で、天皇と天子の間に違いはないというわけです。確かに桓武天皇（七三七～八〇六）は天応元（七八一）年に大嘗祭を行ったばかりか、延暦三（七八四）年に都を長岡京に移してから、あたかも中国皇帝のごとく「郊祀《こうし》」、すなわち祭天の儀式を都の南郊で二度にわたり行ったように、「天」から天命を受けた天子として振る舞おうとしました。しかし郊祀を行ったことが確認される天皇は、桓武天皇と文徳《もんとく》天皇（八二七～八五八）しかいません(5)。最近の研究によれば、平安時代以降、時間を独占的に管理する皇帝という印象は薄らいでゆき、天皇もまた貴族の一員として、「天」が与える時間に支配されるようになります（細井浩志「時間・暦と天皇」、『岩波講座　天皇と王権を考える』第8巻、岩波書店、二〇〇二年所収）。天皇よりも時間のほうが上位規範となる点で、これを「時間支配」（Temporal Domination）と呼ぶこともできます。

明治になると、元号を天皇の在位中には変えない「一世一元の制」や初代神武天皇が即位したとされる年を元年（紀元）とする「神武天皇即位紀元」（皇紀）が導入されることで、天皇が時間を管理する体制が再び確立されました。初代神武が即位してからの通算の時間を設定したことは、前述した「万世一系の皇統」というイデオロギーを確立させる上でも大きな影響を与えることになります(6)。一八七三（明治六）年には太陽暦が導入され、旧暦の節句に代わって、紀元節や新嘗祭など、その多くが新たにつくられた宮中祭祀に基づく祝祭日が定められました。

明治天皇は、一八七二年から八五年にかけて、六大巡幸と呼ばれる大規模な巡幸を行いました。天皇は主に馬車に乗り、全国各地の沿道で田植えや漁の様子を見たり、学校の授業や体操、工場の操業などを参観したりしました。このように、天皇が見ることを「天覧」といいます。六大巡幸ではおおよそのスケジュールは決まっていたものの、天皇の意思によって馬車を自由に停めて天覧ができたように、天皇が時間を支配できる余地がまだ残っていました。

こうした習慣は、明治五（一八七二）年に初めて開業した新橋－横浜（現・桜木町）間などの区間で天皇が乗った御召列車にも受け継がれました。当時はまだ鉄道が部分的にしか開通していなかった上、日本人ではなくお雇い外国人がダイヤグラムをつくっていました。また御召列車の場合、必ずしもダイヤグラムどおりに鉄道が走ったわけではなく、天皇の命令によって列車を停められる装置がついていました。

しかし、東海道線の新橋－神戸間が全通し、天皇が初めて同線の全区間に乗って軍事行幸に出掛けた一八九〇（明治二三）年以降、鉄道による行幸が定例化してゆきます。全国に鉄道網が確立されるにつれ、日本人自身がお雇い外国人顔負けの綿密なダイヤグラムをつくるようになります。特に一九一五（大正四）年と二八（昭和三）年に京都で行われた即位礼に際して東京－京都間などで運転された御召列車は、秒単位で寸分の遅れもなく走りました。天皇は自らの意思によって列車を停めさせることができなくなり、再び時間に支配されていったのです。

一九三七（昭和一二）年の日中戦争以降、天皇は地方視察を目的とする行幸ができなくなります。第11章で触れるように、時の近衛文麿内閣は、国民精神総動員運動の一環として祝祭日などに「国民奉祝の時間」や「全国民黙禱時間」を設定し、特定の時間を決めて全国民が遥拝や黙禱をするよう強制しました。天皇自身もそうで、例えば三八年から四四年まで毎年四月と一〇月に行われた靖国神社臨時大祭では、午前一〇時一五分になると、必ずその時間に拝礼しました。時間というインパーソナル（非人格的）な支配のもとで、天皇と植民地や「満州国」を含む全国の臣民が同じ格好をしていたわけです。こうした支配は、敗戦とともに崩れたものの、六三年から始まった全国戦没者追悼式に受け継がれ、毎年八月一五日には正午の時報を合図に天皇も国民とともに一分間黙禱しています。

独裁者であるアドルフ・ヒトラー（一八八九～一九四五）や毛沢東（一八九三～一九七六）、金正日《キムジョンイル》（一九四二～二〇一一）らは、自分が乗った列車を命令一つで自由に停めることができました。一方の昭和天皇は、自らの意思とは無関係に決められた時間に従わなければなりませんでした。天皇の権力が強まった近代天皇制といえども、「なる」論理に基づく時間支配を完全に否定することは結局できなかったのです。天皇が究極的な支配者になり得ないという点で、これは前章で触れた「政事の構造」をもとにした近代天皇制の分析とも響き合っています。

5. 玉音放送の政治思想的意味

ただし、一九四五年八月一五日の正午から天皇がラジオを通してポツダム宣言の受諾、すなわち敗戦を知らせた玉音放送は違いました。天皇は、正午という時間に従いながら、臣民に向けて終戦の詔書を読み上げることで、天子として振る舞おうとしたからです。「天子の御言葉で世の中の総べてのものが元に戻り、新なる第一歩を踏むのである」という折口信夫の指摘がまさに当てはまったからこそ、玉音放送は東アジアや東南アジア一帯の戦地で直ちに戦争をやめさせるという巨大な政治力を発揮したといえるでしょう。

ところが、この詔書には「朕深ク世界ノ大勢ト帝国ノ現状トニ鑑ミ」「世界ノ大勢亦我ニ利アラズ」とあるように、「世界ノ大勢」という言葉を二回使っています。自らの決断を、超越的な「天」によってではなく、「世界ノ大勢」によって正当化しているのです。そればかりか、次のようなよく知られた一節までありました。

然《しか》レトモ朕ハ時運ノ趨《おもむ》ク所堪ヘ難キヲ堪ヘ忍ヒ難キヲ忍ヒ以テ万世ノ為ニ太平ヲ開カント欲ス

詔書を修正した陽明学者の安岡正篤《まさひろ》（一八九八～一九八三）によれば、「時運ノ趨ク所」は「義命ノ存スル所」になるはずでした。天皇自身が良心の命令に従い、戦争をやめることを決心したことを示そうとしたからです。ところが難解だという理由で、「時運ノ趨ク所」に再修正されたのです。安岡は後年、「時運のおもむく所というのは、時の運びでそうなってしまったから仕方なくということで、理想も筋道もなく行き当りばったりということです」と批判しています（老川祥一『終戦詔書と日本政治　義命と時運の相克』中央公論新社、二〇一五年）。

　こうした点を踏まえると、詔書の文章そのものに「なる」論理が入り込んでいるという見方もできるでしょう。臣民は、「天子の御言葉」に従ったばかりか、天皇とともに「時運ノ趨ク所」にも従ったことになるわけです。

　前章で触れたように、二〇一六（平成二八）年八月八日には天皇明仁（現上皇）が「象徴としてのお務めについての天皇陛下のおことば」を述べました。玉音放送のときと同様、午後三時からの放送があらかじめ告知され、三時が近づくにつれ人々がテレビの前に集まる光景が全国で見られました。この点では再び天皇が天子として振る舞おうとしたようにも見えます。しかし「おことば」には、「日々新たになる日本と世界の中にあって、日本の皇室が、いかに伝統を現代に生かし、いきいきとして社会に内在し、人々の期待に応えていくかを考えつつ、今日に至っています」（傍点引用者）という一節があります。「なる」論理がここにも入り込んでいるのです。

　本章では「時間と政治」という観点から、西洋や中国と異なる日本政治思想史の特殊性について述べてきました。以下の章では、以上の総論を踏まえて、近世から現代にかけての政治思想史を、具体的なテーマに即して考えてみましょう。

》注

（1）この点では第1章で紹介した丸山眞男の『日本政治思想史研究』に反して、朱子学に「自然」ではなく「作為」の論理を見いだすこともできるわけです。

（2）もっとも最近では、こうした見方に対する異論も出されています。福島亮大《りょうた》『復興文化論』（青土社、二〇一三年）を参照。

（3）言うまでもなく、記紀神話にまでさかのぼれば原日本的な「古層」にたどりつけるかどうかは自明ではありません。それが自明でない以上、「古層」は丸山がつくり出した虚像にすぎないという批判もなされています。米谷匡史「丸山真男の日本批判」（『現代思想』一九九四年一月号所収）を参照。

（4）福澤諭吉と加藤弘之の政治思想を比較した最近の研究として、河野有理「政体　加藤弘之と福澤諭吉」（河野有理編『近代日本政治思想史　荻生徂徠から網野善彦まで』ナカニシヤ出版、二〇一四年所収）を参照。

（5）『続日本記』と『日本文徳天皇実録』によれば、桓武天皇は延暦四（七八五）年と延暦六年、文徳天皇は斉衡三（八五六）年の各一一月に郊祀を行っていますが、このうち延暦六年と斉衡三年は代拝で、延暦四年も代拝と推測されます。ただし同時代の中国の郊祀も、多くの場合代拝ですませていました。金子修一『中国古代皇帝祭祀の研究』（岩波書店、二〇〇六年）を参照。

（6）「紀元～年」という言い回しが最も大々的に使われたのは、紀元二千六百年とされた一九四〇（昭和一五）年でした。ケネス・ルオフ『紀元二千六百年－消費と観光のナショナリズム』（朝日選書、二〇一二年）を参照。

学習課題

1. 日本語の「自然」と中国語の「自然」、英語のネイチャーの違いについてまとめてみよう。
2. 天皇は時間を支配するのか、それとも時間に支配されるのかについて考えてみよう。
3. なぜ日本政治思想史で時間の視点が重要なのかについて考えてみよう。

参考文献

丸山眞男「歴史意識の「古層」」(『日本の思想6　歴史思想集』筑摩書房、一九七二年所収)
松浦寿輝『明治の表象空間』(新潮社、二〇一四年)
岡義武編『吉野作造評論集』(岩波文庫、一九七五年)
『北一輝著作集第一巻　国体論及び純正社会主義』(みすず書房、一九五九年)
細井浩志「時間・暦と天皇」(『岩波講座　天皇と王権を考える』第8巻、岩波書店、二〇〇二年所収)
原武史『増補版　可視化された帝国　近代日本の行幸啓』(みすず書房、二〇一一年)
老川祥一『終戦詔書と日本政治　義命と時運の相克』(中央公論新社、二〇一五年)

4 各論1・徳川政治体制のとらえ方──朝鮮と比較して

《目標&ポイント》 江戸時代の政治体制は、西洋や中国ではなく、隣国の朝鮮王朝と比較することで、その特徴が一層はっきりします。朱子学が体制イデオロギーとなった朝鮮とは異なる徳川政治体制の思想について考察します。

《キーワード》 朱子学、民本思想、直訴、英祖、正祖、参勤交代、フェティシズム、朝鮮通信使、垂簾聴政、大奥

1. 江戸時代の政治思想

本章では、一般に幕藩体制と呼ばれる江戸時代の政治体制を、西洋や中国ではなく、同時代の隣国である朝鮮王朝の政治体制と比較することで、この時代の政治思想の特徴について考えてみたいと思います(1)。朝鮮という用語には朝鮮半島を意味する地理的な名称のほかに、大きく分けて①箕子朝鮮、衛氏朝鮮といった古代国家の名称、②一三九二年から一九一〇年(厳密には一八九七年)までの朝鮮王朝、いわゆる李氏朝鮮、③一九一〇年から四五年までの植民地の名称、④北朝鮮(朝鮮民主主義人民共和国)の四つの意味がありますが、ここでは②の意味で用いることにします。

江戸時代の代表的な政治思想家といえば、朱子学者の藤原惺窩《せいか》(一五六一~一六一九)や林羅山(一五八三~一六五七)、山崎闇斎《あんさい》(一六一八~八二)、新井白石、朱子学を批判して独自の儒学を築

いた伊藤仁斎や荻生徂徠、国学の大成者である本居宣長などの名前がすぐに思い浮かぶでしょう。しかし、幕府の統治全般にわたって影響を及ぼすことができたのは、せいぜい六代将軍家宣《いえのぶ》（一六六二～一七一二）と七代将軍家継（一七〇九～一六）の時代に「正徳《しょうとく》の治《ち》」と呼ばれる政治を行った新井白石ぐらいでした。林羅山や荻生徂徠は初代将軍家康、二代将軍秀忠（一五七九～一六三二）、三代将軍家光（一六〇四～五一）、四代将軍家綱（一六四一～八〇）や八代将軍吉宗に仕える側近や陪臣となり、政策提言をしたこともありましたが、新井白石のように自ら政治を行うことはありませんでした。伊藤仁斎や本居宣長に至っては一介の民間人にすぎず、宣長の場合は紀州藩主に『玉くしげ』『秘本玉くしげ』と題する意見書を贈ったことはあっても、幕府の統治とは関係をもちませんでした。

　確かに、儒学好きの大名や将軍はいました。とりわけ、五代将軍の徳川綱吉（一六四六～一七〇九）は、孔子廟に当たる湯島聖堂を創建し、江戸城で二四〇回にわたって儒学講釈を行うなど、儒教政治の理想である「仁政」を追求しようとしました。仁政というのは、儒教で最も重要な徳である「仁」を民衆に慈悲深く注ぎ込む政治を意味します。そして綱吉に仕えた大老の堀田正俊《まさとし》（一六三四～八四）もまた朱子学者としてその理想を共有し、綱吉にしばしば諫言しました。一見、後述する朝鮮とよく似た光景が、「君」と「臣」の間に見られたわけです。貞

〔提供：時事通信フォト〕

図４－１　湯島聖堂大成殿（孔子廟）

享元（一六八四）年に堀田が江戸城内で暗殺されたのは、仁政をめぐる両者の解釈の違いが確執へと発展していったことが要因ともいわれています（小川和也《かずなり》『儒学殺人事件』講談社、二〇一四年）。

宝永六（一七〇九）年に綱吉が死去し、家宣が後を継ぐと、家宣の学問相手で、堀田正俊の家臣だったこともある新井白石が実権を握ります。白石にいわせれば、綱吉は仁政を追求するどころか、堀田の死後に権力をほしいままにした暴君以外の何物でもありませんでした。白石は、儒教の根本は礼楽にあるとして、即位と元服の儀式や孔子廟参拝の礼、朝鮮通信使をはじめとする外交儀礼を新たに制定したほか、朝鮮通信使を迎える際には猿楽（能）に代わる音楽として雅楽を演奏させました。政治学者の渡辺浩は、「白石は、確かに儒学者・朱子学者としてなすべき大改革をなしたのである」（『日本政治思想史』東京大学出版会、二〇一〇年）と評価しています。

しかし、一七世紀から一八世紀にかけてのこの時期は、あくまでも例外でした。戦国の最終的勝利者としての徳川将軍家は、中国や朝鮮のような、儒教原理に基づく政治体制を築くことはありませんでした。寛政二（一七九〇）年に老中の松平定信（一七五八〜一八二九）が行った「寛政異学の禁」のように、昌平坂学問所などの幕府教育機関で朱子学以外の学問を禁じることはあっても、幕府が天下に向けて朱子学を正学、官学とするような号令を出したことは一度もなく、朱子学が体制イデオロギーになることはなかったのです。八代将軍吉宗の陪臣となる荻生徂徠は、朱子学を批判し、わずかに花開いた朱子学に基づく白石の統治すらも全面的に否定するようになります。

2. 朝鮮の政治体制

中国の宋代に生まれた朱子学は、隣国の朝鮮でこそ根づき、唯一の体制教学となりました。朝鮮では日本とは異なり、朱子学が体制イデオロギーとして君臨し続けたため、儒学以外の学問はもちろん、たとえ儒学であっても朱子学以外は異端とされたのです。

太祖元（一三九二）年に太祖・李成桂《イソンゲ》（一三三五～一四〇八）によって樹立された朝鮮王朝は、首都を高麗時代の開城《ケソン》からソウル（漢城《ハンソン》）に移しました。国王が住む王宮は、時代によって昌徳宮《チャンドックン》、景福宮《キョンボックン》、慶運宮《キョンウングン》（徳寿宮《トクスグン》）と変わりました。しかしそのいずれもが、北京の皇城（故宮）や江戸城に比べると規模が小さく、門は人々が往来する通りに面していて、皇城や江戸城のような周囲をめぐらす堀（濠）もありませんでした。

朝鮮では中国にならい、世襲の君主（国王）が科挙によって選抜された官僚（両班《ヤンバン》）とともに支配層を形成して、一般人民を治める君－臣－民の三層構造がとられていました。また地方は中央から送られた官僚（観察使や守令）が治めており、中国同様に中央集権体制が確立されていました。ちなみにソウルというのは、漢字に変換できない朝鮮語固有の単語で、日本の京都に当たる「都」を意味します。江戸のほかに天皇の住む「都」があり、江戸に中央政府（幕府）があっても多くの地方では大名が幅広い実権を握っていた徳川日本とは対照的です。

では、中国と朝鮮の政治体制は全く同じであったかといえば、そうではありませんでした。中国では清朝になると、従来の儒教に加えてチベット仏教やイスラム教までも取り込んだ政治思想が皇帝自身によって築かれる一方（平野聡『清帝国とチベット問題』東京大学出版会、二〇〇四年）、国土が広いぶん儒教が社会の末端にまで浸透せず、道教やシャーマニズムが民間に根を張りました。白蓮教や太平天国、義和団などの民衆反乱が起こったのは、まさにこのためです。一方、朝鮮では中国よりもはるかに儒教、それも朱子学が地方の隅々にまで浸透し、仏教はもちろん、陽明学すらも当初は排斥されました。

儒教の政治思想では、「天」から天命を受けた「天子」は一人しかおらず、それは中国皇帝以外にはあり得ませんでした。したがって中国皇帝に対しては、朝鮮国王といえども臣下の礼を尽くさなければなりませんでした。朝鮮国王が皇帝を名乗り、国号を大韓帝国に改めたのは一八九七（光《クァン》武《ム》元）年であり、それまでは中国を「中華」とし、周辺国を「夷狄」とする東アジアの地域秩序（これを「冊封体制」といいます）のなかに組み込まれていたのです。この点もまた、冊封体制のなかに組み込まれなかったがゆえに将軍が中国皇帝に臣下の礼を尽くすこともなく、逆に日本を中心とする東アジアの地域秩序（これを「日本型華夷秩序」といいます）を確立させた徳川日本とは対照的です。

朝鮮では、中国に比べて君主の権力が突出しないぶん、相対的に官僚の力が強くなりました。中国の宋代に発案された、君主と官僚が儒教経典をテキストとして会読する「経筵《けいえん》」と呼ばれる勉強会は、朝鮮でこそ定着してゆきました。科挙によって選抜された官僚たちは、国王に対して修養を求めるばかりか、朱子学の解釈をめぐって官僚どうしでもしばしば論争するようになります。なかでも、韓国の千ウォン札に描かれ、日本の林羅山や山崎闇斎にも影響を与えた李退渓《イテゲ》（一五〇一～七〇）と五千ウォン札に描かれている李栗谷《イユルグク》（一五三六～八四）は、朱子学の「理気論」をめぐって相異なる解釈を展開しました。こうした解釈の違いから、官僚の間には複数の学派が生まれ、各学派はしだいに権力集団に発展していきました。

しかし他方、朝鮮では中国以上に民本思想が定着しました。儒教には「民は惟《こ》れ邦の本にして、本固ければ邦寧《やす》し」（『書経』五子之歌。原文は漢文）や「孟子曰く、民を貴しとなし、社稷《しゃしょく》之に次ぎ、君を軽しとなす」（『孟子』巻第十四　尽心章句下。同）に明らかなように、君主は民を本とする政治を行わなければならないという思想があります。これは君主政治という政体そのものを変えるわけではないので、民主主義とは異なります[2]。民本思想は、君主が民に「仁」を注ぎ込むことが前提となっている点で、前述した「仁政」と重なります。また前述のように、ソウルの王宮が北京の皇城や江戸城と比べて狭く、門が通りに面しているのは、国王と民との距離の相対的近さを物語っています。李成桂の参謀として儒教による支配イデオロギーの構築に努めた鄭道伝《チョンドジョン》（一三四二～九八）は、高麗の滅亡を易姓革命によって正当化するとともに、「蓋《けだ》し君は国に依り、国は民に依る。民とは国の本にして、君の天なり」（『朝鮮経国典』上、賦典。原文は漢文）と述べています。

民本思想が浸透した結果、朝鮮では一般民が官僚を飛び越えて国王に訴えることのできる直訴制度が発達しました。具体的にいえば、民が不当な罪を着せられた場合、その冤罪を訴える三段階の上訴手続が規定され、最終手段として国王への直訴を意味する「申聞鼓《シンムンゴ》」と呼ばれる太鼓を鳴らすことが認められたのです。

申聞鼓は、中国古代の伝説的な聖人である堯《ぎょう》が誰でも鳴らして意見を申し立てられるようにするために設置したとされる「敢諫之鼓《かんかんのこ》」に由来していますが、同時代の中国（明）で制定された法律（大明律）では、「登聞鼓」と呼ばれる太鼓を設置しながら、それを鳴らすこと自体が基本的には犯罪行為とされていました。この点では朝鮮のほうが中国古代により忠実だったともいえるのです。

3. 儒教政治の理想の追求―英祖と正祖

一八世紀の朝鮮では、英祖《ヨンジョ》（一六九四～一七七六）と孫の正祖《チョンジョ》（一七五二～一八〇〇）という傑出した国王が二代続き、儒教政治の理想が花咲きました。正祖は、ＮＨＫでも放映された韓国歴史ドラマ「イ・サン」の主人公として知られています。

英祖は、王宮内で経筵を積極的に開催する一方、王宮の外に出てソウルの周辺に点在する陵墓に参拝に行く途上で一般民との対話を試みようとしました。その一環として、申聞鼓を鳴らす代わりに、彼らが国王の行列を停めさせて直接文書で訴えることを認めたのです。さらには王宮や城壁の門前でも人々をあらかじめ集合させておき、直訴を受けつけるようになります(3)。

晩年の英祖は、陵墓参拝が減る代わりに王宮の門前に毎月のように現れ、地位や身分に関係なく自分と同じ年齢の老人を王宮内に入れ、食事をともにすることまでしたため、民衆から熱烈な支持を受けるようになります。こうした行動の指針となったのは、朱子学の大成者である朱熹《しゅき》が重視した四書の一つ、『大学』でした。朱熹によれば、その冒頭は「大学の道は明徳《めいとく》を明らかにするに在り。民を新たにするに在り。至善《しぜん》に止まるに在り」（原文は漢文）という文章から始まっています。明るい輝かしい徳を明らかにした君子が、さらにそれを他の人にも及ぼし、人をしてそれぞれ自分の明徳を明らかにさせることに学問の道があるとするこの文章を、英祖は常に拳々服膺《けんけんふくよう》していたのです。中国古代の聖人である堯、舜を理想とする英祖の政治は、官僚からも「堯明舜哲」の称号を献上されるに至りました。

こうした英祖の政治を忠実に踏襲したのが、英祖の次の国王で、英祖の孫に当たる正祖でした。

正祖は幼少期から英祖による英才教育を受け、国王になるや国王専用の儒教研究施設である奎章《キュジャン》閣《ガク》を設置し、科挙に合格した官僚のうち、さらに優秀な官僚を奎章閣で勉強させる抄啓文臣制度を新たにつくるなど、儒教政治の理想を官僚とともに追求しました。その一方で、中断していた陵墓参拝を復活させるとともに、文書のほかに口頭で訴えることのできる沿道での直訴を大幅に許容しました。このため奴婢でも直訴ができるようになり、直訴の回数は英祖の時代に比べて激増しました。その回数は、在位二四年間に四五一五件にのぼったとされています（韓《ハン》相《サン》權《クォン》『朝鮮後期社会と訴冤制度　上言・撃錚研究』ソウル・一潮閣、一九九六年。原文は韓国語）。

　正祖は晩年の正祖二三（一七九九）年に、『大学』研究から得た政治哲学を「万川明月主人翁自序」と題する小文にまとめました。この小文で正祖は、自らを「明月」（月）、万民を「万川」（河川の水）にたとえた上で、自らの統治が中国古代の聖人の一人とされる周の始祖、文王に近づきつつあるという強烈な自負を示したのです。こうした自負は、江戸時代の将軍にはもちろん、もはや聖人が輩出した時代は二度と戻ってくることはないとされた中国の明代や清代の皇帝にもありませんでした。

　正祖の次の国王、純祖《スンジョ》（一七九〇～一八三四）は幼少だったため、大王大妃（英祖の王妃）の貞純《チョンスン》王后（一七四五～一八〇五）が実権を握る「垂簾聴政」が行われました。朝鮮の国王はすべて男性でしたが、一九世紀には幼少で即位する国王が相次いだため、王の母や祖母などの女性が代わりに政治を行ったのです（林《イム》惠《ヘ》蓮《リョン》「19世紀垂簾聴政の特徴」、（韓国）『朝鮮時代史學報』48、二〇〇九年所収。原文は韓国語）。このように、皇帝や国王となる幼少の息子や孫を母や祖母などが後見して権力を握るケースは朝鮮や中国で一九世紀後半までしばしば見られましたが、古代から中世にかけての日本でも天皇や将軍となる幼少の息子や孫を後見して権力を握る母や祖母がいました。例えば文武天皇の祖母、持統天皇（六四五～七〇二）、後一条天皇・後朱雀《ごすざく》天皇の母、藤原彰子（九八八～一〇七四）、高倉天皇の母、平滋子《しげこ》（建春門院。一一四二～七六）、源頼家・実朝の母、北条政子（一一五七～一二二五）、足利義勝・義政の母、日野重子（一四一一～六三）、足利義尚《よしひさ》の母、日野富子（一四四〇～九六）などです(4)。

4. 徳川日本との違い

以上のような朝鮮における政治思想の展開を踏まえると、江戸時代がいかに違っていたかがよくわかると思います。国王に権力が集中し、君－臣－民の三層構造がはっきりしていて、ソウルを中心とする中央集権体制がとられ、はじめから武官に対する文官の優位が確立されていた朝鮮に比べると、将軍に権力が集中せず、大老や老中、側用人などのほかに京都に天皇、地方に大名（藩主）がそれぞれ独自の権力や権威を保ち、地方（藩）が中央（幕府）とは独立した権限をもっており、武威によって確立された戦時体制が解体されないまま平和な体制へと移行してゆく徳川政治体制は、あまりに複雑すぎてわかりづらいのではないでしょうか。

朝鮮では、外面的な制度よりはむしろ統治者の内面の徳を重視する朱子学に依拠しているために、国王個人の資質が体制そのものを大きく左右するという特徴があります。英祖や正祖のように、資質のすぐれた国王がトップに立ったときには体制は安定しますが、そうでないと不安定になるわけです。一方、徳川日本では朱子学が体制教学とはならず、将軍個人の資質と体制が結びつきませんでした。このために二百年以上にわたって大きな反乱もなく、安定したシステムが築かれました。

そのシステムを支えていたのは、儒教のような言説化したイデオロギーではありませんでした。歴代の将軍が、すべて綱吉のように儒学好きだったわけではありません。そもそも徳川日本では朝鮮ほど儒教が社会の隅々にまで浸透せず、仏教も排斥されませんでした。儒学だけでも、朱子学のほかに陽明学、伊藤仁斎や荻生徂徠の古学など、多様な学派が出てきました。なかでも荻生徂徠は、「聖人の道」を心の内にある人としての本来性ではなく、聖人が作為した統治のための制度ととらえるなど、朱子学を徹底的に批判しました(5)。要するに徂徠は、朱子学のように内面を重視せず、外面的な制度を重視したのです。このように、朝鮮ならば異端として排斥されるに違いない儒学が大きな影響を与えたところが、日本的という見方もできましょう。

徳川政治体制というのは、朝鮮のように易姓革命によって建国を正当化した体制ではありません。この体制はあくまでも戦国の名残としての性格を帯びており、臨戦態勢がそのまま平時の体制へと移行しました。例えば、江戸城が二重の濠（内堀と外堀）を周囲にめぐらし、台地の上に建てられたのは、それだけ敵の侵入を難しくするためでしたが、平和が長く続くにつれてその意味が変化し、大規模な城そのものが将軍の権威を視覚的に演出するための装置と化してゆきました。

参勤交代もそうです。将軍と大名との主従関係を示すための軍事儀礼として、三代将軍家光の時代に定められたこの制度は、平和が続くにつれて軍事儀礼としての意味が後退し、行列そのものが大名の権威を重々しく見せるための「かざり」になってゆきました。諸大名はあたかも競い合うようにして、行列を長くしたり、駕籠をきらびやかにしたりすることで、沿道に平伏する人々に対して権威を誇示するようになったのです。

大名は参勤交代の道中、ずっと駕籠に乗っていたわけではなかったにせよ、駕籠に乗っている限り、決してその姿を見られることがありませんでした。第2章で触れたように、ここでは本来交通手段のはずの乗り物そのものが崇拝の対象となるようなフェティシズム（物神崇拝）化が起こっているわけです。

では、江戸城にいた将軍はどうだったのでしょうか。将軍は近郊への鷹狩、鹿狩や花見、徳川家の菩提寺である上野寛永寺や芝増上寺への参詣を除いて、めったに外出しませんでした。江戸初期と幕末に京都に赴いたのを別にすれば、唯一の大規模な外出は初代将軍家康を東照大権現としてまつる日光東照宮への参詣（日光社参）でした。政治学者の渡辺浩は、「「御威光」に耀く日光御社参の大行列は、正に当時の「建国神話」の儀式的再現であり、その聖なる「国体」の正確な具象化であろう」（『東アジアの王権と思想』東京大学出版会、一九九七年）と述べています。

大名は江戸に滞在中、決められた日に江戸城に登城し、将軍に面会しましたが、そのときですら平身低頭したままで将軍を見ることはできませんでした。実際には中国皇帝や朝鮮国王に匹敵するような絶対的な権力を手にしていたわけではないのに、将軍が「御威光」の秩序の頂点に位置したからです。

将軍の「御威光」がモノに乗り移ることもありました。将軍が飲む宇治の茶や、将軍が浸かる熱海や草津の温泉の湯が江戸に運ばれるときには、将軍自身の行列同様、沿道では平伏しなければなりませんでした。湯治の際、朝鮮国王ならば温泉のある忠清道《チュンチョンド》の温陽《オニヤン》行宮（現・忠清南道牙山《アサン》市温《オン》泉洞《チョンドン》）まで、地方を治める大名ならば領内の温泉場まで自ら出向いたのに対して(6)、将軍は逆に熱海温泉や草津温泉の湯を江戸城に運ばせたわけです。その奇妙な行列自体、政治的首都がどこにあるかを暗示していました。

こうして見ると、朝鮮との違いも明らかになります。日本では支配者の顔が見えづらく、いったん確立した制度のフェティシズム化が進行しやすい傾向があります。言い換えれば、イデオロギーではなくシステムの支配が確立されやすいわけです。したがって、将軍の行列を止めて直訴することは死罪を覚悟しなければならず、原理的にあり得ません。数少ない例外は、佐倉藩領の名主で、四代将軍家綱が上野寛永寺に参詣する途上に藩主の圧政を直訴した佐倉惣五郎（木内宗吾。生没年不詳）でした。死罪となった代わりに年貢減免を勝ち得た惣五郎は義民として称えられ、現在の千葉県成田市に惣五郎の霊をまつる宗吾霊堂が建てられました。

江戸時代には、ソウルから江戸に朝鮮通信使と呼ばれる使節が派遣されました。その行列は、朝鮮国内ではしばしば通行を妨害されたのに対して、日本国内では沿道で人々が物音一つ立てず、整然と迎えたことに、どの使節も一様に驚きを隠しませんでした。また朝鮮通信使といえども、江戸城で将軍を見ることはできませんでした。享保四（一七一九）年に訪れて八代将軍吉宗と会見した申維翰《シンユハン》（一六八一～？）は、「余と相去ること三、四間をへだたるにすぎないが、その坐所が奥深く、左右には珠簾や彩帷（彩られた帷《とばり》―引用者注）を設けているうえに、殿内の見通しがよくないため、そのひととなりを詳見することはできなかった」（『海游録』姜在彦《カンジェオン》訳、平凡社、一九七四年、原文は漢文）と述べています。さらには「日本の朱子学は、一つとして聞くべきものがない。けだしその政教と民風は、兵にあらずんば則ち仏、各藩には儒学の学校も孔子廟もなく、また君親の喪礼もない」（同。一部改変）として、日本で朱子学が浸透していないことを批判しています。

もちろん、よく似た面もあります。前述した綱吉の時代に見られた将軍と大老の間の仁政をめぐるやりとりは、朝鮮の国王と官僚の間に開かれていた経筵に近いといえるでしょう。また徳川吉宗が江戸評定所《ひょうじょうしょ》前に設置した目安箱は、将軍だけが開けることができたという点で、直訴の合法化と見なせなくもありません。江戸後期になると、各地で百姓による強訴や一揆も多発するようになります。彼らは決してお上に唯々諾々と従っていたわけではありませんでした。

しかし、目安箱を通して将軍に直訴できるのは統治に関する有益な事柄など三点に限られ、投書の大半はそれらの条件から外れていたために処分されました（大平祐一『目安箱の研究』創文社、二〇〇三年）。また江戸時代を通して、大老や老中などの行列に対する直訴（駕籠訴）はあっても、将軍の行列に対する直訴はほとんどありませんでした。この点に関する限り、やはり朝鮮とは対照的だったといわざるを得ません。

5.「大奥」とは何か

歴代の将軍をはじめとする権力者は、すべて男性でした。家康、秀忠、吉宗、家斉のように、将軍職を譲って隠居しながら「大御所」として権力を握り続けた将軍はいましたが、朝鮮や中国の垂簾聴政のように、あるいは北条政子や日野富子のように、将軍を後見する「母」が幼少の将軍に代わって権力を握ることはありませんでした。三代将軍家光以降、正室はお世継の生母とはならず、生母は農民の娘や町人、僧侶の娘など出自の低い側室（妾）がなることで正室の権力は未然に封じられたのです（関口すみ子『御一新とジェンダー　荻生徂徠から教育勅語まで』東京大学出版会、二〇〇五年、および柳谷慶子「武家権力と女性－正室と側室－」、薮田貫・柳谷慶子編『〈江戸〉の人と身分4　身分のなかの女性』吉川弘文館、二〇一〇年所収）(7)。

しかし、だからといって女性が全く権力から疎外されていたわけではありません。例えば、一五代将軍の徳川慶喜（一八三七～一九一三）は、「大奥の情態を見るに、老女は実に恐るべき者にて実際老中以上の権力あり」（渋沢栄一編『昔夢会筆記：徳川慶喜公回想談』平凡社、一九六六年）と回想しています。

慶喜は、女性が男性以上に権力をもつ場合があることに気づいていたのです。「表」「中奥」「大奥」に大きく分けられた江戸城本丸の「大奥」には、「御台所《みだいどころ》」と呼ばれた将軍の正室が住んでいたほか、「奥女中」と呼ばれる女性たちが働いたり住んだりしていましたが、彼女らのなかには前述した男性中心のシステムに包摂されることなく権力を振るう老女や「御年寄」もいました。

二百年以上にわたって安定してきた「御威光」の秩序は、幕末の外圧によってわずか一五年であっけなく瓦解しました。これもまた、西洋列強や日本によって半植民地化されてもなお体制が揺るがなかった一九世紀から二〇世紀初頭にかけての中国や朝鮮とは対照的でした。日本では支配イデオロギーが脆弱であったがゆえに、あっさりとシステムを壊して別のシステムへと移行することが容易であったという見方もできるのです。

にもかかわらず江戸城本丸の「表」「中奥」「大奥」という構造は、システムの崩壊によって一掃されたわけではありませんでした。一八八八（明治二一）年に旧江戸城西の丸跡に完成した明治宮殿もまた「表」と「奥」（御内儀）から成り立っていましたが、奥女中に当たるのは女官であり、大奥に当たるのは「奥」および「奥」と百間廊下と呼ばれる回廊でつながった「局《つぼね》」でした(8)。それは同時に皇后という、女官を統轄する天皇のパートナーの本格的登場を意味していたのです。

≫注

（1）日本政治思想史の研究において、朝鮮は長らく盲点でした。丸山眞男もそうです。「丸山眞男の思想を朝鮮と直接関連づけることは事実上不可能である。丸山が残した厖大な研究と記録のどこにも、独立した主題として朝鮮を扱った文章は存在しないからである」（権赫泰《クォンヒョクテ》『平和なき「平和主義」　戦後日本の思想と運動』鄭栄《チョンヨン》桓《ファン》訳、法政大学出版局、二〇一六年）。この点に関して思想家の柄谷行人《からたにこうじん》は、中国を「中心」とした場合、朝鮮は「周辺」、日本は「亜周辺」に当たるとした上で、「日本に起こったことの特性は、たんに帝国の「中心」と比較するだけではなく、「周辺」と比較しないと、わからないのです」とし、「通常、彼ら〔日本の歴史家・思想家〕は日本の制度・思想を中国との比較によって見ます。例えば、日本人が中国の文化、制度をどう受けとめたかを考察する。（中略）が、コリアのような周辺国家と比較することはしない。そのため、コリアが理解できないだけでなく、日本についても理解ができないのです」と述べていますが（『帝国の構造』青土社、二〇一四年）、本章も同じ視点に立っています。

（2）大正期に吉野作造が唱えた民本主義は、本来ならば民主主義と訳すべきデモクラシーの訳語ですので、儒教の民本思想とは異なります。

（3）ソウルは二〇世紀初頭まで城壁が都市をぐるりと囲んでいました。崇礼門《スンネムン》（南大門《ナムデムン》）や東大門《トンデムン》は城壁に築かれた門の名残です。

（4）ここでは実在が確認できない神功《じんぐう》皇后を外しましたが、鎌倉時代に成立した歴史書『吾妻鏡』や室町初期に成立した軍記物語『曽我物語』は、北条政子を神功皇后になぞらえています。神功皇后については第10章を参照。また日野富子が一条兼良（一四〇二～八一）に執筆させた『樵談治要』では、神功皇后や北条政子らの政治が呂后や則天武后、北宋の宣仁皇后（一〇三二～九三）らの「垂簾の政」と同列に論じられています。野村育世『北条政子　尼将軍の時代』（吉川弘文館、二〇〇〇年）を参照。

（5）この「作為」の論理に近代の萌芽を見いだしたのが丸山眞男の『日本政治思想史研究』だったことは、第1章で触れたとおりです。

（6）現在では、大名が逗留した旅館が各地で老舗旅館としての地位を確立していることが多くなっています。会津藩主が利用した東山温泉（福島県）の「向瀧」、紀州藩主が利用した龍神温泉（和歌山県）の「上御殿」などが代表例です。

（7）ただし六代将軍家宣以降、側室が産んだ子でも形式上は正室の子となり、正室を母とするようになります。また九代将軍家重以降の生母は、旗本か公家の出となります。畑尚子『江戸奥女中物語』（講談社現代新書、二〇〇一年）を参照。

（8）「奥」には天皇と皇后が、「局」には女官たちが住んでいました。山川三千子『女官』（講談社学術文庫、二〇一六年）を参照。

学習課題

1. 徳川政治体制と同時代の朝鮮の政治体制の違いについてまとめてみよう。
2. なぜ徳川政治体制は二百年以上にわたって安定し続けたのかについて考えてみよう。
3. なぜ徳川政治体制はペリー来航からわずか一五年であっけなく崩壊したのかについて考えてみよう。

参考文献

小川和也『儒学殺人事件』（講談社、二〇一四年）
渡辺浩『日本政治思想史』（東京大学出版会、二〇一〇年）
平野聡『清帝国とチベット問題』（東京大学出版会、二〇〇四年）
原武史『直訴と王権　朝鮮・日本の「一君万民」思想史』（朝日新聞社、一九九六年）
渡辺浩『東アジアの王権と思想』（東京大学出版会、一九九七年）
申維翰『海游録』（平凡社、一九七四年）
関口すみ子『御一新とジェンダー　荻生徂徠から教育勅語まで』（東京大学出版会、二〇〇五年）

深井雅海『江戸城－本丸御殿と幕府政治』（中公新書、二〇〇八年）
畑尚子『徳川政権下の大奥と奥女中』（岩波書店、二〇〇九年）

5 各論2・国学と復古神道

《目標&ポイント》 江戸後期に台頭した国学の大成者、本居宣長と、宣長の思想を受け継いで復古神道を確立させた平田篤胤の思想を取り上げ、国学や復古神道が天皇の支配を正当化するとともにその支配を相対化する論理に迫ります。

《キーワード》 国学、本居宣長、アマテラス、平田篤胤、日本書紀、顕幽論、オオクニヌシ、千家尊福、祭神論争

1. 本居宣長の思想

中国を忠実に模倣し、儒学のなかでも朱子学が唯一の支配イデオロギーとなった朝鮮とは異なり、江戸時代の日本では儒学が多様化した上、後期になると儒学そのものを否定する国学が台頭してきます。国学というのは、儒教経典ではなく日本古典を研究する学問のことで、具体的には『万葉集』や『古事記』『日本書紀』『風土記』などの研究を通して、中国とは異なる日本固有の道を明らかにしようとしました。一般には荷田春満《かだのあずままろ》（一六六九～一七三六）、賀茂真淵《かものまぶち》（一六九七～一七六九）、本居宣長、平田篤胤（一七七六～一八四三）が「国学の四大人《しうし》」と呼ばれていますが、本章では国学を大成した本居宣長と復古神道を確立させた平田篤胤にしぼって解説することにします。

本居宣長は、青年期に京都に遊学したほかは(1)、少年期と青年期に江戸、晩年に名古屋と和歌

山、京都に出掛けたのを例外として、紀州藩の領地となっていた伊勢国の松坂（現・三重県松阪市）を離れることはありませんでした。本職は医師で、夜になると黙々と古典の研究に向かいました。研究に疲れたときには、書斎にとりつけた鈴を鳴らし、鈴の音に心をいやしたといいます。二階の書斎を鈴屋《すずのや》と名づけ、自ら鈴屋と号したのは、まさにそのためです。

宣長は、松坂で一度対面した賀茂真淵の門人となりました。真淵は、「凡《およそ》天地の間に生としいけるものは、皆虫ならずや。それが中に、人のみいかで貴く、人のみいかか成ことあるにや。から人は「人は万物の霊」とかいひて、いと人を貴めるを、おのれが思ふに、人は万物の悪きものとぞいふべき」（「国意考」、『賀茂真淵全集』第十九巻、続群書類従完成会、一九八〇年所収）と述べて、儒教で前提とされた禽獣に対する人間の優位を否定したばかりか、逆に「人は万物の悪きもの」としました。儒教だけでなく、キリスト教など西洋の思想や宗教も人間の優位を前提としていることを踏まえれば、真淵の思考がいかにラディカルであったかがわかると思います。

一方、宣長は「すべて世の中に生きとし生ける物はみな情あり。情あれば物にふれて必ず思ふことあり。このゆゑに生きとし生ける物みな歌あるなり」（「石上私淑言《いそのかみのささめごと》」、『本居宣長全集』第二巻、筑摩書房、一九八九年所収）として、真淵同様、人間の優位を認めない議論から始めます。しかしそのすぐ後で、「その中にも人はことに万の物よりすぐれて、心も明らかなれば、思ふこともしげく深し。そのうへ人は禽獣よりも事わざのしげき物にて、事にふるること多ければ、いよいよ思ふこと多きなり。されば人は歌なくしてはかなはぬ理りなり」（同）としているように、真淵を批判して禽獣に対する人間の優位を回復させるとともに、人間の本質は和歌を詠むことにあるとしました(2)。

ではなぜ、人間は和歌を詠まなければならないのでしょうか。宣長にいわせれば、はかない心情こそが偽らざる真心だからです。宣長は、物事に感じて動く心を、「物のあはれを知る」（同）と呼んで重視しました。それは同時に、物事に動ぜず、すべての現象を理屈で説明できると思い込んでいる儒教、とりわけ朱子学に対する痛烈な批判につながってゆくのです。当時はまだ国民国家としての日本という観念はなかったとされていますが、宣長の頭のなかには日本人と中国人という二項対立の図式が生まれ、前者の思考法を「やまとごころ」（大和心）、後者の思考法を「からごころ」（漢意）と呼ぶようになります。

言うまでもなく、当時の中国でこうした思考法は発生しませんでした。そもそも中華思想によって文化や文明の中心にあるとされた中国では、より劣位にあると考えられた周辺諸国と比較する発想自体、あり得なかったからです。国にせよ地域にせよ、両者の間に非対称的な関係が成立する場合、一方が他方を強く意識するのは、必ず「中心」ではなく「周縁」の側です。このような関係は、第９章で取り上げる明治以降の東京と大阪、第13章で取り上げる戦後のアメリカと日本などにも当てはまります。

日本と同じく中国の周縁に位置する朝鮮の場合、「大中華」であった明が滅亡すると、朱子学者たちは自国のみが儒教の伝統を継承する「小中華」であると考えるようになります。中国は清の建国以来、夷狄《いてき》である女真族に支配されているのに対して、朝鮮にこそ中国の儒教の伝統が正しく伝わっているとしたのです。

一方、宣長は、中国を強烈に意識しながら、朝鮮の朱子学者とは全く異なる発想をもっていました。中華思想を前提としつつ、その思想が自国に受け継がれていると考えるのではなく、儒教そのものを批判したのです。宣長は、中国から伝わった儒教＝からごころによって「汚染」される前の日本にあったはずの「古の道」を明らかにするために、それまであまり注目されていなかった『古事記』の研究を始めました。文字どおりライフワークとなるその研究は、『古事記伝』全四四巻としてまとめられます。

しかし、宣長はただの学者ではありませんでした。なぜなら彼は、『古事記』を単なるテキストとして解釈したわけではなく、荒唐無稽に見えるそのストーリーをすべて事実だと信じたからです。『古事記』には、アマテラス（天照大御神）が高天原を統治し、その孫のニニギ（邇邇芸命）が降臨し（天孫降臨）、さらにニニギの子孫である天皇がずっと治めていると記されています。この道が日本にのみ正しく伝わっているのは、「やまとごころ」が優れているからだとしたのです。一方、中国はどうでしょうか。

異国《あだしくに》は、天照大御神の御国にあらざるが故に、定まれる主《きみ》なくして、狭蝿《さばえ》なす神ところを得て、あらぶるによりて、人心あしく、ならはしみだりがはしくして、国をし取つれば、賤しき奴も、たちまちに君ともなれば、上とある人は、下なる人に奪はれじとかまへ、下なるは、上のひまをうかゞひて、うばゝむとはかりて、かたみに仇《あだ》みつゝ、古より国治まりがたくなも有ける、其《そ》が中に、威力《いきおい》あり智り深くて、人をなつけ、人の国を奪ひ取て、又人にうばゝるまじき事量《ことはかり》をよくして、しばし国をよく治めて、後の法《のり》ともなしたる人を、もろこしには聖人とぞ云なる、〔以下略〕

（「古事記伝一之巻　直毘霊」、前掲『本居宣長全集』第九巻所収）

ここでいう異国とは、主に中国を指しています。要するに中国では「古の道」が伝わらなかったために人心が卑しく、革命によりしばしば王朝が交代する。儒学者がもち上げる聖人というのも、そうした卑しい国民によって名づけられた虚像にすぎない。天皇がずっと支配者であり続け、下々まで天皇にしたがい、天下は穏やかに治まっていた日本とは対照的だとしたわけです。ここから明治以降に確立される「万世一系」イデオロギーまでは、驚くほど距離が近いことがわかるでしょう。

2. 晩年の宣長と出雲への関心

宣長が、それまで「正史」とされてきた『日本書紀』よりも『古事記』を重視したのは、『日本書紀』には『古事記』よりも「からごころ」が染みついていると考えたからでした。けれどもそれは、『日本書紀』の文章を全面的にしりぞけることを意味したわけではありません。『古事記伝』では、オオクニヌシ（『古事記』では大国主神、『日本書紀』では大己貴神などと表記）の国譲りの場面で『日本書紀』一書(3)にしか出てこない「顕」と「幽」に言及したからです。

高皇産霊尊《たかみむすびのみこと》、乃《すなわ》ち二《ふたはしら》の神を還し遣《つかわ》して、大己貴神《おおあなむちのかみ》に勅《みことのり》して曰《のたま》はく、「今、汝が所言《もうすこと》を聞くに、深く其の理《ことわり》有り。故、更に条《おちおち》にして勅したまふ。夫れ汝が治《しら》す顕露の事は、是吾孫《すめみま》治すべし。汝は以て神事《かみのこと》を治すべし（以下略）」とのたまふ。

是に、大己貴神報へて曰《もう》さく、「天神《あまつかみ》の勅《のたまうみこと》教、如此《かく》慇懃《ねんごろ》なり。敢へて命《おおせこと》に従はざらむや。吾が治す顕露の事は、皇孫当《まさ》に治めたまふべし。吾は退《さ》りて幽事を治めむ」とまうす。

（坂本太郎他校注『日本書紀』一、岩波文庫、一九九四年。原文は漢文。傍点引用者）

葦原中国《あしはらなかつくに》を支配していたオオクニヌシは、高天原から遣わされた「二の神」、すなわちタケミカヅチ（武甕槌神）とフツヌシ（経津主神）に対して自分の国を奪いに来たのではないかと怪しみます。これを聞いた高天原の司令塔、タカミムスビ（高皇産霊尊）は理解を示し、改めて交換条件を出します。それはオオクニヌシが治めていた「顕露の事《あらわ》」は「吾孫」、すなわち天皇に譲る代わりに、オオクニヌシは「幽事《かくれたること》」を治めるというものでした。オオクニヌシは喜んでこの条件に従ったというのです。

宣長は、「顕露の事」を「朝廷の万の政」、「幽事」を「顕に目にも見えず、誰為すともなく、神の為したまふ政」とし、後者はオオクニヌシが統治しているとしました。そして『玉くしげ』でも、「かの大国主命と申すは、出雲の大社の御神にして、はじめに此天下を経営し給ひ、又八百万神たちを帥《ひきい》て、右の御約束のごとく、世中の幽事を掌《つかさど》り行ひ給ふ御神にましませば、天下上下の人の、恐れ敬ひ尊奉し奉らではかなはぬ御神ぞかし」（前掲『本居宣長全集』第八巻に所収）と述べるなど、オオクニヌシを高く評価しました。

出雲大社の祭神であるオオクニヌシへの関心は、出雲への関心につながっていました。晩年の宣長は、『古事記伝』の執筆を進めるかたわら、奈良時代に書かれた『出雲国造神賀詞《いずものくにのみやつこかんよごと》』と『出雲国風土記』の注釈に乗り出します。前者は、古代の出雲国造が都に参内した際に天皇の長寿を祈るために述べる祝詞を意味し、後者は全国で編纂された『風土記』のうち、唯一完全に原形のままをとどめているもので、「天の下造らしし神大穴持命《おおなもちのみこと》」、すなわちオオクニヌシが出雲国内の各地で活躍する一方、アマテラスやニニギはいっさい出てきません。にもかかわらず、宣長は『古事記』同様、『出雲国風土記』の文章を事実として承認したのです。また宣長は、門人となった出雲国造《こくそう》の実弟、千家俊信《せんげとしざね》（一七六四〜一八三一）にあてた書簡のなかで、「御社〔出雲大社〕へは必生涯之内一度ハ参拝仕度物」（前掲『本居宣長全集』第十七巻に所収）と記しましたが、その思いがかなうことはありませんでした。

このように宣長は、晩年になって出雲への関心を高めてゆきましたが、長年にわたる『古事記』の研究を通して確立されたアマテラス＝伊勢を中心とする神学の体系そのものは揺らいでいません。それは宣長が、伊勢神宮のお膝下に当たる松坂の文化圏に属していたことを暗示しています。

3. 平田篤胤の思想

秋田出身で、宣長の没後門人を自称した平田篤胤は、『霊の真柱《たまのみはしら》』で「死」に関する宣長の解釈を批判しました。具体的にいえば、人はみな死後地下にある黄泉《よみ》に行くのであって、死後の世界はないとする宣長に対して、地上にある「幽冥界」こそが死後の世界に当たるという新たな解釈を提示したのです。国学という学問が復古神道という宗教へと転化するきっかけが、ここに認められます。

篤胤が新たな解釈の根拠としたのは、宣長も注目したオオクニヌシの国譲りの場面を描いた『日本書紀』一書でした。篤胤にいわせれば、「幽」は見えない世界を意味するだけでなく、死後の世界をも意味しています。確かに生前の世界である「顕明界」は天皇が治めているが、「幽冥界」を治めているのはオオクニヌシであり、人は死ねば霊魂が「幽冥界」に赴き、オオクニヌシの支配下に入るとしたわけです。

こうした新たな神学を確立させるため、篤胤は宣長の学問的方法そのものを乗り越えてゆきます。すなわち、『古事記』の文章を一点一画も崩さず、その忠実な注釈を試みる宣長の方法に代わって、『古事記』『日本書紀』『風土記』などの「諸古典に見えたる伝ども」のなかから真の「古史」を選定し、それらを継ぎ合わせた『古史成文』を作成するのです。

もちろん、「古史」を選定する客観的な基準などはなく、すべて篤胤自身の独断によって選ばれるわけですから、後に「宇宙第一ノ宝典ヲケガシ候罪モカロカラズ奉存候」（「神道興隆につき意見書」、『近代日本思想大系5　宗教と国家』岩波書店、一九八八年所収）という批判を篤胤の門人とされる大国《おおくに》隆正（一七九二〜一八七一）から浴びることになるのですが、篤胤は『古史成文』とセットで書いた『古史徴』で、『古史成文』の典拠をすべて明らかにしています。それによると、前述した『日本書紀』一書や『出雲国風土記』など、オオクニヌシの活躍を詳細に記した「古史」が多く含まれています。

さらに篤胤は、宣長の『古事記伝』に相当する注釈書として、『古史成文』を注釈した『古史伝』を著しました。そこでは、生前の世界である「顕」が一時的な仮の世、死後の世界である「幽」が永続的な真の世界とされ、「顕」から「幽」に送られた霊魂はオオクニヌシによる賞罰を受けるとされました。

君上は、いかに聡く明に坐せども、現世人の倣《ならい》にし有れば、人の幽に思ふ心は更なり、悪行にても、顕に知られざるは、罰むること能はず。善心善行も顕ならぬは、賞《めで》給ふこと能ざるを、幽冥事を治給ふ大神は、其をよく見徹《みとお》し坐て、現世の報をも賜ひ、幽冥に入たる霊神《たま》の、善悪を糺《ただし》判《わか》ちて、産霊大神《むすびのおおみかみ》の命《おおせ》賜へる性《まごころ》に反ける、罪犯を罰め、其性の率《まにま》に勉めて、善行ありしは賞《ほ》み

給ふ。　（「古史伝」二十三之巻、『新修　平田篤胤全集』第三巻、名著出版、一九七七年所収）

ここには、篤胤がひそかに読んでいたマテオ・リッチ（中国名は利馬竇《りまとう》、一五五二～一六一〇）の『天主実義』をはじめとするキリスト教からの影響がうかがえます。篤胤の論理を突き詰めれば、「顕」を支配する「君上」、すなわち天皇といえども、死ねば「幽」を支配する「大神」、すなわちオオクニヌシによって賞罰を受けることになります。こうして篤胤は、宣長が確立させたアマテラス＝伊勢中心の神学を大きく転回させ、オオクニヌシ＝出雲中心の神学を確立させたのです。

篤胤の門人となる六人部是香《むとべよしか》（一七九八～一八六三）は、篤胤の説をさらに発展させ、「在世の間の所行と心掟との善悪に依りて、神位界に昇さる、と、凶徒界に陥れらる、との差別あり」（「顕幽順考論」、中島博光・大宮兵馬編『神道叢書』第三巻、神宮教院、一八九六年所収）と述べました。「幽冥界」には天国に当たる「神位界」と地獄に当たる「凶徒界」があり、人は死ねば皆オオクニヌシによって生きている間の行いや心構えが逐一調べ上げられ、善き霊魂は前者に、悪しき霊魂は後者に赴くとしたのです。

当然、天皇も例外ではなく、「凶徒界」に落ちる天皇もいました。是香はその例として、熊襲《くまそ》征伐を強行したとされる仲哀《ちゅうあい》天皇、保元の乱を起こして配流された崇徳《すとく》上皇（一一一九～六四）、承久の乱を起こして配流された後鳥羽上皇（一一八〇～一二三九）、南北朝の動乱を招いた後醍醐天皇を挙げています。ちなみに南北朝時代の軍記物語『太平記』巻二十七では、崇徳上皇をはじめ、後鳥羽上皇や後醍醐天皇らの怨霊が天狗と化して集まり、世を乱す議定を行っていたとされています。例えば後醍醐天皇は、建武の新政を成し遂げた天皇として、明治以降に楠木正成（？～一三三六）らとともに高い評価が与えられるようになりますが、是香は『太平記』同様、この世の安定を乱し、怨念を残したまま死んだ天皇と見なしているわけです。

こうなると、日本は中国などとは異なり、天皇がアマテラスからずっと血統でつながっているがゆえに尊いという国学の前提そのものが崩れてしまいます。個々の天皇の資質をオオクニヌシが判断することになるからです。幕末に日本の国内で、かくも「危険」な思想が生まれたことに注目しなければなりません。

4. 明治維新と復古神道

明治維新により、新政府は古代の律令制を手本として、神祇事務局、次いで神祇官を設置しましたが、そこで主要ポストを占めていたのは、石見《いわみ》（現在の島根県）津和野藩出身の大国隆正の指導を受けた福羽美静《ふくばびせい》（一八三一～一九〇七）をはじめとする人々でした。前述のように、大国隆正は形式上、平田篤胤の門人とされながら篤胤を批判し、オオクニヌシでなくアマテラスが「幽冥界」を主宰していると解釈しました。つまり篤胤の思想を受け継ぎながら、アマテラスを中心とする宣長の神学に合わせる形で復古神道を修正した上で、神道を宗教にする神道国教化政策を進めようとしたのです。

けれども一般には、アマテラスという神自体がほとんど知られていませんでした。したがって新政府が、「天子様ハ、天照皇大神宮様ノ御子孫ニテ、此世ノ始ヨリ日本ノ主ニマシマシ云々」（「奥羽人民告諭」、『日本近代思想大系2　天皇と華族』岩波書店、一九八八年所収）という具合に、アマテラスをもち出しながら神としての天皇の権威を強調しようとしても、そこには明らかに限界がありました。

このため新政府は、大国隆正の思想に基づいて神道を宗教化し、天皇を現人神にすることにより、新たなイデオロギーを樹立させようとする「復古」の方針をあっさりと捨て、アマテラスをまつる伊勢神宮を頂点として全国の神社の社格を定める一方、天皇の名のもとに近代化を進める「開化」の方針へと転換しました。福羽美静らは、神道国教化政策の挫折とともに政府から排除されていったのです。

木曽路はすべて山の中である――この有名な一文で始まる島崎藤村（一八七二～一九四三）の長編小説『夜明け前』の主人公、青山半蔵は、篤胤の没後門人だった父の島崎正樹（一八三一～八六）をモデルとしています。明治維新に大いなる夢を抱きながら、その夢が破れて精神に変調をきたしてゆく半蔵の運命は、新政府の方針転換とともに没落してゆく篤胤の門人の宿命を暗示しているように見えます。

5. 千家尊福と祭神論争

平田篤胤の思想は、政府の近代化路線によって一気に否定されたわけではありませんでした。前述のように出雲大社では、本居宣長の時代から国学や復古神道に対する関心が高まりつつあったからです。そして明治五（一八七二）年に火継式を行い、第八〇代出雲国造《こくそう》となる千家《せんげ》尊福《たかとみ》（一八四五～一九一八）こそは、篤胤の思想を受け継ぎつつ、天皇に対抗するもう一人の「生き神」として華々しく歴史の表舞台に登場した人物でした。

出雲では、明治になっても古代の国造制が全国で唯一残っていました。出雲国造は、アマテラスの第二子とされるアメノホヒ（天穂日命）から連綿と続く子孫で、千家尊福はアメノホヒから数えて八〇代目に当たっていたわけです。火継式は天皇家の大嘗祭に相当する儀式で、アメノホヒから受け継がれる神火で調理したものを食べることによって、代々の国造の霊魂が自らの身体に入るとされています。

西日本一帯には、オオクニヌシをはじめとする出雲系の神々に関する伝説が広く分布していました。『日本書紀』の一書には、オオクニヌシがスクナビコナ（少彦名神）とともに「天下《あめのした》を経営《つく》」ったという記述がありますが、各地に散逸する『風土記』には、前述した『出雲国風土記』以外にもオオクニヌシの活躍がより具体的に描かれています。例えば、平田篤胤も『古史成文』に加えた『伊予国風土記』逸文では、オオクニヌシが死にかけたスクナビコナを蘇生させるため、「大分の速見の湯」、すなわち別府温泉の湯を地下の水道を通してもってきたのが道後温泉の起こりだとする記述があります。

一方、アマテラスは『風土記』に全くといってよいほど出てきません。神社の祭神を見ても、アマテラスや孫のニニギ、歴代天皇をまつる伊勢系の神社よりも、スサノヲ（『古事記』では

図５－１　出雲大社　〔提供：PPS通信社〕

〔提供：出雲大社〕

図５－２　千家尊福

須佐之男命、『日本書紀』では素戔嗚尊と表記)、オオクニヌシないしオオクニヌシの子であるタケミナカタ(建御名方神)をまつる出雲系の神社のほうがもともと多かったのです(4)。明治以降に政府がアマテラスや神武、天智、桓武、後醍醐、明治など、歴代の有名な天皇をまつる神社を植民地も含めて新たにつくっていったのは、伊勢系の神社を増やそうとしたためでもありました。

神道国教化政策の挫折に伴い、神祇省に代わって設置された教部省では、従来の神道に加えて仏教勢力を取り込んだ国民教化運動が進められました。一八七三(明治六)年には、教部省の教化機関として大教院《だいきょういん》が開設されましたが、大教院の祭神は『古事記』の冒頭に登場するアメノミナカヌシ(天之御中主神)、タカミムスビ(高御産巣日神)、カミムスビ(神産巣日神)の三神にアマテラスを加えた四神とされました。

アメノミナカヌシ、タカミムスビ、カミムスビの三神を、天地を創造する「造化三神」として重視したのは、平田篤胤でした。千家尊福は、篤胤の思想を重視するなら「造化」よりもむしろ「幽冥」のほうが重要であり、「幽冥界」を主宰しているオオクニヌシこそを大教院にまつらなければならないとしたのです。こうした主張は、大教院に代わって一八七五年に設立された、国民教化のための半公的な中央機関である神道事務局に対してもなされてゆきました。

しかし、神道事務局はオオクニヌシの合祀を認めませんでした。その中心は伊勢神宮の神官たちで、「伊勢派」と呼ばれました。彼らは、伊勢神宮を頂点とするシステムを守り、天皇の絶対性を保持しようとしました。一方、千家尊福らは「出雲派」と呼ばれました。彼らはあくまでも復古神道の思想を尊重し、出雲大社を伊勢神宮と対等(ないしはそれ以上)の神社にしようとしたのです。

こうして伊勢派と出雲派の間に起こったのが、神道事務局の祭神をめぐる「祭神論争」でした。

神道事務局や一八七七（明治一〇）年の教部省廃止後に設立された内務省社寺局にオオクニヌシの合祀に関する投書を寄せた人々の数は、一三万人を超えたといわれています。これほどの大規模な論争は、日本史上かつてないものだったと思われます。

千家尊福は、国造になってから回った西日本の各地で、どこでも「生き神」として熱狂的な歓迎を受けることになります。明治初期に東日本を中心とする全国を巡幸した天皇もまた各地で「生き神」として迎えられましたが、違いもありました。天皇は無言だったのに対して、千家尊福は人々に向かってオオクニヌシの神徳を説いたのです。伊勢派に属する神官は、千家尊福の主張は「天皇ノ霊魂ト雖モ大国主神ノ賞罰ヲ受給フトカ云リトノ巷説《こうせつ》」（落合直亮《なおあき》『神道要章弁』無窮会図書館所蔵）をあおっており、「吾国体ヲ乱ル者」（同）にほかならないとしました。伊勢派は出雲派の思想的危険性を見抜いていたわけですが、論争は出雲派のほうが優勢でした。

時あたかも、全国各地で国会開設を要求する自由民権運動が盛んになりつつありました。各地を巡教する千家尊福と各地を遊説する民権運動家は、一見スタイルがよく似ていました。追い込まれた伊勢派は、出雲派を民権運動と同一視し、「国体」に反するとしたばかりか、千家尊福を暗殺するという風説まで流しました。「国体」については第2章で触れましたが、一九二五（大正一四）年に治安維持法が制定されると、「国体」の変革を企てたとして日本共産党の党員や大本《おおもと》教団の幹部などが次々と検挙されたほか、天皇機関説を唱えた美濃部達吉（一八七三〜一九四八）や、記紀神話のフィクション性を指摘した津田左右吉にも「反国体」のレッテルが張られてゆきました。その元祖は出雲派にあったという見方もできなくはありません。

結局、祭神論争は一八八一（明治一四）年に天皇による勅裁という形で決着しました。この勅裁ではどちらが勝ったかを明確にしませんでしたが、政治的判断により出雲派が事実上敗退したと見ることができます。

出雲派の敗北は、神道から本居宣長や平田篤胤によって唱えられてきた顕幽論そのものを排除してゆくことになりました。伊勢神宮を全国の神社の頂点としながら、神道は祭祀であって宗教でなく、神社に参拝することは「信教の自由」と矛盾しないとする「国家神道」(5)体制が、こうして確立されるわけです。

その背景には、一八八九年に発布される大日本帝国憲法の第一条で定式化された「万世一系」の論理がありました。千家尊福を中心とする出雲派の教義は、政府により公認された民間の神道、すなわち「教派神道」の一派としてのみ公認されることになります。これが現在の出雲大社《おおやしろ》教です。国家神道の確立とともに、オオクニヌシは「幽冥界」を主宰する神としての性格を大きく失い、次章で触れる靖国神社の祭神と同様、天皇の統治を支える「護国の神」へと変質していったのです。

以上、詳しくは原武史『〈出雲〉という思想』（講談社学術文庫、二〇〇一年）をご参照ください。

≫注

（1）江戸時代の天皇は、基本的に京都御所に幽閉されていましたが、即位式のときには御所が公開され、一般の人々が（天皇自身を見られなくても）式の模様を見物することもできました（森田登代子『遊楽としての近世天皇即位式』ミネルヴァ書房、二〇一五年）。全国的には天皇は一般に知られていませんでしたが、京都では身近な存在でした。宣長が天皇に着目したきっかけとして、若き日の京都遊学が考えられるゆえんです。

（2）宣長の解釈にしたがえば、宮中でいまも正月の行事として歌会始が続いているのは、人間の本質をよく反映していることになります。

（3）『日本書紀』神代は、まとまった一つの物語によって構成される『古事記』とは異なり、本文（本書）と、本文とは多少内容の異なるいくつかの一書とが段落ごとに併記される構成になっています。
（4）ただし、応神天皇と習合した八幡神をまつる八幡系の神社を伊勢系に含めると、伊勢系のほうが多くなります。島田裕巳『なぜ八幡神社が日本でいちばん多いのか』（幻冬舎新書、二〇一三年）を参照。
（5）国家神道という用語は内務省に神社局が設置される明治末期から使われるようになりますが（阪本是丸『国家神道形成過程の研究』岩波書店、一九九四年）、広く知られるようになるのは敗戦直後にGHQが発した神道指令におけるState Shintoが国家神道と訳されてからでした。

学習課題

1．国学と復古神道の共通点と相違点につきまとめてみよう。
2．『日本書紀』一書に出てくる「顕」と「幽」という言葉の意味について考えてみよう。
3．明治初期の祭神論争で、なぜ出雲派の主張が「国体」を乱すものと見なされたのか考えてみよう。

参考文献

坂本太郎他校注『日本書紀』一（岩波文庫、一九九四年）
原武史『〈出雲〉という思想』（講談社学術文庫、二〇〇一年）
神野志隆光『本居宣長『古事記伝』を読む』1（講談社選書メチエ、二〇一〇年）
平田篤胤『霊の真柱』（岩波文庫、一九九八年）
島崎藤村『夜明け前』第一部上・下、第二部上・下（新潮文庫、一九五四年）
遠山茂樹校注『日本近代思想大系2　天皇と華族』（岩波書店、一九八八年）
安丸良夫・宮地正人校注『日本近代思想大系5　宗教と国家』（岩波書店、一九八八年）
岡本雅享『千家尊福と出雲信仰』（ちくま新書、二〇一九年）

6 各論3・明治維新と天皇

《目標&ポイント》 後期水戸学で強調された「国体」と祭祀の関係や、明治維新とともにつくられた宮中祭祀、靖国神社、明治天皇の六大巡幸について触れ、「可視化された帝国」の基礎がつくられる過程を考察します。

《キーワード》 会沢正志斎、国体、キリスト教、賢所、神器、靖国神社、六大巡幸、元田永孚、直訴

1. 水戸学の台頭

日本の歴史上、人口に占めるキリスト教徒の割合が最も高かったのは、一六世紀から一七世紀にかけてでした。時代区分でいえば、安土桃山時代から江戸時代初期にかけてです。ところが、当初キリスト教を認めていた江戸幕府は方針を転換し、外国との通商を厳しく制限するとともに、キリスト教に対しても徹底した弾圧を加えるようになります。少数の隠れキリシタンはいたものの、表面上はキリスト教徒が一人もいないという状態が、二百数十年も続くことになるわけです。「彼岸」が追放され、寺院も幕府の管理下に置かれて檀家制度が確立された結果、江戸時代には徹底して世俗化した社会が生まれました。こうした社会の根本は、キリスト教が解禁される明治以降も基本的に変わりませんでした。

隣国の朝鮮王朝でもキリスト教は一八世紀から一九世紀にかけて弾圧されましたが、日本ほど徹底せず、一九世紀を通して広がってゆきました。その背景には、儒教が社会に浸透していた朝鮮では、儒教の「天」を媒介としてキリスト教を受容できたのに対して、日本はそうではなかったという違いがあるように思われます。

日本近海には、一八世紀末から通商を求めて異国船が出没するようになります。文政七（一八二四）年には、水戸藩領の大津浜（現在の茨城県北茨城市）にイギリス船が漂着する事件が起こりました。御三家の一つである水戸藩の領内でこうした事件が起こったことで、幕府の危機感はいやがうえにも高まりました。翌年に異国船打払令が出されたのは、大津浜事件が一因といわれています。

儒教が体制イデオロギーにならなくても、徳川綱吉のような儒学好きな将軍がいたように、儒学好きな大名もいました。代表的な藩主としては、会津の保科正之（一六一一～七二）、岡山の池田光政（一六〇九～八二）、米沢の上杉治憲《はるのり》（一七五一～一八二二）らの名前が挙げられるでしょう。水戸藩もまた学問が盛んで、一七世紀に二代藩主、徳川光圀の命により彰考館が建てられ、歴史書『大日本史』の編纂が始められたことはよく知られています。これを「前期水戸学」といいますが、一九世紀になると彰考館の総裁となる藤田幽谷の指導のもとに、大津浜事件に代表される対外的危機感に触発されるようにして「後期水戸学」が盛んになります。その中心メンバーの一人となった水戸藩士が、第2章で触れた会沢正志斎でした。

2. 会沢正志斎『新論』

会沢の代表作である『新論』（『日本思想大系53　水戸学』岩波書店、一九七三年所収。以下の引用はすべて同書による。原文は漢文）は、大津浜事件の翌年に当たる文政八（一八二五）年に書かれました。会沢はこの著作で「国体」という用語を初めてイデオロギー化し、世界を人体にたとえました。神州すなわち日本は人体の首に当たるのに対して、西洋諸国は手足に当たるとしたのです。

会沢にいわせれば、目下の危機は西洋諸国が日本よりも進んだ武力をもって侵略しようとしていることにあるわけではなく、キリスト教によって人心を精神的に脅かそうとしていることにあります。「西荒の戎虜《じゅうりょ》に至つては、すなはち各国、邪蘇《やそ》の法を奉じて、以て諸国を呑併《どんぺい》し、至る所に祠宇を焚燬《ふんき》し、人民を誣罔《ぶもう》して、以てその国土を侵奪す。その志は、ことごとく人の君を臣とし人の民を役《えき》するにあらざれば、すなはち慊《あきた》らざるなり。そのますます猖桀《しょうけつ》するに及んでは、すでに呂《ル》宋《スン》・爪哇《ジャワ》を傾覆し、遂に神州をも朶頤《だい》す」。言うまでもなく「西荒の戎虜」は西洋諸国、「邪蘇の法」はキリスト教、「神州」は日本をそれぞれ意味します。

こうした危機意識をもとに、会沢は「今、虜《りょ》は民心の主なきに乗じ、陰《ひそ》かに辺民を誘ひ、暗にこれが心を移さんとす。民心一たび移らば、すなはち未だ戦はずして、天下すでに夷虜《いりょ》の有とならん」と述べました。いったんキリスト教が再び国内に広がれば、実際に戦わなくても「夷虜」すなわち列強の植民地になってしまうと警告したわけです。

危機を救うための手段として、会沢は当時、即位の際に行われる大嘗祭《だいじょうさい》や、祖先神であるアマテラスに秋の収穫を感謝し、新穀をささげる新嘗祭を除いてほとんど行われていなかった天皇の祭祀に注目します。天皇が率先して大嘗祭をはじめとする宮中祭祀をきちんと行えば、民も感化されてキリスト教になびかなくなり、天皇と民の心が一つになる。けれども「祀礼廃《すた》らば、すなはち天人隔絶して、民は易慢《いまん》を生じ、游魂《ゆうこん》安きを得ずして、生者も身後を怵《おそ》れ、民に固志なく、冥福陰禍の説、これに由《よ》りて入る。幸を死後に徼《もと》めて、義を生前に忘れ、政令を避くること寇を避くるがごとく、異言を慕ふこと、慈母を慕ふがごとし。心、外に放たれて、内に主なければなり」と考えたわけです。「冥福陰禍の説」や「異言」が第一義的にキリスト教を指していることは言うまでもないでしょう。「祀礼」、すなわち天皇の祭祀はキリスト教に対抗できるだけの宗教性を十分にもっているというのが、会沢の認識でした。

では、後期水戸学は前章で触れた国学や復古神道とどこが共通し、どこが違うのでしょうか。両者ともに天皇の権威を強調した点は共通しています。しかし後期水戸学は、異国船の出没という目の前の危機に触発されて盛んになるプラグマティックな学問であり、国学や復古神道のように『古事記』や『日本書紀』をはじめとする日本古典の研究から出発していません。したがって、本居宣長や平田篤胤があれほど問題にした顕幽論にも言及しません。会沢にいわせれば、オオクニヌシや幽冥界をもち出さなくても、天皇がきちんと祭祀を行えば、それだけで神道は宗教になることができたからです。

会沢は水戸学者であると同時に、水戸藩主に仕える官僚でもありました。一方の宣長や篤胤は、町医者であるとともに私塾の経営者であり、純然たる民間の学者でした。いつの時代も、官僚的思考と民間人的思考というのは相いれないものがあります。会沢とともに後期水戸学を代表する学者として知られる藤田東湖は、会沢あての手紙のなかで、水戸藩主に著書を献上した篤胤を「奇男子」と呼び、「附会の説をまじめに弁《わきまえ》るはあきれ申候」と本音を漏らしています（山田孝雄《よしお》『平田篤胤』宝文館、一九四一年）。

もちろん、水戸藩主に仕える官僚である以上、会沢はあからさまに徳川政治体制を否定することはしませんでした。しかし、政治と祭祀、そして宗教の一致を説く「新論」は、結果として本来この体制を支えるべき官僚が対外的危機に対処するための天皇の重要性を説得的に論じたことで、幕末の尊王攘夷運動に大きな影響を与えたばかりか、明治政府によって一時的にもち上げられたものの、やがて政府の中枢から排除され、政府公認の民間神道（教派神道）としてのみ公認された篤胤以来の復古神道よりも深く、近代日本の政治体制を支える原理となってゆくのです。

3. 宮中祭祀の創設と祝祭日の制定

明治維新に伴い、新政府は祭政一致をスローガンに掲げつつ、古代の神祇官《じんぎかん》を復興するとともに、前章で触れた神道国教化政策を進めました。そのためには、後期水戸学のイデオロギーにのっとって天皇自身が祭祀を行うだけでなく、天皇と伊勢神宮をはじめとする全国の神社との関係を強める必要がありました。

明治元（一八六八）年、明治天皇は京都から江戸、すなわち東京に移ります。東幸と呼ばれるこの行幸が行われた当時、天皇はまだ一六歳でしたが、輿に乗っていたためにその姿を沿道の人々に見られることはありませんでした。このように、支配者の実体を覆い隠し、行列の長さや乗り物の荘厳さという見せかけによって「御威光」を演出する支配様式は、幕末までの将軍や大名を見事に踏襲していました。

天皇はいったん京都に戻りますが、明治二（一八六九）年に再び東京に向かう途上、歴代の天皇で初めて伊勢神宮に参拝しました。伊勢神宮は正式には神宮といい、皇祖神アマテラスをまつり、三種の神器の一つである八《や》咫鏡《たのかがみ》の本体を神体とする内宮《ないくう》（皇大神宮《こうたいじんぐう》）と、アマテラスの食事をつかさどるトヨウケビメ（豊受大神）をまつる外宮《げくう》（豊受大神宮）のほか、多くの別宮を有しています。内宮の外宮に対する優越が確立されるのは明治になってからでしたが、明治天皇の内宮参拝は皇祖神アマテラスと天皇のつながりを体現するために行われたのです（ジョン・ブリーン『神都物語　伊勢神宮の近現代史』吉川弘文館、二〇一五年）。八咫鏡の分身（レプリカ）を意味する賢所もまた、天皇とともに京都から東京に運ばれました。

天皇は将軍のいなくなった江戸城に再び入ると、もはや京都に戻ることはありませんでした。京都という地名がいまなお残っていることからもわかるように、東京は正式な遷都の宣言がないまま、なし崩し的に首都になっていったのです。天皇が武家政権の名残である城に入ることで、「お濠の向こう側に偉い人がいる」という江戸時代に養われた感覚は、ずっと残存することになりました。

明治四（一八七一）年の廃藩置県により、地方は独自の権力を失って中央政府による完全な統制を受けるようになり、中央集権国家が誕生しました。同時に全国の神社もまた、伊勢神宮を頂点として社格が定められたことは、前章で触れたとおりです。江戸後期の国学以来強まった、歴代の天皇をアマテラスの子孫と見なすイデオロギーは、それにふさわしい宮中祭祀を行うための施設と、祭祀を国民に知らしめるための祝祭日を新たにつくり出すことになります。

こうして元始祭（一月三日）、孝明天皇祭（一月三〇日）、紀元節（二月一一日）、春季皇霊祭（三月二一日頃）、神武天皇祭（四月三日）、秋季皇霊祭（九月二三日頃）、神嘗祭（一〇月一七日）、天長節（天皇誕生日。明治時代は一一月三日）、新嘗祭（一一月二三日）など、宮中祭祀と全く同じ名称の祝祭日が明治中期までに決定され(1)、一八八八（明治二一）年には賢所、歴代天皇や皇族の霊をまつる皇霊殿、天神地祇をまつる神殿を合わせた宮中三殿が、祭祀を行う施設として竣工したわけです。新嘗祭を除くほとんどの宮中祭祀は、明治になって新たにつくり出されたものでした。会沢が『新論』で唱えた提言は、ここに実現されたかに見えました。

一八八九年二月一一日に発布された大日本帝国憲法の第一条では、「大日本帝国ハ万世一系ノ天皇之ヲ統治ス」と規定されました。しかしこの当時、神武から明治までの歴代天皇はまだ確定していませんでした。天智天皇陵などを除いてはっきりしていなかった古代の天皇陵も、幕末から明治にかけて大急ぎで治定《じじょう》されました。そのなかには現在の奈良県橿原《かしはら》市にある神武天皇陵のように、事実上全く新たに築造された天皇陵もありました。「万世一系」のイデオロギーに実態が追いついていなかったのです。

一方で、明治政府はキリスト教を解禁し、大日本帝国憲法では「安寧秩序ヲ妨ケス及臣民タルノ義務ニ背カサル限ニ於テ」という条件つきながら信教の自由を認めました。しかし、明治から今日に至るまでキリスト教徒が全人口の二％を超えることはなく、会沢が危惧したような事態にはなりませんでした。

4．靖国神社の創建

明治になると、政府は天皇と神社の結びつきを強めるため、大きな功績を挙げた歴代天皇をまつる新たな神社を建ててゆきました。後醍醐天皇をまつる奈良県の吉野神宮（一八八九年創建）、神武天皇をまつる奈良県の橿原神宮（一八九〇年創建）、桓武天皇をまつる京都府の平安神宮（一八九五年創建）、明治天皇をまつる東京都の明治神宮（一九二〇年創建）などがその代表です。これらの神社には、いずれも官幣大社という、伊勢神宮に次いで高い社格が与えられます。また、日露戦争の勝利に貢献するなど、天皇に忠誠を尽くした軍人をまつる神社も建てられます。例としては陸軍大将の乃木希典《まれすけ》（一八四九～一九一二）を祭神とする乃木神社や、連合艦隊司令長官の東郷平八郎（一八四八～一九三四）を祭神とする東郷神社が有名です。

これらの神社とは別に、政府は戦死者を一括して神としてまつる神社を建てました。現在の靖国神社です。靖国神社のルーツは明治二（一八六九）年に建てられた東京招魂社で、戊辰戦争における新政府軍の戦死者を一括して祭神にしました。つまり、新政府に反逆した幕府軍の戦死者は祭神にしなかったのです。一八七七（明治一〇）年の西南戦争を最後に内乱がなくなると、対外戦争で国家のために命を落とした「日本人」(2)の軍人や軍属を「英霊」としてまつるようになりました。一八七九（明治一二）年に靖国神社と改称し、別格官幣社に列せられました。これにより靖国神社は、伊勢神宮を頂点とするランキングに分類されることはなかったものの、官幣小社と同格の扱いとなったわけです。また内務省が所管する他の神社とは異なり、陸海軍直轄となったことからもわかるように、軍事施設としての性格を強く帯びていました。

日本ではもともと、人を神にまつる風習は、菅原道真（八四五～九〇三）や平将門（?～九四〇）のように、この世に尋常でない恨みを残して死んだ人物か、神武天皇や徳川家康のように現世で大きな功績を挙げたとされる人物を除いてはありませんでした。国家のために戦って死ねば、生前の地位や身分を問わず、無条件で神になるという解釈は、それまでの神道になかったものです。一八八一年の祭神論争に伴う勅裁で出雲派が事実上しりぞけられると、政府は「神道は宗教でない」として国家神道を確立させましたが、靖国神社は国家神道体制のもとで失われたはずの神道の宗教性を、一手に引き受ける施設となったわけです。

日清戦争、日露戦争、第一次世界大戦、満州事変など、明治から昭和にかけての対外戦争や海外出兵のたびに祭神が増えてゆくにつれ、靖国神社は伊勢神宮と肩を並べる存在になってゆきました。一九三七（昭和一二）年に日中戦争が勃発すると、昭和天皇は毎年春と秋の臨時大祭に必ず参拝し、合祀された英霊の前に頭を垂れるようになります。

5. 明治天皇の巡幸

明治政府は宮中祭祀にちなんだ祝祭日を設けることで、天皇の存在を国民（当時の言い方では臣民）に意識させることに努めましたが、天皇がただ祭祀を行えば、国民も感化されて天皇を崇敬するようになるとは考えませんでした。たとえどれほど学校で紀元節や新嘗祭などの意義を教えようが、東京の「お濠の内側」で行われる祭祀を、国民が直接目にすることはなかったからです。

テレビなどのマスメディアがなかった時代、天皇の存在を国民に知らしめる最も手っ取り早い方法は、天皇自身が全国を回ることでした。具体的にいえば、明治五（一八七二）年から一八八五（明治一八）年まで六大巡幸と呼ばれる全国巡幸を行ったほか（図6－2を参照）、西南戦争が起こった一八七七年には京都に滞在しながら関西各地を

〔提供：朝日新聞社〕

図6－1　明治天皇

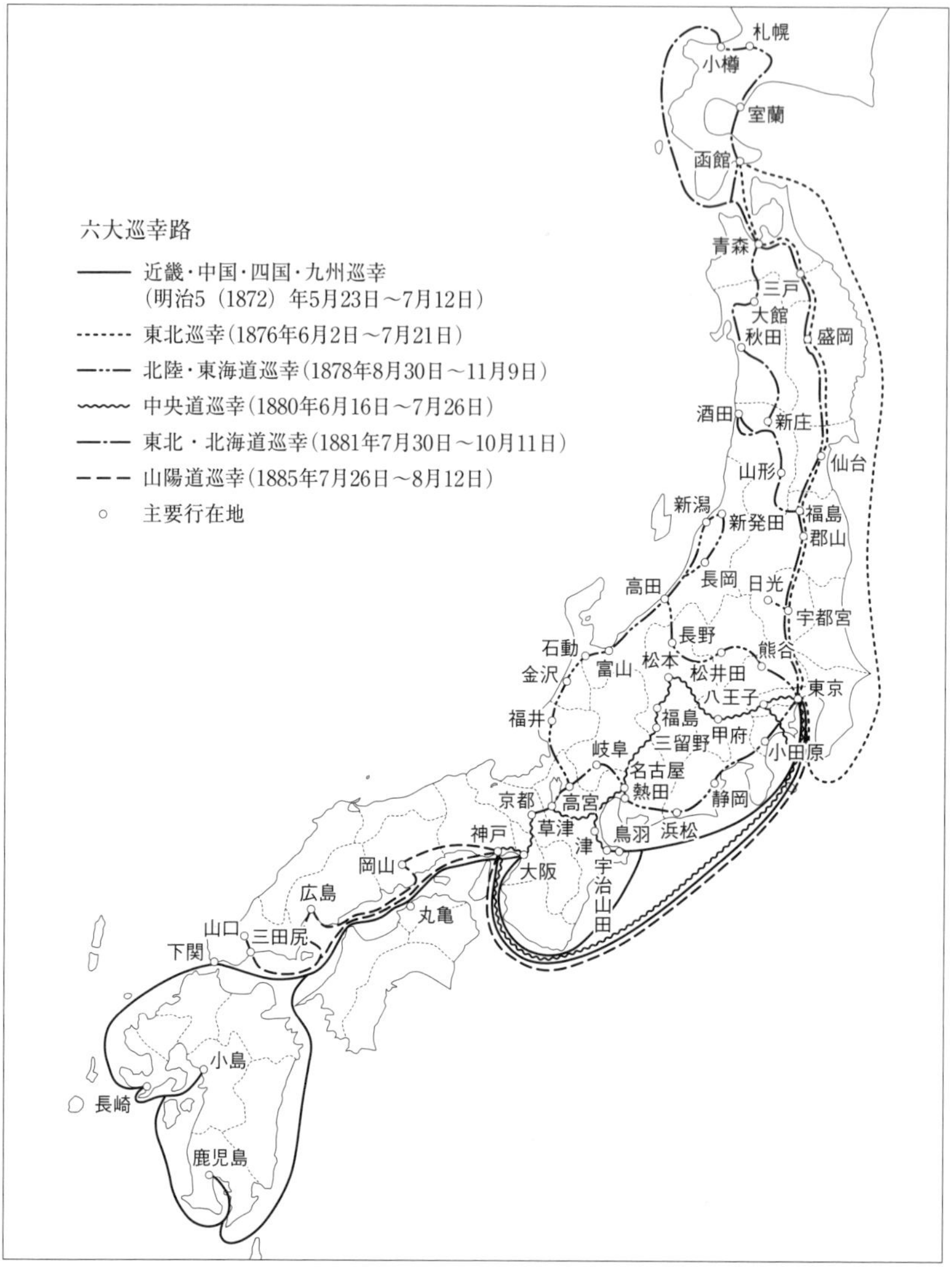

〔多木浩二『天皇の肖像』岩波現代文庫、2002年〕

図6－2　明治天皇巡幸経路

回っています。天皇が大規模な巡幸を行うのは古代以来でしたが、今回は北海道から九州まで文字どおり全国を回った点が、歴代のどの天皇とも異なっていました。

天皇は京都から東京に移る東海道の途上では、まだ輿に乗ったままで姿を見せることはありませんでしたが、六大巡幸では主に馬車が用いられ、天皇は各地で馬車を停め、幌を上げて姿を見せています。その姿は、京都にいたときとは打って変わってヒゲを生やし、軍服を着るなど、軍事的な君主としてふさわしい男性化したものでした。天皇は各地で県庁や学校、裁判所、軍事施設、産業施設などを訪問したほか、巡幸に合わせて電信網が整備されたり、鉄道が開通したりしました。つまり天皇は、富国強兵のシンボルであるとともに、文明開化のシンボルとして各地を近代化し、東京から地方に西洋文明をもたらす存在にもなってゆくのです。

ここではもはや、維新直後の神道国教化政策で試みられたような、アマテラスをもち出して天皇の権威づけを図るようなことは行われませんでした。抽象的なイデオロギーではなく、鉄道や電気などの具体的なモノを通して人々に近代的な生活を体験させ、皇室のありがたみを実感させる戦略は、一九〇〇（明治三三）年から一二年にかけて行われた皇太子嘉仁《よしひと》（後の大正天皇。一八七九～一九二六）の巡啓に受け継がれることになります。例えば、皇太子が一九〇七年に訪れた鳥取では、訪問に合わせて洋風の迎賓館（現・仁風閣）が完成し、鉄道（現・JR山陰本線）が開通し、電気がいっせいに点灯されました（原武史『大正天皇』朝日文庫、二〇一五年）。これもまた、視覚を通した支配の一環として位置づけられます。

大正以降になると、地方に鉄道や道路などのインフラを整備する見返りとして有権者の支持を得ようとする、立憲政友会の原敬や自由民主党の田中角栄（一九一八～九三）に代表される「我田引鉄」が政治の手段としてしばしば出てきます。こうした政治のルーツを明治初期の天皇の巡幸や明治後期の皇太子の巡啓に見いだすことも、あながち間違いとはいえないでしょう。

6. 元田永孚と帝王学

六大巡幸の途上、明治天皇は基本的に無言でした。しかし天皇は何も考えず、ただ政府から言われるままに動いていたわけではありません。天皇は、儒教で君主の最も重要な徳とされる「仁」を注ぐべく、時にできたばかりの病院を回ったり、沿道で目にした眼病患者に対して「御下賜金」を与えたりすることもありました。

その背景には、元田永孚《ながざね》（一八一八～九一）から受けた教育の影響がありました。元田はもともと熊本藩の儒学者で、明治になると漢学担当の侍読、次いで侍講となり、若き明治天皇に帝王学を教育しました。明治維新は「諸事神武創業之始ニ原キ《もとづ》」（「王政復古の沙汰書」、『日本近代思想大系2　天皇と華族』岩波書店、一九八八年所収）をスローガンとして掲げましたが、元田は『古事記』や『日本書紀』を教科書として神武天皇を理想とする教育を行ったわけではなく、『書経』や『論語』を教科書として儒教政治の理想とされる中国古代の堯や舜のような聖人に育てようとしました。

このとき強調されたのは、外面的な「言」ではなく内面的な「徳」でした。一八七六年の巡幸に際して、元田は侍従長の徳大寺実則《さねつね》（一八四〇～一九一九）にこう述べています。

民情風俗を感化するは、蓋し形にあらずして心に在り、言にあらずして徳に在り、真に慎まざる可んや。

万一陛下の心誠切ならざる所あり、陛下の規模公大ならざる所ある時は、則《すなわち》其一時精励する所の者、言語形貌の上に止まつて、民心を久遠に服すること能はず。

（『近代日本史料選書 14 元田永孚関係文書』山川出版社、一九八五年）

これは一見、第2章で触れた『論語』の思想に忠実なように見えます。しかし、天皇の場合は礼楽の主体として立ち現れることはなく、「仁」を注ぐことのできる機会もきわめて限られていました。天皇が六大巡幸を行った時期は、東西本願寺の法主や前章で触れた出雲国造の千家尊福が全国を巡教したり、自由民権運動の高まりに伴い、民権派が各地を演説したりする時期と重なっていました。彼らはいずれも言葉を通して人々に訴えかけました。そうしたなかで、天皇だけが元田からの影響を受けつつ、いかなるときにも表情一つ崩すことなく、ひたすら無言のまま全国を回ったわけです。

7. 直訴の許容と禁止

六大巡幸の途上では、天皇への直訴が禁止されました。けれども明治維新に際しては、「旧弊御一洗ニ付、言語之道被㆓洞開《どうかいせられ》㆒候間、見込有㆑之向《これあるむき》ハ、不㆑拘㆓貴賤《きせんにかかわらず》㆒無㆓忌憚《きたんなく》㆒可㆑致㆓献言《けんげんいたすべし》㆒」とする思想に基づき、慶応四（一八六八）年に起草された「仮刑律」では、「若《もし》車駕《しゃが》出入を迎奉り、儀《ぎ》仗外《じょうがい》に俯伏《ふふく》し冤枉《えんおう》を申訴するものは禁ぜず〈越訴之罪を免《ゆる》し民隠を達せしむ〉」として、天皇への直訴を承認しています（『日本近代思想大系7　法と秩序』岩波書店、一九九二年所収）。ここには、民衆が鼓を叩いて直訴することができた中国古代の堯や舜の時代を理想と見なす考え方がありました。

しかし実際には、直訴は確認されませんでした。将軍への直訴をタブーと見なす江戸時代の空気が、なお残存していたからです。明治になってキリスト教が解禁されても、キリスト教徒を「邪蘇」と呼んで忌み嫌う空気が残存していたのと同じような現象が見られたわけです。明治三（一八七〇）年に起草された「新律綱領」では、直訴が早くも禁止されています。これ以降、天皇への直訴が公認されることはありませんでした(3)。

これを第4章で触れた朝鮮と比べると、両者の違いがはっきりします。結局、日本では朝鮮ほど儒教の民本思想が浸透しなかったため、「下から上への方向」としては第2章で触れたような奉仕のみが認められ、直訴は再びタブーと見なされるわけです。近代化（西洋化）を進める政府にとっては、結果的に儒教という前近代の「残滓」が少なく、スムーズに目的を達成することができたという言い方もできるでしょう。

明治政府にとって、天皇は専制君主ではありませんでした。直訴を認めることは、天皇を中国の皇帝や朝鮮の国王のような専制君主と見なすことになり、近代国家としてふさわしくなかったのです。いまや中国古代よりも西洋のほうが政治システムの面でも進んでいるという認識は、憲法を制定して天皇を立憲君主にしようとした伊藤博文（一八四一〜一九〇九）のような政治的リーダーばかりか、加藤弘之や福澤諭吉のような思想家の間でも共通していました。儒教に基づく元田永孚の思想は、受け入れられなくなるのです。

ただ、儒教思想が全面的に排除されたわけではなく、天皇が徳を発する源であるべきだという視点は、元田と井上毅《こわし》（一八四三〜九五）が起草にかかわり、一八九〇（明治二三）年に発布された教育勅語の冒頭の一節「朕惟《おも》フニ我カ皇祖皇宗国ヲ肇《はじ》ムルコト宏遠ニ徳ヲ樹《た》ツルコト深厚ナリ」に受け継がれることになります。一八八九年に大日本帝国憲法が発布されてからも、教育勅語的な天皇像は小中学校で教え続けられるわけです。哲学者の久野《くの》収《おさむ》（一九一〇～九九）はこれを「顕教」と呼び、帝国大学で教えられる機関説的な天皇像である「密教」と区別しています（「日本の超国家主義－昭和維新の思想－」、久野収・鶴見俊輔『現代日本の思想』岩波新書、一九五六年所収）。

注

（1）元始祭は年始に当たって皇位の大本と由来を祝い、国家国民の繁栄を宮中三殿で祈る祭典、孝明天皇祭は孝明天皇の命日に皇霊殿で行われる祭典、紀元節は初代神武天皇の即位日、春季皇霊祭は春分の日に皇霊殿で行われる先祖祭、神武天皇祭は神武天皇の命日に皇霊殿で行われる祭典、秋季皇霊祭は秋分の日に皇霊殿で行われる先祖祭、神嘗祭は賢所に新穀を供える神恩感謝の祭典、天長節は天皇の誕生日を意味します。

（2）ここでいう「日本人」には、台湾や朝鮮など、植民地出身者が含まれます。

（3）もちろん、天皇への直訴を試みる人がいなかったわけではありません。有名な人物としては、一九〇一（明治三四）年、明治天皇に対して足尾銅山の鉱毒問題を訴えようとした田中正造（一八四一～一九一三）や、二七（昭和二）年、昭和天皇に対して軍隊内に存在した被差別部落民への差別を訴えようとした北原泰作（一九〇六～八一）が挙げられます。また第2章の注（6）で触れたように、大正から昭和に改元された直後の二七年から二九年にかけては直訴が頻発しています。

学習課題

1. 会沢正志斎『新論』が明治以降の政治体制に及ぼした影響につき考えてみよう。
2. 他の神社とは異なる靖国神社の特徴につきまとめてみよう。
3. 明治天皇の侍講となる元田永孚の思想は、結果的にどこが受け継がれ、どこが排除されたのかについて考えてみよう。

参考文献

会沢正志斎「新論」（『日本思想大系53　水戸学』岩波書店、一九七三年所収）
ジョン・ブリーン『神都物語　伊勢神宮の近現代史』（吉川弘文館、二〇一五年）
遠山茂樹校注『日本近代思想大系2　天皇と華族』（岩波書店、一九八八年）
村上重良『天皇の祭祀』（岩波新書、一九七七年）
多木浩二『天皇の肖像』（岩波現代文庫、二〇〇二年）
原武史『直訴と王権』（朝日新聞社、一九九六年）
原武史『増補版　可視化された帝国』（みすず書房、二〇一一年）
久野収・鶴見俊輔『現代日本の思想－その五つの渦－』（岩波新書、一九五六年）

7 各論4・街道から鉄道へ ― 交通から見た政治思想

《目標&ポイント》 江戸時代に確立された街道網と、明治以降に確立される鉄道網は、政治思想から見るとどう違うのか、交通手段が輿や駕籠から馬車を経て鉄道に変わることで、支配が具体的にどう変わったかを考えてみたいと思います。

《キーワード》 街道、日本橋、輿、駕籠、馬車、鉄道、御召列車、ダイヤグラム、奉迎、東京駅

1．ケンペルが見た街道

元禄三（一六九〇）年から約二年間、オランダ商館付の医師として長崎の出島に滞在し、元禄四年と五年には連続して江戸に参府して五代将軍綱吉にも謁見したエンゲルベルト・ケンペル（一六五一～一七一六）は、『江戸参府旅行日記』（斎藤信訳、平凡社東洋文庫、一九七七年）のなかで、自らが通った街道についてこう述べています。

日本国内の仕来《しきた》りに従っていうと、上りの、すなわち都（Miaco）に向って旅する者は道の左側を、下りの、つまり都から遠くへ向う者は、右側を歩かねばならないのであって、こうした習慣は定着して規則となるに至った。これらの街道には、旅行者に進み具合がわかるように里程を

示す標柱があって距離が書いてある。江戸の代表的な橋、特に日本橋つまりヤーパンの橋と名付けられている橋を一般の基点としているので、旅行中自分たちがこの橋または首都からどれだけ離れているかを、すぐに知ることができる。

歴史学の世界では、江戸時代は分権的な体制であったために「日本人」や「国民」という観念がまだなく、明治になって中央集権化が達成されることで初めて国民国家が誕生するという通念が幅広く共有されています。けれどもケンペルの記述は、この通念を見事に裏切っています。

なぜなら彼は、一七世紀の段階で早くも日本には江戸・日本橋を中心とする全国的な街道網、しかも後の鉄道網と同じ左側通行の街道網が確立され、いかなる地方であろうが日本橋からの道のりを数値で正確に知ることができたと証言しているからです。ドイツで生まれ育ち、スウェーデンからロシア、ペルシア（イラン）、蘭領インド（ジャワ）、シャム（タイ）を経由して来日したケンペルにとって、極東の島国に日本橋中心の交通システムが確立していたこと自体、驚異であったに違いありません。

では、こうしたシステムはいかにして確立されたのでしょうか。江戸に公儀（幕府）が置かれてからも、初代将軍家康、二代将軍秀忠、三代将軍家光は、いずれも東海道や中山道などを経由して江戸と京都の間を往復しました。

それに伴い、まず東海道が整備されます。例えば、寛永三（一六二六）年に家光が二度目の上洛を行ったときに尾張藩が下した命令は、現代文に訳せば次のようなものでした。

古くなった橋は架けなおし、そうでない橋も高欄を白くしておくこと。並木のないところには松を植え、枯木は取り払うこと。街道の両側三、四〇間以内の森林・藪・小松などは、伐採するか枝を払って見通しをよくしておくこと。領内の境杭は残らず立てなおすこと。川や池には馬の水飲場や裾洗い場を設けること。諸所に井戸を掘り、水飲み道具を置くこと。家並みは修復し、家ごとに水手桶を出し、その他の場所では、一四、五間に一つずつ水手桶・柄杓《ひしゃく》を用意すること。道には縁取った芝を隙間のないように張り、竹を刺した立砂を三間に一つずつ置くこと（以下略）。

（土田良一『近世日本の国家支配と街道』文献出版、二〇〇一年）

実に細々とした命令が下されていたことに驚かされます。将軍が通るたびに、東海道は政府による管理が強化されてゆきました。「将軍上洛に代表される大通行こそ、街道整備のもっとも大きな契機であり、公儀の街道支配権を再確認する機会であった」（安藤正人「近世初期の街道と宿駅」、『講座日本技術の社会史』第八巻、日本評論社、一九八五年所収）のです。日本橋を起点とする東海道、中山道、日光道中、奥州道中、甲州道中の五街道は、若干の付属街道とともに公儀の直轄とされ、一七世紀半ばからは道中奉行によって管理されました。

加えて家光の時代には、参勤交代が制度化されました。これ以降、二世紀あまりにわたり、将軍は日光への社参を除いて基本的に一泊以上の外出をしない代わりに、将軍の臣下に当たる全国の大名は自らの領地と江戸の間を結ぶ街道を定期的に往復することになるわけです。このことが、ケンペルを感嘆させた全国的な街道網の整備へとつながっていったことは想像に難くありません。

北は蝦夷地（現・北海道）の松前から南は九州の鹿児島まで、どこでも参勤交代の行列は江戸を目指しました。このほかに朝鮮王朝の首都ソウル（漢城《ハンソン》）から派遣される通信使の行列、琉球王国の首都首里《しゅり》（現・那覇）から派遣される慶賀使の行列、ケンペルやドイツ人医師のフィリップ・フランツ・フォン・シーボルト（一七九六～一八六六）も一員となったオランダ商館長一行の行列もまた同様でした。行列を分析した政治学者の渡辺浩は、「それは、どこが政治的首都であり、誰が全国の最高権力者であるかを、疑問・反論の余地なく表示する」（「「御威光」と象徴－徳川政治体制の一断面－」、『東アジアの王権と思想』東京大学出版会、一九七七年所収）と述べています。

この点に関する限り、天皇は将軍が上洛した江戸初期と幕末を除いて、全くといってよいほど存在感をもち得ませんでした(1)。一八世紀末になると老中の松平定信により、将軍は天皇から権力を委任されているとする大政委任論が唱えられました。たとえ江戸時代の天皇が形式的で名目的な存在であったとしても、論理的には天皇が将軍の上に立ったわけです。ちょうどこの頃、天皇を中心とする国家観をもった国学が本居宣長によって確立されたのは、決して偶然ではなかったのです。

ちなみに、同時代の朝鮮王朝は、日本よりも国土の面積が狭かった上、中央集権的な体制が確立されていたのに、日本ほど首都を中心とする街道網が整備されませんでした。そもそも街道自体を政府が管理するという発想がなかった朝鮮では、一応首都を中心に放射状に路線が延びていましたが、公式に定められた路線名や路線数、区間が存在するとはいいがたく、ソウルの朝鮮国王から北京や離宮のある熱河（現・承徳）にいた清朝皇帝に向けて朝鮮燕行使と呼ばれる使節が五百回近く（正式でないものも含めると千回近く）派遣されたにもかかわらず、道の状態は日本より劣悪でした（轟《とどろき》博志『朝鮮王朝の街道　韓国近世陸上交通路の歴史地理』古今書院、二〇一三年および夫馬《ふま》進『朝鮮燕行使と朝鮮通信使』名古屋大学出版会、二〇一五年)(2)。こうした管理の甘さが、日本とは異なり、沿道で奴婢や女性を含む一般民が国王の行列を止めて直訴をすることを容易にした面があったように思われます。

2. 街道と視覚的支配

朝鮮通信使の一行にとって、朝鮮と日本で展開された沿道の光景は、全く対照的なものとして映りました。例えば、粛宗《スクチョン》四五(一七一九)年の通信使の一員であった申維翰《シンユハン》の『海游録』や、英祖三九(一七六三)年の通信使の代表であった趙曮《チョオム》(一七一九~七七)の『海槎日記』を見ると、朝鮮国内ではしばしば沿道の人々によって行列が妨害されたのに対して、日本では不気味なほど物音一つ立てずに沈黙を保ち、「一人として妄動し路を犯す者がない」ことに驚きを隠していません。

こうした秩序は、参勤交代の際の大名行列に由来していました。ケンペルは、「大大名の行列は二万人前後、小名の行列はその半数、直轄の都市および天領の奉行の行列は、石高や官位の相違もあり、一〇〇ないし二〇〇~三〇〇と思われる」(前掲『江戸参府旅行日記』)と書きましたが、これは明らかに誇張であり、「実際には、最大級の行列でも二千人から三千人規模といったところであった」(コンスタンチン・ヴァポリス『日本人と参勤交代』小島康敬他監訳、柏書房、二〇一〇年)といわれています。

多くの場合、大名は駕籠に乗っていたために、その姿を見られることはありませんでした。沿道の宿駅や宿場町では、地元役人による掛け声のもと、静粛に行列を迎えました。つまり第4章で触れたように、駕籠の豪華さや行列の長さそのものが視覚的支配のための道具となり、街道そのものが政治的な儀礼空間と化したわけです。大名が乗った駕籠が宿駅や宿場町を通るときには平伏しなければならず、同時代の朝鮮王朝で合法化されたような直訴は、秩序を乱すものとして禁じられていました。ただし大名は常に駕籠に乗っていたわけではなく、自ら歩いたり馬に乗ったりして、その姿をさらす場合もありました（前掲『日本人と参勤交代』）。

これが将軍の場合になると、もっと大規模になります。前述した家光の上洛のときには、家光はずっと輿に乗っていて、将軍の姿は基本的に見えませんでした。最後の上洛に当たる寛永一一（一六三四）年の上洛では、三〇万の大軍が家光に従い、東海道を埋め尽くしました。長大な行列に御威光が乗り移り、視覚的支配の道具となったのです。二代秀忠、三代家光、四代家綱、八代吉宗、一〇代家治《いえはる》（一七三七～八六）、一二代家慶（一七九三～一八五三）が行った日光東照宮への参詣もまた、多くの大名がつき従い、江戸から日光までの日光道中では行列が途切れることがなかったといわれています。大名行列と比べても、行列の規模が桁違いであったことがわかります。

本来、街道というのは地位や身分を問わず、人々が通行するものであり、その意味では公共性をもった空間になり得るはずです。一九世紀前半にケンペル同様、オランダ商館付属の医師として長崎から江戸に参府したシーボルトは、「おそらくアジアのどんな国においても、旅行ということが、日本におけるほどこんなに一般化している国はない」と述べています（『江戸参府紀行』斎藤信訳、平凡社東洋文庫、一九六七年）。しかし実際には、街道は政府によって徹底的に管理され、支配を視覚化するための空間となっていたのです。

開国により幕府の権威が大きく揺らいだ幕末になると、視覚的支配そのものが崩れてゆきます。文久三（一八六三）年、一四代将軍家茂（一八四六～六六）は前述した寛永一一年以来、二二九年ぶりに将軍として上洛しましたが、家光の上洛で三十余万人いたとされる行列の人数は、三千人に激減していました。しかも家茂は、東海道でずっと駕籠に乗っていたわけではなく、歩行や乗馬の区間もありました。「ともかく、将軍権威が確立して以降、江戸庶民や一般の武士階級が将軍の姿を目にした最初であり、想像上の権威・権力は生身の人間として立ち現れた」（久住真也『幕末の将軍』講談社選書メチエ、二〇〇九年）のです。人々は生身の家茂を見ることができ、木に登って見物しても制止されなかったといわれています。

ここで思い出されるのが、フランスの哲学者、ブレーズ・パスカル（一六二三〜一六六二）が書いた次の文章です。

国王を見るときには、親衛隊、鼓手、将校たち、そのほか自動作用を尊敬と恐怖のほうへと傾かせるあらゆるものに伴われているのが習慣になっているので、時たま国王が一人でお供なしでいる時でも、その顔は臣下の心に尊敬と恐怖とを起こさせる。というのは、国王その人と、普通それと結びつけられていていっしょに見る従者たちとを、頭のなかで切り離さないからである。そこで、こうした現象がそのような習慣から生じるのであることを知らない世間の人々は、それが生来の力から出るものと考える。そういうところから、次の言葉が生まれるのである。『神性の徴《しるし》が、玉顔の上に刻まれている』など。（『パンセ』前田陽一他訳、中公文庫、一九七三年）

パスカルが喝破したように、たとえ将軍が生身の身体を見せたとしても、それだけで直ちに「御威光」が失われたわけではありません。実際に各地では「拝ミ人」「拝礼人」が山のように押し寄せたという記録もあります（前掲『幕末の将軍』）。

しかし京都で、家茂の行列が攘夷祈願のために賀茂社（現・下鴨神社および上賀茂神社）に参拝する孝明天皇の行列につき従ったことは、将軍に代わる「御威光」の誕生を物語っていました。沿道の人々は、この新たな「御威光」に圧倒されています（ジョン・ブリーン『儀礼と権力　天皇の明治維新』平凡社選書、二〇一一年）。

3. 鉄道の開業

第6章で触れたように、明治天皇が明治元（一八六八）年に初めて京都から江戸に向かったときはまだ一六歳で、輿（鳳輦《ほうれん》）に乗っていたためにその姿は見えませんでした。行列は総勢三三〇〇人と、江戸時代の大大名とほぼ同じで、たとえ天皇がどういう人物なのかわからなくても、その壮大な行列を見ただけで沿道の人々は反射的に土下座しようとしました。新政府が天皇の支配を正当化するためのイデオロギーを打ち立てようと四苦八苦しなくても、江戸時代に確立された視覚的支配の遺産だけで十分だったのです。イギリスの外交官で、行列が品川から東京に入ったところで見物したアーネスト・サトウ（一八四三〜一九二九）は、「天皇の黒漆塗りの鳳輦は、私たちには実際珍しかった。それが近づくにつれて、群衆がしーんと静かになったのは、まことに感動的であった」（『一外交官の見た明治維新』下、坂田精一訳、岩波文庫、一九六〇年）と述べています。

将軍が上洛や日光社参を除いて基本的に動かない代わりに、大名や外国の使節、果ては将軍が飲む茶や将軍が浸かる温泉までもが定期的に江戸にやって来た江戸時代とは異なり、明治になると天皇自身がしばしば外出するようになります。当時、地方で天皇について知っている一般の人々はほとんどいませんでした。したがって政府は、新しい支配者が誰であるかを知らしめるために、天皇を北海道から九州まで巡幸させる必要があったのです。これらの巡幸では軍艦を多く用いたほか、陸路では主に馬車に乗り、東海道や中山道、奥州道中など、江戸時代に整備された街道網を進みました。

江戸時代には、幕府が車両による人員輸送を禁じていました。明治になって登場した馬車は、輿や駕籠に代わる交通手段になるはずでした。一八七六(明治九)年の巡幸につき、米国出身のお雇い外国人のウィリアム・エリオット・グリフィス(一八四三~一九二八)は、「皇帝の巡幸は六月二日にはじまった。あらゆる村や町ははなやかに飾られ、日光にいたる道は敬愛する皇帝を一目でも見ようと思う人々でいっぱいだった。田舎の人々はたいてい、彼らの君主が通り過ぎる時、靴、というより下駄や草履をぬいで、自分からすすんでひれ伏した」と述べています(『ミカド 日本の内なる力』亀井俊介訳、岩波文庫、一九九五年)。交通手段が馬車に変わっても、江戸時代の遺産はお残り、街道が引き続き視覚的支配の空間となっていたのがわかります。

しかし日本では、馬車が普及しないうちに全国各地に鉄道が敷設されてゆきます。その先駆けとなったのは、明治五(一八七二)年九月の新橋‐横浜(現・桜木町)間の鉄道開業でした。鉄道の建設自体に強い反対があった中国とは異なり、日本では鉄道の建設がスムーズに進み、天皇を鉄道に乗せることに反対した政府指導者もいませんでした。開業式で天皇は、「今般我国鉄道ノ首線工竣《おわ》ルヲ告ク朕親《みずか》ラ開行シ其便利ヲ欣《よろこ》フ」と述べています(『明治天皇紀』第二、吉川弘文館、一九六九年)。

正確にいえば、明治天皇は正式な開業式に先立ち、仮開業のときに初めて横浜から品川まで乗っています。明治五年七月、近畿・中国・四国・九州巡幸から海路で帰京する途上、急きょ横浜に上陸地を変更して列車に乗ることになったのです。このとき天皇は、定期列車の運行を優先させるために、横浜の県庁に七時間滞留しています。天皇が乗る列車のことを御召《おめし》列車といいますが、鉄道史家の原田勝正は「この〔御召〕列車は、通常の定期列車編成をそのまま流用、定期列車の運転終了後に運転されることとなったと思われる」(「お召列車論序説」、遠山茂樹編『近代天皇制の展開』岩波書店、一九八七年)と推測しています。つまりこの時点で、ダイヤグラム優先の原則が確立されていたわけです。

当時はまだ太陽暦は導入されていませんでした。けれども鉄道のダイヤにはすでに太陽暦が導入され、イギリス人の指導のもと、一分単位で列車を動かす習慣が確立されていました。一八七三(明治六)年の元日から太陽暦が導入されますが、規定の運賃さえ払えば誰でも乗ることができる鉄道は、新しい時間の習慣をいち早く根づかせる学校としての役割を果たすことになります。

天皇は新橋-横浜間に続いて、京都-神戸間、大津(現・浜大津)-京都間、手宮(現在は廃止)-札幌間、上野-高崎間など、鉄道の開業式に臨んだり、開通したばかりの鉄道に乗ったりしました。それらの総延長は、せいぜい数十~百キロ程度しかありませんでした。しかし明治政府や私鉄による鉄道建設のペースは速く、一八八九(明治二二)年には東海道線の新橋-神戸間が全通したほか、一九〇六年には鉄道国有法が公布されて主な私鉄が買収され、全国的な官設鉄道網が確立されました。天皇は一八九〇年以降、鉄道による行幸を定例化したため、馬車にはほぼ乗らなくなりました。こうして街道に代わり、鉄道が政治思想と結びつく時代が本格的に到来するわけです。

ただ第3章で触れたように、明治初期の行幸ではまだ天皇の主体性が保たれていました。例えば一八八八年の浦和行幸では、天皇は日本鉄道（現・JR埼京線および東北本線）の新宿－浦和間に乗車しましたが、本来通過するはずの区間で、御召列車が臨時に停車し、線路端に並んだ学生生徒の体操や運動を見学しています。当時の列車には天皇が乗る御料車に運転制御表示器というものが設置されていて、これを使えば御料車から運転士に向かって減速や停止を命令できたのです。これは天皇の命令一つで自由に停めることができた馬車の名残でもありました。しかし明治中期以降になると、運転制御表示器は廃止され、天皇といえどもダイヤに従わなければならない習慣が完全に確立されてゆきます。

4. 視覚的支配と時間支配

一八七七（明治一〇）年二月五日、明治天皇は京都－神戸間の鉄道開業式に出席し、同区間を往復しました。御召列車が走った沿線では、「中間ステーシヨン或ハ鉄道左右にハ、小学校生徒及び村落の区戸長並びに庶民等、国旗を列ね、旗幟等を立て、整列立礼す。其数幾許《いくばく》なるを知らず。宛《あたか》も稲麻竹葦《とうまちくい》の如し」（『浪花新聞』一八七七年二月二日）という光景が見られました。鉄道開業からわずか五年しか経っていないこの時点で早くも、列車が江戸時代の行列に、天皇の乗る御料車が将軍や大名の乗る輿や駕籠にとって代わる役割を果たすことで、沿線に第2章で触れた「視覚的支配」が確立されていたことがわかります。

もちろん、江戸時代との違いもありました。天皇や皇后が鉄道を使って行幸する際には、新聞などにあらかじめ御召列車の時刻が公表され、沿線の人々がプラットホームの所定の位置に並んで奉迎するように命じられるようになります（図7－1参照）。つまり、一分を単位とするダイヤグラム

○兩陛下御料滊車時間表

下に記せるは聖上皇后兩陛下御料滊車の發着時間表なるが表中に見ゆる如く當日行違ふ列車も極て多數なれば鐵道局の掛り技師は今より精々注意を加へ途上危險なる出來事のなき樣反覆調査を遂る由尚演習の當日前後には臨時列車の頻繁なると云迄もなけれどその內には軍略上空車の往復を爲さしむる事もあるべしと鐵道局の吏員は此日來日夜其調査に從事し居る由にて斯く往復頻繁なる數十の列車をして一も行違ふ事なき樣發着の時間表を調製するは中々容易の事にあらずと云ふ

廿三年三月廿八日　天皇陛下　四月四日及五日　皇后陛下臨時滊車東京名古屋及京都間の時間

三月廿八日 四月四日	下り
新橋發	午前七時三十分
濱松着	午後二時十六分(イ)
同所發	同二時三十分
舞阪發	同二時四十四分
鷲津發	同二時五十七分
豐橋着	同三時一十分
同所發	同三時二十三分
御油發	同三時三十六分
蒲郡發	同三時四十五分
岡崎發	同四時十分(ロ)
刈谷發	同四時二十二分
大府發	同四時三十九分
大高發	同四時五十分
熱田發	同四時五十九分
名古屋着	同五時十分

四月五日	下り
名古屋發	午前十時五十分(ハ)
清洲發	同十時五十八分
一ノ宮發	同十一時十一分
木曾川發	同十一時十九分
岐阜發	同十一時三十分
大垣着	同十一時五十分
同所發	同十一時五十四分
垂井發	午後十二時十分
關ケ原發	同十二時二十二分
長岡發	同十二時四十一分
米原發	同一時
彦根發	同一時十四分
能登川發	同一時三十二分
八幡發	同一時四十四分
草津發	同二時五分(ホ)
馬場着	同二時二十分
同所發	同二時二十五分
大谷發	同二時三十二分
山科發	同二時四十二分
稲荷發	同二時五十四分
京都着	同三時(ヘ)

(イ)上り三十七列車ト行違
(ロ)上り四十二列車ト行違
(ハ)上り三十七列車ト行違
(ニ)上り四十三列車ト行違
(ホ)上り二十列車ト行違
(ヘ)上り二十三列車ト行違
（表中いろは印は他の列車との行違ひの數なり）

図７－１　御召列車（「御料汽車」）の時刻（「朝野新聞」1890年3月25日付）

の時間に規制されることになるわけです(3)。とりわけ御召列車がしばしば走るようになる東海道本線では、奉迎が年中行事化してゆきました。

第3章で触れたように、時間が人々の行動を規定することを、「時間支配」といいます。時間支配は、イギリス人から教えられた、ダイヤグラムに従って鉄道を走らせる習慣が日本人の間に確立されたからこそ可能になりました。天皇自身もダイヤに従うという意味では、時間こそが究極の支配者だったわけです。

ではなぜ、日本では太陽暦的な時間支配が速やかに確立されたのでしょうか。政治学者の成沢光《なるさわあきら》は、その理由をこう説明しています。

江戸時代前期から、人為的に報知される時刻によって生活を規律する習慣は、都市のみならず農村においても、想像以上に普及していたようである。とくに一七世紀中頃以降、寺院の鐘（梵鐘）が急速に普及した。全国の村の数五万に対し、鐘の数三万から五万という推定がある。しかもその普及は、仏事用より時鐘としての需要の増加によったらしい。職人、日雇、商家の奉公人など庶民の労働時間、村別の用水利用時間などが、鐘の音と日時計などの併用によってほぼ半時（一時間）単位まで規制されていた。城下町では、城鐘が藩士の勤務時刻を知らせ、町方には時鐘堂（鐘楼）が置かれて時報を打った。不定時法では、天候や観測者によって日の出日の入り時刻の確定に異同を免れなかったため、和時計がさまざまな「からくり」（機械仕掛け）をもとに製造された。これらは当時の日本人が人工的時間による社会秩序の形成・維持を慣習化し始めていた証左となるばかりでなく、維新以後、西洋式機械時計が普及するための心理的あるいは社会的準備となった。

（『現代日本の社会秩序』岩波書店、一九九七年）

ここにも、江戸時代との連続性があります。近代天皇制は、全国規模で成立していた視覚的支配の遺産を徳川政治体制から受け継いだだけでなく、そこに成立していた旧暦的な時間の秩序をも受け継いでいたのです。

すでに江戸時代には、中国由来の儒教を批判するばかりか中国由来の暦である太陰太陽暦をも批判し、西洋由来の太陽暦のほうが優れているとした本居宣長のような学者もいました。言うまでもなく国学者にとって太陽はアマテラスを意味しますので、太陽暦はアマテラスを天皇の祖先として重視する彼らにとっても好都合だったわけです。

5. 東京駅の誕生

鉄道は当初、日本橋を中心とした江戸時代の街道とは異なり、一元的な中心をもっていませんでした。官設鉄道である東海道本線の起点は新橋、私鉄の日本鉄道（現・JR東北本線および常磐線）の起点は上野、総武鉄道（現・JR総武本線）の起点は本所（現・錦糸町、後に両国橋）、甲武鉄道（現・JR中央本線）の起点は飯田町（後に御茶ノ水）という具合に、東京のなかでターミナルが分散していたからです。この点では、ロンドンやパリなどとよく似た鉄道網が敷かれていたといえましょう。したがって明治天皇も、行幸の目的地によって新橋、上野、本所などを使い分けていました。

ところが、一九〇六（明治三九）年の鉄道国有法により日本鉄道、総武鉄道、甲武鉄道などが買収され、全国的な官設鉄道網が確立されたのに続いて、一九一四（大正三）年には東京駅が建設されました。これが二〇一二年一〇月に復原された丸の内駅舎です。赤レンガの駅舎が宮城（現・皇居）に面していたように、この駅は天皇のための駅として建設されたのです。

それは江戸時代の日本橋に代わる一元的な交通システムの中心が誕生したことを意味していました。北海道はもとより、植民地の台湾や朝鮮、樺太などを含めて、全国の鉄道が「上り」「下り」に分けられ、どこにいようが東京からの正確な距離が測定されることで、江戸時代の国学を踏襲する自国中心主義的な国家観が醸成されてゆくのです(4)。

注

（1）実際には一八世紀末から天皇の政治的権威が浮上します。この点については藤田覚『天皇の歴史06　江戸時代の天皇』（講談社、二〇一一年）を参照。また確かに「上洛」という言葉があるように、江戸時代に京都に「上る」という観念はありましたが、交通システムの中心はあくまでも江戸でした。明治以降、東京を中心とする「上り」「下り」の鉄道網が確立され、東京に行くことを「上京」と呼ぶようになりました。

（2）一九世紀末に四度にわたり朝鮮を訪れたイギリス人旅行家のイザベラ・バード（一八三一〜一九〇四）も、

「造られた道路が少しはある。その道路は、夏は埃が深く、冬は泥が深い。仕上げられた道路ではなく、表面がでこぼこで、しばしば岩棚に覆われている。大抵それは動物と人間の通行によって、ある程度道筋が読み取れるように掘られた、単なる通り道に過ぎない」（『朝鮮奥地紀行』1、朴尚得訳、平凡社東洋文庫、一九九三年）と述べています。

（3）もっとも図7－1に掲げた一八九〇（明治二三）年四月五日に名古屋－京都間を走った御召列車は、名古屋発の時刻が二時間一〇分も遅れたため、沿線における「視覚的支配」や「時間支配」が必ずしも見られたわけではありませんでした。当時はまだ、ダイヤグラムどおりに列車を走らせる習慣が確立されていなかったのです。

（4）一九三二（昭和七）年に成立する「満洲国」では、新京（現・長春）に都が置かれたにもかかわらず、新京から東京に近い大連に向かう線が「上り」とされました。このことは「満洲国」もまた植民地同様、東京中心の国家秩序に組み込まれていたことを意味しています。

学習課題

1. 政治思想から見た江戸時代の街道網と明治以降の鉄道網の共通点と相違点につき考えてみよう。
2. 政治思想から見た駕籠、輿、馬車、御召列車の共通点と相違点につき考えてみよう。
3. 視覚的支配と時間支配の特徴につきまとめてみよう。

参考文献

ケンペル『江戸参府旅行日記』（斎藤信訳、平凡社東洋文庫、一九七七年）
土田良一『近世日本の国家支配と街道』（文献出版、二〇〇一年）
ジーボルト『江戸参府紀行』（斎藤信訳、平凡社東洋文庫、一九六七年）
アーネスト・サトウ『一外交官の見た明治維新』下（坂田精一訳、岩波文庫、一九六〇年）
W・E・グリフィス『ミカド　日本の内なる力』（亀井俊介訳、岩波文庫、一九九五年）

パスカル『パンセ』(前田陽一他訳、中公文庫、一九七三年)
成沢光『現代日本の社会秩序』(岩波書店、一九九七年)
奈倉哲三『錦絵解析　天皇が東京にやって来た!』(東京堂出版、二〇一九年)

8 各論5・近世、近代日本の公共圏と公共空間

《目標＆ポイント》 江戸から明治にかけて、日本では公共圏がつくられました。それは政治思想史のなかでどう位置づけられるのでしょうか。また明治以降に新たにつくられた公共空間の政治思想史的意義についても考えます。

《キーワード》 公共圏、読書会、討論、横井小楠、議会、輿論、世論、自由民権運動、演説、元田永孚、車内

1．江戸の読書会と横井小楠

政治思想史の重要タームの一つとして、「公共圏」があります。同じ意味の「公共性」という用語もありますが、ここでは「公共圏」に統一します。政治学者の齋藤純一によれば、この用語が「公共事業」や「公共財」といった官製用語の「公共」や、日本国憲法で規定された「公共の福祉」の「公共」から区別された肯定的な意味で活発に用いられるようになるのは、一九九〇年代になってからでした。

「公共圏」とは何かを考えるためには、「共同体」と比較することが重要です。齋藤によれば、公共圏と共同体は、以下の点で区別されます。第一に、共同体が閉じた領域をつくるのに対して、公共圏は誰もがアクセスし得る空間であること。第二に、共同体は統合にとって本質的とされる価値

を成員が共有することを求めるのに対して、公共圏は人々の抱く価値が互いに異なっていること。第三に、共同体は成員が内面に抱く情念が統合のメディアになるのに対して、公共圏は人々の間にある事柄や人々の間に生起する出来事への関心が統合のメディアになること。第四に、共同体は一元的・排他的な帰属を求めるのに対して、公共圏は複数の集団や組織に多元的にかかわることが可能な空間であること（『公共性』岩波書店、二〇〇〇年）。

社会学者の公共圏をめぐる議論も紹介しておきます。大澤真幸《まさち》は、「公共的空間〔公共圏〕は、言語的なコミュニケーションの領域である。もしある者の語りが構造的に排除されているのだとすれば、言い換えれば、その者の語りが聞かれることがないとすれば、彼（彼女）は、公共的空間に現れてはいないということである」と述べています（『自由という牢獄　責任・公共性・資本主義』岩波書店、二〇一五年）。

では一体、日本では公共圏がいつから確立したのでしょうか。第4章で説明したように、一八世紀の朝鮮王朝では国王の行幸の途上、奴婢を含む一般民が行列を止めさせ、沿道で国王に直訴をすることが合法化されました。もちろん、当時の朝鮮では儒教、それも朱子学が唯一の支配イデオロギーでしたから、「人々の抱く価値が互いに異なっている」とまではいえませんでしたが、権力者が通行するときでも奴婢や女性を含む一般民との間に言語的コミュニケーションが許容されたという意味では、公共圏の条件を満たしていました。一方、江戸時代の日本では、前章で触れたように街道が整備され、あらゆる人々が歩けるようになった反面、権力者が行列を組むときには直ちに静粛な儀礼空間へと変貌したように、公共圏が確立されたとはいえませんでした。

しかし、江戸時代に公共圏の条件に適合的な空間がなかったわけではありません。歴史学者の前田勉は、全国各地の藩校や私塾で行われていた会読、すなわち読書会に注目し、そこでは上から下への一方向的な教授方法ではなく、基本的には生徒たちが対等の立場で、互いに討論しながらテキストを読み合うスタイルが、すでに確立されていたことを論証しています。そこでは本居宣長が『玉勝間』でその重要性を強調したように、師の説であっても批判することが奨励され、身分の「属性」よりも「実績」を重んじる傾向すらあったといいます（『江戸の読書会　会読の思想史』平凡社選書、二〇一二年）。

この点で江戸時代の日本には、たとえ朱子学を批判しても、朱子学の枠組みから完全に抜け出すことはできなかった朝鮮とは異なる自由がありました。歴史学者の三谷博は、幕末の水戸藩主、徳川斉昭《なりあき》（一八〇〇〜六〇）が江戸小石川の藩邸で開いた茶会が、読書会のような単なる学問的な議論にとどまらず、当時は禁止されていた政治目的の会合へと発展し、藩主と臣下が率直な議論をしていたことに注目しています（『愛国・革命・民主　日本史から世界を考える』筑摩選書、二〇一三年）。ただしもちろん、こうした公共圏に参入できたのは、藩校や私塾に通えたり、藩邸に出入りできたりする一部の武士層に限られていました。「誰もがアクセスし得る空間」にはならなかったわけです。

幕末の儒学者で、明治新政府の参与になった横井小楠《しょうなん》（一八〇九〜六九）は、公共圏の定義に通じる「公共之政」について最も早くから考察したという点で、注目すべき思想家です。小楠は、理想とすべき統治の実現に向けて、国中から広く意見を集め、君と臣が一つの集団となって互いに討論し合うことが、儒学者の理想である中国古代の政治のあり方だとする一方、いまや「公共」の政治を実現するためにも、西洋から進んで議会制度を導入し、議員どうしが対等に討論するばかりか、人間社会のあらゆる場所で「理」を追究する討論が行われるべきだとしました（苅部直『秩序の夢政治思想論集』筑摩書房、二〇一三年）。ここには、江戸時代に確立された公共圏の限界を完全に取り払おうとする、きわめてラディカルな思想を見いだすことができます。

2. 明治における公共空間の創設

メディア史学者の佐藤卓己《たくみ》によれば、「世論」というのはもともと「輿論」（よろん）という漢字を当てていましたが、明治になってこれとは別に「世論」（せいろん）という新語が出てきました。当時の辞書には、前者は public opinion、後者は popular sentiments などの訳語が付されていました（『輿論と世論　日本的民意の系譜学』新潮選書、二〇〇八年）。

言うまでもなく、先に触れた江戸時代の読書会や茶会、横井小楠の討論は、「輿論」の系譜上にあります。明治元（一八六八）年に明治天皇が新政府の施政方針を示した「五箇条の御誓文」の第一条「広ク会議ヲ興シ万機公論ニ決スヘシ」の「公論」も、「公議輿論」すなわち「公開討議された意見」の略語でした。

では、江戸時代に「世論」がつくられる空間はなかったのかといえば、そうではありません。当時の庶民にとっての最も日常的な公共空間としては、公衆浴場（湯屋、風呂屋）が挙げられるでしょう。公衆浴場こそは、武士や町人といった身分の区別を越えて人々が集まることのできる空間だったからです(1)。

江戸町内にあった無数の浴場は、男女別浴を原則としていました。一九世紀前半に儒学者の寺門静軒《てらかどせいけん》（一七九六～一八六八）が「女湯もまた江海を翻す。乳母と悪婆と喋喋と談じ、大娘と小婦と聒聒《かつかつ》と話す」(『江戸繁昌記』1、平凡社東洋文庫、一九七四年。原文は漢文)と記しているように、男湯ばかりか女湯でも近隣の噂話をしたり寺のご利益の有無を論じたりする客たちの声が飛び交っていたのです。

しかし、男女別浴の原則は必ずしも守られませんでした。老中松平定信(一七五八〜一八二九)をはじめ、幕府がしばしば「男女入込湯《いりごみゆ》」を禁止しなければならなかったのもこのためです。混浴は、儒教で強調された男女の「別」を重んじる同時代の中国、朝鮮ではもちろん、ヨーロッパやイスラム諸国でもおよそ考えられないことでした(渡辺浩『日本政治思想史』東京大学出版会、二〇一〇年)。齋藤純一にならっていえば、これほど「誰もがアクセスし得る」空間もなかったでしょう。

朝鮮通信使として来日した申維翰《シンユハン》は、「淫穢の行はすなわち禽獣と同じく、家々では必ず浴室を設けて男女がともに裸で入浴し、白昼からたがいに狎れあう」と批判しています(『海游録』平凡社、一九七四年)。なお朝鮮王朝には日本の公衆浴場に当たるものがなく、植民地時代に当たる一九二〇年代になって日本人がそうした男女別の浴場を設置しましたが、「何人かが集まった場所で沐浴をするのは賤しい者がすること」と考えていた朝鮮人は、ほとんど利用しませんでした(申東源《シンドンウォン》『コレラ、朝鮮を襲う 身体と医学の朝鮮史』任正爀訳、法政大学出版局、二〇一五年)。

共同体の典型例と呼ぶべき村の寄り合いでも、「世論」はつくられました。民俗学者の宮本常一《つねいち》(一九〇七〜八一)は、『忘れられた日本人』(岩波文庫、一九八四年)のなかで、一九五〇(昭和二五)年に長崎県の対馬で寄り合いに加わった体験について記しましたが、「この寄りあい方式は近頃はじまったものではない。村の申し合わせ記録の古いものは二百年近いまえのものもある。それはのこっているものだけれどもそれ以前からも寄りあいはあったはずである」と記しています。

言うまでもなく寄り合いでは、読書会とは異なり、対立や討論を避け、全員が納得するまで昼夜を問わず話し合う形式がとられました。西日本を中心とする地方では、こうした寄り合いが少なくとも江戸時代から戦後までずっと続いていたわけです。

明治新政府は、近代化を図るべく、明治五（一八七二）年から翌年にかけて全国各地に違式詿違《かいい》条例を出して混浴や裸体を禁止する一方、地位や身分や性別に関係なく、あらゆる人々が出会う空間を創設してゆきました。学校や軍隊のような、一定の年齢層や男性だけがかかわる施設ばかりか、公園、図書館、公会堂、駅などの施設が次々に建設されていったのは、まさにこのためです。とりわけ、全国に鉄道が開通し、駅がつくられていったことの意味には、きわめて大きなものがありました。鉄道と社会の関係について考察した英国の歴史学者、トニー・ジャット（一九四八～二〇一〇）は、「鉄道の駅と、駅に付随するさまざまな施設とは、どんなにちっぽけな地域社会にとっても、希望の共有としての社会というものの存在のきざしであり、そのしるしでもあるのです」（『荒廃する世界のなかで　これからの「社会民主主義」を語ろう』森本醇訳、みすず書房、二〇一〇年）と述べましたが、この指摘は明治以降の日本にも当てはまります。

毎年正月になると、初詣のため大きな神社や寺院に氏子や檀家以外の不特定多数の人々が集まるようになり、それらの神社や寺院が公共空間として存在感を増してゆくのも、明治以降の現象です。歴史学者の平山昇は、初詣という習慣が明治以降の鉄道の発達や競合する鉄道どうしの集客競争によって広がってゆく過程を明らかにしています（『鉄道が変えた社寺参詣』交通新聞社新書、二〇一二年）。

しかし、例えば東京の上野公園や新橋駅、上野駅、靖国神社などは、明治天皇がしばしば訪れるたびに天皇制の厳かな儀礼空間へと変わりました。大正初期に完成した東京駅が天皇のためにつくられたことは、前章で触れたとおりです。この点では江戸時代の街道と同様、公共圏が確立されたわけではありませんでした。

古代ギリシアのアゴラ以来、西洋では政治的に重要な役割を果たしてきた広場が、明治以降に政治空間として計画的につくられることもありませんでした(2)。第11章で触れるように、昭和になると日本で最大の政治空間となる東京の宮城(現・皇居)前広場も、江戸城西丸下にあった建物をなし崩し的に撤去したことにより空き地が生まれただけで、当初はほとんど活用されなかったのです(原武史『完本 皇居前広場』文春学藝ライブラリー、二〇一四年)。

この点に関する限り、宮城前広場は北京の天安門広場とは全く異なります。なぜなら天安門広場は、一九四九年の中華人民共和国成立後、「十億人の集会を催すのに十分なほど大きい」広場を建設せよという毛沢東の命令により、政治空間として計画的につくられたからです(ウー・ホン『北京をつくりなおす 政治空間としての天安門広場』中野美代子監訳、大谷通順訳、国書刊行会、二〇一五年)。

3. 自由民権運動と公共圏

江戸時代の読書会は、明治になると自由民権運動の過程で各地につくられた民権結社に受け継がれました。テキストは儒学だけでなく、西欧の翻訳書にまで及び、江戸時代には厳禁されていた政治的な討論も自由に行えるようになりました。幕末の水戸藩邸の茶会から始まった習慣は、ここに継承されたわけです。その結果、各地で四〇種類を超える私擬憲法の草案が起草されました。

おそらく最も有名なのは、神奈川県西多摩郡五日市町(現・東京都あきる野市)の小学校である勧能学校に勤めていた千葉卓三郎（一八五二〜八三）が、名主の深沢権八（一八六一〜九〇）らとともに起草した『日本帝国憲法』、すなわち五日市憲法でしょう。思想家の植木枝盛《えもり》（一八五七〜九二）が起草した『東洋大日本国国憲按』とともに、最も民主的な私擬憲法とされています。二〇一三年一〇月二〇日、皇后美智子（現上皇后）が誕生日に際して「明治憲法の公布（明治二二年）に先立ち、地域の小学校の教員、地主や農民が、寄り合い、討議を重ねて書き上げた民間の憲法草案で、基本的人権の尊重や教育の自由の保障及び教育を受ける義務、法の下の平等、更に言論の自由、信教の自由など、二〇四条が書かれており、地方自治権等についても記されています」（宮内庁ホームページ）と言及したのが、この憲法草案です。

ただし、民権結社においては、会読の相互討論よりも、演説のほうが重視されました。いわば「読む」ことよりも「語る」ことのほうが重視されたわけです。この変化について、前田勉はこう述べています。

> 読むことから語ることへの変化は、〔中略〕会読との連続面をもっていたが、また会読との非連続面もあることを看過してはならないだろう。というのは、演説弁士が聴衆、とくに「ミルやスペンサーの訳書」を読むことはもちろん、「自分の名前さえ満足に書けなかった人びと」を対等な「諸君」と呼びかけ、薩長藩閥政府の圧制を指弾し、「自由」と「民権」を叫ぶ時、情念・感情を煽るものに陥りやすかっただろうからである。このとき、会読の場での「正理」にもとづく討論という理性的な側面は消えてしまう。
>
> （前掲『江戸の読書会』）

ここでは指摘されていませんが、会読と演説の違いはまだあります。江戸時代からの会読に加わっていたのは、男性ばかりでした。ところが、民権運動が盛んになると、男性に交じって女性の演説家が現れ、女子教育の改良や女性の政治参加を主張するようになったのです（関口すみ子『御一新とジェンダー』東京大学出版会、二〇〇五年）(3)。

不特定多数の聴衆を前に演説すること自体、それまでの日本ではほとんどなかったことでした。娯楽的要素を伴う演説は、会読とは異なり、従来政治に関心のなかった多くの庶民に政治的関心を呼び起こすことになりました。また植木枝盛が作詞した「民権かぞへ歌」のような演説歌は、民権運動の思想を庶民にわかりやすく伝える役割を果たしました。政府がその危険性を察して民権運動を弾圧するとともに、学校教育の現場から政治的な討論を行うような可能性を完全に断ち切った結果、江戸時代以来の会読という慣行はなくなり、生徒たちはひたすら立身出世のための学問へと駆り立てられてゆきました。

4. 横井小楠と元田永孚

先に触れた横井小楠と第6章で触れた元田永孚《ながざね》は、ともに熊本藩の儒学者でした。元田は小楠の友人であり、弟子でもありました。

元田もまた小楠同様、西洋の議会制度の導入を主張しました。けれども両者には、幕末と明治という、それぞれが生きた時代の違いから来る、決定的といえるほどの思想の違いがありました。小楠は明治二（一八六九）年に暗殺されましたが、両者の政治思想を比較した政治学者の苅部《かるべ》直によれば、自由民権運動によって、小楠が夢見た「人々相互之講習討論」による「公論」形成過程が部分的に実現されたはずでした。しかし元田の眼には、この運動はどう映ったでしょうか。

元田にとっては、そうした「演説討論等流行」の潮流は、「利ヲ謀ルノ私情」に支配されて「官府ニ抵抗スル」政党が民を煽動して引き起こす騒乱状態であった。「才弁議論ヲ貴フ世界トナリ随テ演舌家モ多ケレハ、新聞筆者モ夥《おびただ》シク相成リ、全地球上議論ノ街トナリタル」という状況は、人々が「仁義中正ノ真理公道」・「仁」・「惻怛《そくだつ》愛敬ノ一心」を見失ない、利を求める方向に走った結果である。しかもその動向はひたすら反政府を志向している以上、こうした「私論横議ノ徒」の行動は、再び徳川末期の混乱を現出させかねない。民が自発的に討論を行なってはいるが、仁愛に満ち安定した秩序は全く成立しそうにもない。明治政府の上下秩序における最高の「オホヤケ」たる天皇の側近が、このような情勢を、たとえば新しい水平的な「公」秩序の形成の端緒などと考えるのは無理な相談であろう。よって元田の政治論は、「議論」の抑圧、君主すなわち天皇による「無偏無党の王道」の一方向的な実施へとむかうことになる。

（苅部直『歴史という皮膚』岩波書店、二〇一一年）

小楠が思い描いた「人々相互之講習討論」の理想は、元田にいわせれば「私論横議ノ徒」を生み出しただけでした。この自由民権運動によってもたらされた騒乱状態を収拾するためにも、天皇が外面的な「言」でなく内面的な「徳」を磨くことで、「無偏無党の王道」を実施しなければならないとされるわけです。

天皇の巡幸についても、横井小楠と元田永孚では見解を異にします。小楠は中国古代の聖人である舜をモデルとし、天皇が広く「衆庶」と交流して「天下の情を尽くす」ことを奨励しました。そこでは、「君」と「臣」がたがいに討論しあうことが前提とされました（前掲『秩序の夢』）。一方、元田は「言」よりも「徳」を重視した結果、天皇が言葉に頼っていては民心を心から従わせることはできないとしたのです。ここにも、自由民権運動を反面教師とする姿勢が現れているかもしれません。

実際に明治天皇は、勅語の朗読などを除いて、公共空間でほとんど肉声を発しませんでした。いや、私的な空間であってもそうでした。孫で昭和天皇より一歳年下の秩父宮（雍仁《やすひと》親王、一九〇二〜五三）は、「僕は一度も、祖父明治天皇の肉声をうかがったことがないのだ」と回想しています（『皇族に生まれて』渡辺出版、二〇〇五年）。この点に関する限り、明治天皇は元田の教えを忠実に守ったといえるのです。

5. 車内という公共空間

ドイツの政治学者、ユルゲン・ハーバーマスは、『公共性の構造転換　市民社会の一カテゴリーについての探求』第2版（細谷貞雄・山田正行訳、未来社、一九九四年）のなかで、サロンやコーヒー・ハウスが「市民（ブルジョワ）的公共圏」を確立させるのに大きな役割を果たしたと述べています。この「市民的公共圏」というのは、冒頭に説明した「公共圏」とも共通しますが、特にブルジョワのエリートが理性的に討論することで輿論を形成する場を意味しています。

確かに明治以降の日本では、サロンやコーヒー・ハウスは直ちにできなかったし、学校からは江戸時代に確立された会読の伝統が消えました。西欧的な広場が計画的につくられたわけでもない。

けれども、サロンやコーヒー・ハウスに相当する空間が全くなかったわけではありません。本章ではその具体的実例として、トニー・ジャットが市民社会の不可欠な要素と見なした鉄道の車内に注目してみたいと思います。

そもそも江戸時代には、幕府が車両による人員輸送を禁じたため、馬車に代表されるような「乗合」という空間が成立する条件が存在しませんでした。見知らぬ人々どうしが向かい合い、一定の時間を共有する鉄道の車内こそは、明治になって初めて現れた本格的な公共圏だったのです。

夏目漱石（一八六七～一九一六）の小説『三四郎』には、主人公の小川三四郎が日露戦争後に故郷の熊本から鉄道を乗り継いで上京する途上、名古屋から新橋に向かう東海道本線の車中で遭遇した「髭《ひげ》の男」との会話が、こう記されています。

「こんな顔をして、こんなに弱っていては、いくら日露戦争に勝って、一等国になっても駄目ですね。尤《もっと》も建物を見ても、庭園を見ても、いずれも顔相応の所だが、――あなたは東京が始めてなら、まだ富士山を見た事がないでしょう。今に見えるから御覧なさい。あれが日本一の名物だ。あれより外に自慢するものは何もない。ところがその富士山は天然自然に昔からあったものなんだから仕方がない。我々が拵《こしら》えたものじゃない」と云って又にやにや笑っている。三四郎は日露戦争以後こんな人間に出逢うとは思いも寄らなかった。どうも日本人じゃない様な気がする。

「然しこれからは日本も段々発展するでしょう」と弁護した。すると、かの男は、すましたもので、

「亡《ほろ》びるね」と云った。

（『三四郎』新潮文庫、一九八六年）

髭の男からこう言われ、三四郎は衝撃を受けます。「熊本でこんなことを口に出せば、すぐ擲《な》ぐられる。わるくすると国賊取扱《とりあつかい》にされる。三四郎は頭の中の何処《どこ》の隅にもこう云う思想を入れる余裕はない様な空気の裡《うち》で生長した」。三四郎は、故郷の共同体から車内という公共圏へと、初めて一人投げ出されたわけです。

髭の男というのは、第一高等学校（旧制一高）英語教師の広田先生のことです。いわばエリートです。三四郎もまた東京帝国大学に入学するために上京するエリートでした。この点では公共圏、それも市民的公共圏が、鉄道の車内に形成されるわけです。「亡びるね」という広田先生の言葉は、まさに三十数年後の日本を予言しています。

しかし、鉄道を利用したのはエリートだけではありませんでした。そこではあらゆる人々が乗り合わせ、会話を交わしたのです。三四郎もまた、広田先生に出会う前に京都から名古屋までの車中で見ず知らずの「女」と乗り合わせ、別れ際に「あなたは余っ程度胸のない方ですね」と言われています。

もちろんこれはフィクションですが、実際に明治以降の思想家は、車内で乗り合わせた客の会話に耳を傾けることがありました。丸山眞男は一九四八（昭和二三）年に発表された「車中の時局談義」（『戦中と戦後の間』みすず書房、一九七六年所収）のなかで、「車中や床屋や湯屋できかれる大衆の論議は、それがくつろいだ、いわば無責任な環境での放言であるために、かえつて彼等が組織的行動をとつている時よりも彼等の心底を暗々裡に規定する価値規準を正直に露呈する場合が多い」と述べています。車内の「大衆の論議」は江戸時代以来の公衆浴場と同様、「輿論」でなく「世論」に属するとしたわけです。

果たして、丸山の見方は正しいでしょうか。広田先生のように、「輿論」が常に正しいとは限りません。「世論」に属する「放言」のほうが、実は日本の将来を正しく言い当てる場合もあるのです。

一例を挙げましょう。第一高等学校を中退して農本主義者となり、一九三二（昭和七）年に起こった五・一五事件に関与することになる橘孝三郎（一八九三～一九七四）は、その直前に出された『日本愛国革新本義』（建設社、一九三二年）のなかで、鉄道（おそらくは常磐線）の車中で「純朴その物な村の年寄りの一団」が日米戦争の勃発と敗北、そして占領までを待望し、「まけたつてアメリカならそんなにひどいこともやるまい。かへつてアメリカの属国になりや楽になるかも知れんぞ」と話しているのを聞き、「皇国日本の為め心中、泣きに泣かざるを得なかつた」と述べています（4）。しかし後世の歴史は、「村の年寄りの一団」の見方が決して間違ってはいなかったことを証明しています。

≫注

（1）ただし同じ浴場に入る際、武士と町人ではおのずから態度が違っていたようです。福澤諭吉は「私権《しけん》論」（『福澤諭吉全集』第11巻、岩波書店、一九七〇年所収）で「等しく八文の銭を払ふて湯屋の湯に入り、身辺一物なくして丸の裸体なるに、何故に士族は旦那と呼ばれて威張り、平民は貴様と軽蔑せられて恐縮するかとは、旧幕府の末年、洋学生等が疑を起して竊《ひそか》に不平の談柄と為りたるものなり」と述べています。

（2）最近では、江戸時代の神社や寺院の境内や広小路なども含めて「広場」ととらえるべきだとする解釈が、建築史や国文学の研究者から出されています（吉田伸之他編『江戸の広場』東京大学出版会、二〇〇五年や隈研吾、陣内秀信監修『広場』淡交社、二〇一五年などを参照)。また森田登代子『遊楽としての近世天皇即位式』(ミネルヴァ書房、二〇一五年)は、江戸時代の京都御所の紫宸殿南庭《ししんでんだんてい》が、天皇即位式の際には誰もが入ることのできる広場へと変貌したことを指摘しています。

(3) ただし一八九〇(明治二三)年公布の集会及政社法により、女性の政党結社への加入や政治演説会への参加が禁止されました。この規定は、一九〇〇年公布の治安警察法にも受け継がれました。

(4) 関東軍参謀として満州事変を起こした石原莞爾《かんじ》(一八八九～一九四九)も、日蓮宗の信仰に基づく将来の日米決戦を想定していましたが、もちろん敗北や占領までは想定していませんでした。

学習課題

1. 江戸時代の日本で確立された公共圏が、明治以降にどう受け継がれたかについて考えてみよう。
2. 横井小楠と元田永孚の政治思想の共通点と相違点につきまとめてみよう。
3. 輿論と世論にそれぞれ適合的な公共空間について考えてみよう。

参考文献

齋藤純一『公共性』(岩波書店、二〇〇〇年)
大澤真幸『自由という牢獄　責任・公共性・資本主義』(岩波書店、二〇一五年)
前田勉『江戸の読書会　会読の思想史』(平凡社選書、二〇一二年)
苅部直『秩序の夢　政治思想論集』(筑摩書房、二〇一三年)
苅部直『歴史という皮膚』(岩波書店、二〇一一年)
佐藤卓己『輿論と世論　日本的民意の系譜学』(新潮選書、二〇〇八年)
三谷博『愛国・革命・民主　日本史から世界を考える』(筑摩選書、二〇一三年)

トニー・ジャット『荒廃する世界のなかで　これからの「社会民主主義」を語ろう』（森本醇訳、みすず書房、二〇一〇年）
ユルゲン・ハーバーマス『公共性の構造転換　市民社会の一カテゴリーについての探求』第2版（細谷貞雄・山田正行訳、未來社、一九九四年）
夏目漱石『三四郎』（新潮文庫、一九八六年）

9　各論6・東京と大阪

《目標＆ポイント》 大正期、東京と大阪では全く異なるデモクラシー思想が開花しました。大阪では新聞と私鉄が発達し、両者があいまって民間主体、民衆主体の文化が確立されます。その具体的様相を探ってゆきます。

《キーワード》 吉野作造、中央公論、福澤諭吉、小林一三、阪急、大阪朝日新聞、大阪毎日新聞、官と民、五島慶太

1．江戸・東京と大坂・大阪

大阪の古称は「なにわ」で、カムヤマトイワレビコ（神日本磐余彦尊。神武天皇）が日向を発ち、大和を征服して橿原で初代天皇として即位する「神武東征」と呼ばれる説話の舞台として、『日本書紀』に早くも登場します。「戊午年《つちのえうまのとし》の春二月《きさらぎ》の丁酉《ひのととり》の朔丁未《ひのとのひつじのひ》に、皇師《みいくさ》遂に東にゆく。舳艫《ともえ》相接げり。方《まさ》に難波碕《なにわのみさき》に到るときに、奔《はや》き潮《なみ》有りて太《はなは》だ急《はや》きに会ひぬ。因りて、名けて浪速国《なみはやのくに》とす。亦浪花《なみはな》と曰ふ。今、難波《なにわ》と謂ふは訛《よこなま》れるなり」とあるとおりです（坂本太郎他校注『日本書紀』一、岩波文庫、一九九四年、原文は漢文）。なお『古事記』にも、「浪速の渡」という地名が出てきます。

一方、江戸は記紀には出てきません。江戸に相当する武蔵国の南部は、もともとはいまの東京湾

が深く内陸まで入り込んだ湿地帯でした。同じく『日本書紀』に描かれた景行天皇の皇子、ヤマトタケル（日本武尊）の東征でも、相模国から現在の東京湾を横断して上総国に渡っており、武蔵国を通っていません。太田道灌（一四三二〜八六）が江戸城を築いたのは、長禄元（一四五七）年になってからでした。

しかし徳川家康が江戸に公儀、すなわち幕府を開き、家光の時代に参勤交代が制度化されると、江戸の人口は増え、一八世紀には百万人を超えたといわれています。第4章と第7章で触れたように、江戸は政治の中心でした。一方、大坂は「天下の台所」と呼ばれたように、物流や商業の中心となります。第7章で触れたように、江戸・日本橋を中心とする全国的な街道網が整備される一方、大坂を目的地とする西廻り海運が整備されることで、海路では大坂が江戸と並ぶ中心になったからです。

江戸には林羅山、新井白石、荻生徂徠のような、自ら政治を行ったり将軍に仕えたりした儒学者が集まったのに加えて、幕府直轄の教育機関として昌平坂学問所が建てられました。一方、大坂には商人が設立した学問所である懐徳堂が開設され、富永仲基や山片蟠桃《やまがたばんとう》（一七四八〜一八二一）のような徹底した合理主義者や無神論者が現れました。また緒方洪庵（一八一〇〜六三）が開いた蘭学塾である適塾（適々斎塾）からは、福澤諭吉のような思想家が育ちました。大坂は、江戸に対抗する思想の中心地でもあったのです。

明治維新により、江戸は東京になり、大坂は大阪となるとともに、東京を中心とする中央集権国家が築かれてゆきましたが、権力に「近い」東京と権力から「遠い」大阪の思想的違いは明治以降も残りました。日本なるものを単一の実体と見なした上、西洋や中国と日本を比較する従来の日本政治思想史の方法では、こうした違いを分析することはできません。本章では、大正期に花開いた両者の政治思想の違いを、主にマスメディアと私鉄という観点から読み解いてみたいと思います。

2. 大正デモクラシーと公園

前章で触れたように、明治になると不特定多数の人々が出会う公共空間としての公園がつくられてゆきました。東京では上野公園（一八七三年開園）や日比谷公園（一九〇三年開園）が、大阪では中之島公園（一八九一年開園）や天王寺公園（一九〇九年開園）が代表的な公園に当たります。

このうち、宮城前広場に隣接する日比谷公園は、宮城前広場に代わる広場としてしばしば活用されました。その嚆矢となったのは、一九〇五（明治三八）年に日露戦争の講和条約（ポーツマス条約）に反対するために計画された国民大会でした（藤野裕子『都市と暴動の民衆史』有志社、二〇一五年）。警視庁は大会の禁止を決定しましたが、あふれた民衆（そのほとんどは男性）が暴徒と化したことで起こったのが、「日比谷焼き打ち事件」と呼ばれる事件でした。

この事件は、日露戦争の講和条件に反発した群衆による騒擾《そうじょう》事件であり、公園が初めて大規模な政治運動の舞台となりました。吉野作造が「民衆的示威運動を論ず」（『中央公論』一九一四年四月号所収）でこの事件を大きく取り上げたように、大正デモクラシーはまさにここから始まったといっても過言ではありません。

大正期に入ると、護憲運動や普選運動などの舞台として、国技館や劇場などのほか、日比谷公園や上野公園などの公園が使われ、一九二〇（大正九）年には上野公園で日本初のメーデーが開催されました。大阪の中之島公園や天王寺公園などでも、同時期に同様の集会が開かれています。この点に関する限り、東京と大阪の間に違いはありません。

しかし東京では、皇室関連のイベントも公園でしばしば開かれるようになります。明治期から国家的行事が開かれた上野公園では、大正大礼が行われた一九一五（大正四）年一二月に東京市奉祝会が、天皇が京都から東京に完全に移ってから五〇年になる一九年五月に東京奠都五十年祭が、それぞれ大正天皇も臨席して開かれ、日比谷公園では、皇太子裕仁（後の昭和天皇）がヨーロッパから帰国した二一年九月に皇太子帰朝奉祝会が開かれました。つまり、大正期になっても東京の公園は、いつでも整然とした儀礼空間へと変貌する可能性があったという点で、完全な公共圏とはならなかったのです。大正後期以降、公園で開かれた集会で日比谷焼き打ち事件のような暴動が伴わなくなるのも、おそらくこのことと関係しています。

加えて大正期の東京では、第7章で触れた東京駅や明治神宮のような、天皇に関係の深い駅や神社が新たに建てられたほか、関東大震災後には宮城（現・皇居）前広場もまた天皇のための政治空間として浮上します。大正天皇の引退と皇太子裕仁の摂政就任を機に、「帝都」東京が確立されるわけです。

3. 雑誌王国・東京と新聞王国・大阪

大正デモクラシーの主な媒体となったのは、東京では雑誌、大阪では新聞でした。

東京で大きな影響を与えた雑誌が、現在も発刊されている総合雑誌『中央公論』です。中央公論社（現・中央公論新社）が刊行するこの総合雑誌で最も活躍したのが、政治学者で東京帝国大学教授の吉野作造でした。吉野は、一九一六（大正五）年一月号に「憲政の本義を説いて其有終の美を済すの途を論ず」と題する長大な論文を発表し、天皇を統治権の総攬者とする大日本帝国憲法のもとで可能なデモクラシー像を綿密に描き出したことで、一躍オピニオンリーダーとなりました。

一九一九年には、東京の改造社から総合雑誌『改造』が創刊されます。『改造』は『中央公論』よりも急進的で、二年前の一七年に起こったロシア革命に伴い影響力が強まったマルクス主義の文献を紹介することに努め、京都帝国大学教授で経済学者の河上肇（一八七九～一九四六）や、二二年に日本共産党を創立する山川均（一八八〇～一九五八）らの論文も掲載されました。『中央公論』も『改造』も、主な読者層は大学生を中心とする知的エリートでした。

一方の大阪では、より大衆的な新聞がデモクラシー運動を主導します。多くの新聞が乱立した東京とは異なり、大阪では『大阪朝日新聞』（大朝）と『大阪毎日新聞』（大毎）の二大新聞による寡占体制が確立されました。現在の朝日新聞と毎日新聞に当たります。後で触れる阪急の創業者、小林一三《いちぞう》（一八七三～一九五七）は、一九一六年にこう述べています。

〔大阪では〕大毎、大朝の二大権威を度外視しては、知事も、市長も、府会議員も、いはんや実業家のごとき、何事も出来ないくらゐに勢力がある。いまや大阪は新聞紙専制の王国としてその暴威を振つてゐる。しかしこれは当然来るべき運命であつて、即ち、大毎、大朝の発達は、大阪市民の発達と共に発達して来たのであつて、官僚の保護によらず、政治家の機関ともならず、また何人にも利用せられず、ただ商品として多数の顧客に普く愛さるる必要品として製造せられて来た。〔中略〕即ち民衆を基礎としてゐる新聞王国専制の時代が現はれたのは決して偶然にあらずと言ふべしである。

（「新聞王国専制の大阪」、『小林一三全集』第六巻、ダイヤモンド社、一九六二年所収）

東京では、日比谷焼き打ち事件で本社が放火された徳富蘇峰の国民新聞のように、御用新聞と陰口をたたかれたり、護憲運動に対立すると見なされたりした新聞もありました。「官僚の保護によらず、政治家の機関ともならず」という小林の言葉は、東京の新聞との違いをよく表しています。

特に『大阪朝日新聞』には、自由主義を唱えて寺内正毅内閣を攻撃した鳥居素川《そせん》（一八六七〜一九二八）、米騒動の引き金となる米の買い占めをスクープした長谷川如是閑《にょぜかん》（一八七五〜一九六九）、丸山眞男の父に当たる丸山幹治（一八八〇〜一九五五）といった名だたるジャーナリストが集まっていました。さらに一七年には、政治学者の大山郁夫（一八八〇〜一九五五）が早稲田大学教授を辞めて入社します。紙上でデモクラシーを唱道したのはこうした民間の思想家や学者たちであり、東京の『中央公論』や『改造』のように、帝国大学教授が主導することはありませんでした。そもそも大阪には、一九三一（昭和六）年まで帝国大学がなかったのです。一九二七年の発行部数は、大朝が一二六万部、大毎が一一七万部に達しています。

大阪の新聞は、東京とは異なり、単に新聞を発行するだけでなく、文化事業や社会事業に積極的に乗り出しました。具体的にいえば、私鉄会社と連携する形での博覧会や長谷川如是閑が企画創設した全国中等学校優勝野球大会（現在の全国高校野球選手権大会）の開催、小林一三が発案した宝塚少女歌劇（現・宝塚歌劇団）の支援などです。

だからこそ大阪では、女性や労働者でも新聞をよく読んでいました。谷崎潤一郎（一八八六〜一九六五）の長編小説『細雪』には、阪急沿線の芦屋川に住んでいた蒔岡幸子《まきおかさちこ》が上京し、東京の新聞を初めて手にする場面があります。「彼女は近頃世界の視聴を集めている亜細亜と欧羅巴の二つの事件〔中略〕の成行がどうなるであろうかと、朝な朝なの新聞を待ち兼ねるくらいにして読むのであるが、東京へ来てからは大朝や大毎で読むのとは違って、馴染のうすい此方の紙面で読むせいか、記事が頭へ這入《はい》りにくく、何となく親しみが湧いて来ないので、直きに新聞にも飽きて、ぼんやりと川の両岸の人通りを眺めていた」（『細雪』中、新潮文庫、一九六八年）。関東大震災後に関東から関西に移住した谷崎は、東京と大阪の違いをよくわかっていました。

しかし『大阪朝日新聞』では、一九一八（大正七）年に白虹事件と呼ばれる事件が起こります。寺内正毅内閣を糾弾する大会を報じた記事に「白虹日を貫けり」という故事成語を使ったことが内乱を煽ったとして問題になり、鳥居、長谷川、大山、丸山らがいっせいに退社しました。これ以降、長谷川と大山は東京に活動の拠点を移し、新聞ではなく雑誌『我等』を発刊することになります。そして長谷川は『我等』一九年四月号に「国家意識の社会化」を発表し、大山は『政治の社会的基礎』を二三年に刊行しますが、「社会」の意味を強調することで「国家」を相対化したり、「国家」の意味を問い直したりする言説が、大阪で活躍していた思想家や学者によって東京にもち込まれたことに注目しなければなりません。

4. 小林一三と福澤諭吉

大正期における東京と大阪のもう一つの違いとして、私鉄の発達が挙げられます。

東海道本線のほか、もとは私鉄でありながら国に買収された東北本線、中央本線、総武本線、山手線などの国有＝官設鉄道が発達した東京とは異なり、大阪では南海、阪神、京阪、阪急、近鉄の五大私鉄が大正初期までに開業し、「私鉄王国」となりました。これらの私鉄は、第7章で触れた東京駅を中心とする「官」の鉄道網に対抗して大阪市内に別個のターミナルをもち(1)、互いに競争しながら沿線に独自の文化圏を築くとともに、「大阪市民」や「神戸市民」といった行政区分とは異なる「～沿線住民」という意識をつくり出してゆきました。

なかでも、鉄道を一つの思想表現にまで高めたのが、阪急を創業した小林一三でした。小林は山梨県の出身で、福澤諭吉が生きていた当時の慶応義塾に学びました。卒業後は三井銀行に就職して初めて大阪に赴任し、やがて阪急の前身である箕面《みのお》有馬電気軌道の専務となり、経営の実権を握ることになります。

小林一三は、「僕は青年時代から慶応で独立独行と云ふことを教へられて来たのだが、僕の社会生活は即ちそれだ」(「私の行き方」、前掲『小林一三全集』第三巻所収)と回想しているように、生涯叙勲や官位の授与を断り、民間人としての姿勢を貫いた福澤諭吉の生き方や思想から影響を受けていました。『学問のすゝめ』で福澤が発した「凡《およ》そ民間の事業、十に七、八は官の関せざるものなし。これをもって世の人ゝ益々その風に靡《なび》き、官を慕い官を頼み、官を恐れ官に諂《へつら》い、毫《ごう》も独立の丹心を発露する者なくして、その醜体見るに忍びざることなり」(岩波文庫、一九七八年)という警告を、小林はしっかりと胸に刻んだのです。

さらに福澤の『文明論之概略』第九章「日本文明の由来」では、日本の歴史に一貫して流れる特徴が、こう述べられています。

政府は時として変革交代することあれども、国勢は則《すなわ》ち然らず。その権力、常に一方に偏して、あたかも治者と被治者との間に高大なる障壁を作てその通路を絶つが如し。有形の腕力も無形の智徳も、学問も宗教も、皆治者の党に与《く》みし、その党与、互に相生依頼して各権力を伸ばし、富もここに集り才もここに集り、栄辱もここにあり廉恥もここにあり、遥に上流の地位を占めて、下民を制御し、治乱興廃、文明の進退、悉皆《しっかい》治者の知る所にして、被治者はかつて心にこれを関せず、恬《てん》として路傍の事を見聞するが如し。

たとえ政府が交代しても、権力が政府の側にあるという構造自体は変わらない。権力に吸い寄せられるようにして、何もかもが治者、つまりお上の周りに集まってくる。一方、被治者である一般民衆は権力とは無縁な世界に生きていて、「官」と「民」の間には「高大なる障壁」が築かれている。ここから福澤は、「日本には政府ありて国民（ネーション）なし」という名言を残しています。

明治以降も、この傾向は続きました。いや、江戸時代よりも中央集権的な体制に改められた明治以降のほうに、福澤の指摘がいっそうよく当てはまるといえるでしょう。「官」の力が強まるとともに、すべての権力が東京に集まるようになる。官尊民卑の風潮が激しくなる。福澤は、こうした風潮に警鐘を鳴らし続けました。

小林一三は鉄道事業を通して、文字で記された福澤の思想を、具体的な空間のなかで実践しようとしました。そのためには、「官」のお膝もとである東京よりも、江戸時代から「民」の力が強く、独自の思想が開花した大阪のほうが、事業を起こす舞台としてふさわしかったのです。そもそも福澤自身が大坂で生まれ、二十代のときに緒方洪庵の適塾で学んだ際も大坂という場所から影響を受けていたことは、慶應義塾の塾長となる小泉信三（一八八八～一九六六）が指摘しています（「福澤諭吉と大阪」、『この一年』文藝春秋新社、一九五九年所収）。

5. 東京と大阪の違い

小林は、東京と大阪の違いをこう述べています。

> 必ず東京の事業には政治が伴ってゐる、或は近代の政治組織がこれに喰ひ入ってゐる。東京のあらゆる会社がさうであるといってよくはないかと思ひます。あらゆる有名な会社事業は大概政治の中毒を受けてゐる。〔中略〕その点に行くと大阪はまことに遣りよい、何ら政治に関係して居らない。しかも政治に関係して居らないと殆んど政治といふものと実業といふものが分れて居るためにそういふ心配は少しもない。〔中略〕要するにこの政治中心の東京を真似ずして、政治以外に一本調子でやって行く西の方の財界の精神を尊重して行きたいと思ふのであります。
>
> （「事業・東京型と大阪型」、前掲『小林一三全集』第三巻所収）

こうした違いは、現在も残る関東私鉄と関西私鉄のターミナルの構造の違いからも確認することができます。前者の多くは、新宿、池袋、渋谷、品川など、旧国有鉄道（現在のＪＲ）の駅に従属するような構造になっています。一方、後者は難波、梅田（現・大阪梅田）、天満橋《てんまばし》、上本町《うえほんまち》（現・大阪上本町）など、国有鉄道の駅とは別個の場所にターミナルをつくりました（図9－1および図9－2を参照）。

小林が創業した箕面有馬電気軌道は、ターミナルを国有鉄道の大阪駅のある梅田に定めました。関東私鉄ならば、既存の大阪駅にピタリと寄せてターミナルをつくり、そこから分岐してゆくよう

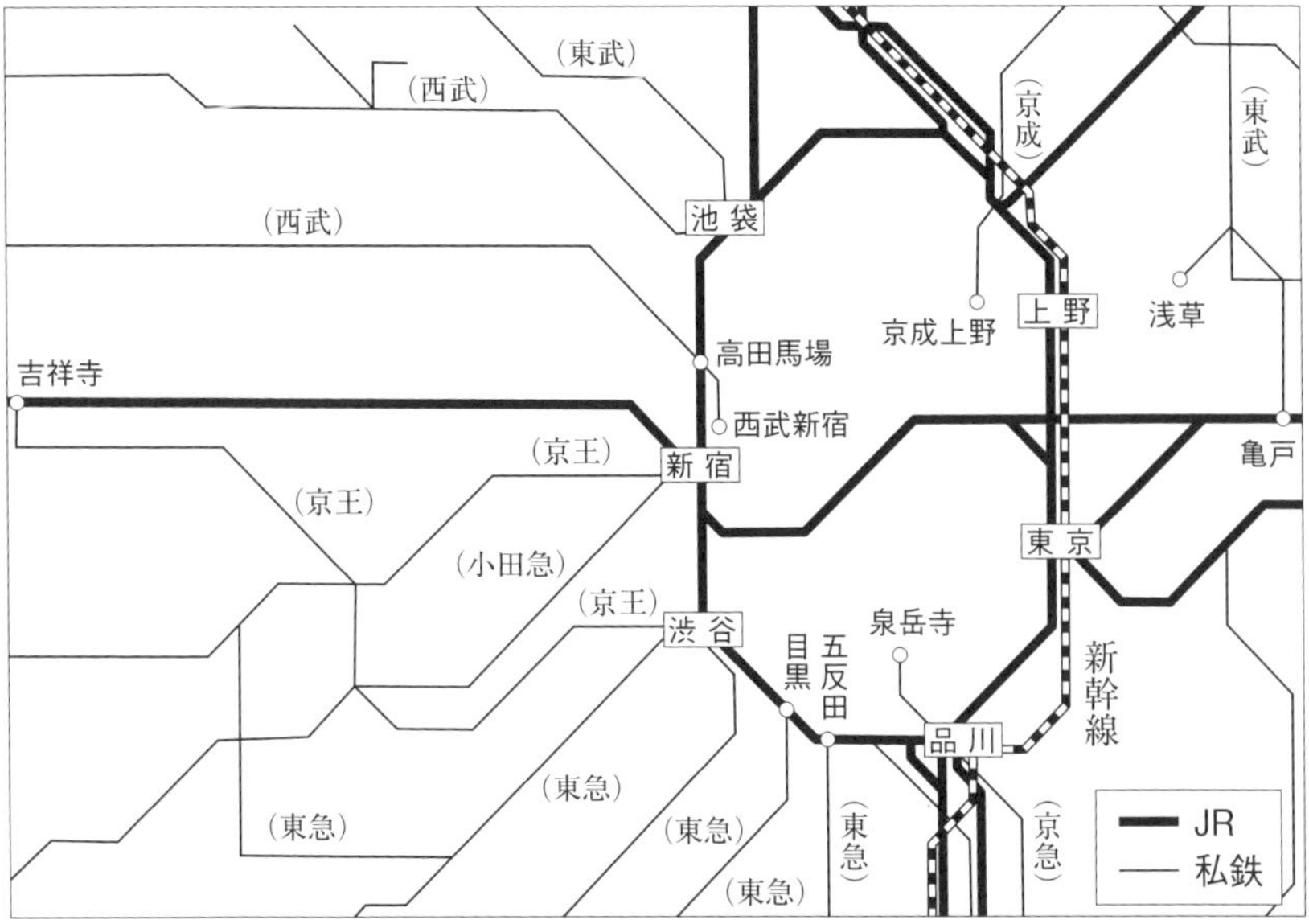

図９－１　東京の鉄道網（JRと私鉄）

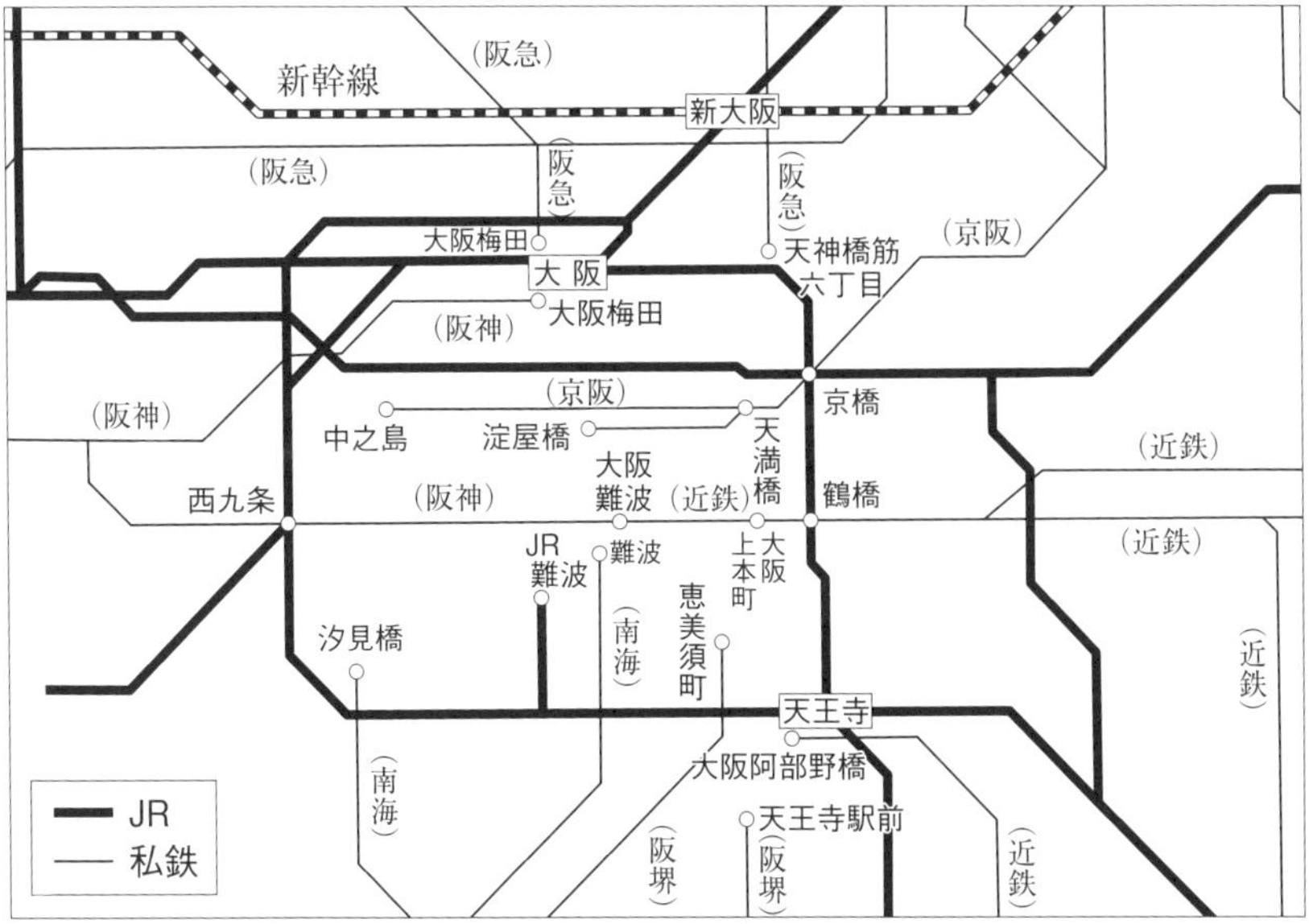

図９－２　大阪の鉄道網（JRと私鉄）

に線路を敷いたでしょう。しかし小林は、そうはしませんでした。大阪駅の南側に、国有鉄道とは敷地も駅名も異なる梅田駅をつくり、そこから東海道本線を跨線橋でオーバークロスして箕面や宝塚に向かうルートに固執したのです。

それはなぜか。大阪では東京とは異なり、「民」が「官」よりも上位にあることを、空間的に表現したかったからにほかなりません(2)。福澤から学んだ「民」の思想を、小林は具体的な空間を通して表現したのです。「われわれから言へば、京阪神といふものは鉄道省にやつて貰はなくてもよろしい。そんなことは大きにお世話です。われわれがどんなにでもして御覧に入れます」(「交通問題を中心として」、前掲『小林一三全集』第四巻所収)。「阪急を創立してからでも、鉄道省へも内務省へも逓信省へもヘイコラしたことはない」(同)。こう言い放った小林は、阪急沿線における分譲住宅地の開発や宝塚少女歌劇(現・宝塚歌劇団)の創設、大阪駅を見下ろす地上八階、地下二階のターミナルデパートとしての阪急百貨店の開設など、『文明論之概略』で福澤が指摘したような「権力の偏重」に反旗を翻す独創的な事業を、大阪を舞台に次々と実行に移していったのです。

小林一三のいう東京と大阪の違いは、東急の創業者である五島《ごとう》慶太(一八八二〜一九五九)との比較を通しても明らかになります。

五島慶太は小林一三から私鉄経営の手法を学び、沿線に田園調布などの分譲住宅地を開発したり、渋谷に東横百貨店(現・東急百貨店東横店)を建てたりしました。けれども、慶応義塾出身の小林とは異なり、五島は東京帝国大学の出身で、鉄道院を退職して鉄道業界に入ったため、小林ほど「民」の自立に固執しませんでした。目黒や渋谷のターミナルを既存の山手線の駅に従属させたり、国鉄や地下鉄も乗り入れる渋谷駅の真上に百貨店をつくったりしたのは、まさにこのためです。

多額の補助金をもらい、官僚出身者をどしどし採用することも厭いませんでした（原武史「二つの私鉄」、『近代日本文化論５　都市文化』岩波書店、一九九九年所収）。両者の違いは、阪急と東急のカラーの違いにもなるのです。

6.「民都」大阪の誕生

丸山眞男は、『世界』一九四六（昭和二一）年五月号に発表された論説「超国家主義の論理と心理」（古矢旬編『超国家主義の論理と心理　他八篇』岩波文庫、二〇一五年所収）のなかで、こう述べています。

　我が国では私的なものが端的に私的なものとして承認されたことが未だ嘗てないのである。この点につき『臣民の道』〔文部省教学局編、内閣印刷局刊、一九四三年、七一頁〕の著者は「日常我等が私生活と呼ぶものも、畢竟《ひっきょう》これ臣民の道の実践であり、天業を翼賛し奉る臣民の営む業として公の意義を有するものである。〔中略〕かくて我らは私生活の間にも天皇に帰一し、国家に奉仕するの念を忘れてはならぬ」といっているが、こうしたイデオロギーはなにも全体主義の流行と共に現われ来ったわけでなく、日本の国家構造そのものに内在していた。従って私的なものは、即ち悪であるか、もしくは悪に近いものとして、何程かのうしろめたさを絶えず伴っていた。（傍点原文）

この分析は、東京では当てはまるとしても、大阪では必ずしも当てはまりません。なぜなら大阪では、本章で説明したように新聞と私鉄という二つの「民」が協力しながら、「私的なもの」が「公」や「官」から区別された社会を誕生させようとしたともいえるからです。天皇に忠誠を誓う「臣民」ではなく、国家に必ずしも回収されない「市民」が主体となり、新聞社や私鉄会社のような中間団体が拮抗しあうダイナミックな社会という意味で、これを市民社会と呼んでもよいでしょう(3)。

政治学者の飯田泰三によると、吉野作造の思想は長谷川如是閑や大山郁夫が大阪から東京に移った後の一九二〇(大正九)年前後に「社会」を発見するまで、「国家」と「社会」が未分化でした(「ナショナル・デモクラットと「社会の発見」」、『批判精神の航跡　近代日本精神史の一稜線』筑摩書房、一九九七年所収)。吉野作造が「社会」を発見した背景には、一九一九年に東京で『我等』を創刊し、「国家意識の社会化」を発表した長谷川如是閑からの影響が考えられるのです。

小林一三は大阪を「民衆の都」と呼びました。実際には、小林が阪急沿線で築いたのは一戸建ての分譲住宅地に住むことのできる中産階級を主体とする文化圏であり、同じ阪神間でも、労働者は工場の多い阪神沿線に住むという違いがありました。しかし、東京に対抗するもう一つの「都」があったことが、近代日本のデモクラシーを育てる上で有利に作用したことは間違いありません。

7. 昭和天皇の登場と大阪の「帝都」化

一九二五(大正一四)年四月、大阪市は市域拡張により、面積、人口ともに東京市を上回る日本一の都市になりました。これ以降、一九三二(昭和七)年一〇月に東京市が市域拡張によって日本一の座を奪還するまでの大阪市は、「大大阪」と呼ばれました。

ところが、大正から昭和になり、昭和天皇が本格的に登場するとともに、大阪の東京化、すなわち「帝都化」が進むことになります。

昭和天皇は、摂政時代も含めて、大阪が「大大阪」と呼ばれた一九二五（大正一四）年から三二（昭和七）年にかけて、三回続けて大阪を訪問しています。それとともに、大阪の街並みに変化が現れます。天皇の行幸の際に通る道路として、梅田と難波を結ぶメインストリートの御堂筋《みどうすじ》が拡張され、昭和大礼の記念事業の一環として大阪城天守閣が復興されます。天皇は行幸の際に大阪城本丸の紀州御殿や第四師団司令部に滞在することで大阪城が「宮城」（皇居）化し、親閲式が行われた城東練兵場は宮城前広場としての役割を果たしました。

国有鉄道の大阪駅と阪急梅田駅の位置関係も変わりました。三二年から三四年にかけて、「阪急クロス問題」と呼ばれる問題が起こり、東海道本線をオーバークロスしていた阪急の線路が、逆に東海道本線の下に付け替えを余儀なくされました。小林一三が誇っていた大阪を象徴する光景が消えることになったわけです(4)。それを見届けるかのように、小林は三四年に社長の座を退いています。

ほぼ時を同じくして、『日本書紀』に記された神武東征の説話や、難波に都を定めた仁徳天皇の説話がよみがえり、大阪と天皇の関係を強調する言説があふれるようになります。先に丸山眞男が「超国家主義の論理と心理」で引用した『臣民の道』の文章が、大阪でも当てはまるようになるわけです。詳しくは、原武史『「民都」大阪対「帝都」東京 思想としての関西私鉄』（講談社学術文庫、二〇二〇年）をご参照ください。

注

（1）具体的にいえば、南海は難波、阪神と阪急は梅田（現・大阪梅田）、京阪は天満橋（後に淀屋橋）、近鉄は上本町（現・大阪上本町）にターミナルを築いてゆくことになります。これらの関西私鉄では、第7章で触れたような東京駅を基準とする「上り」「下り」の呼称は用いられませんでした。

（2）小林は箕面有馬電気軌道の開業に合わせて「箕面有馬電車唱歌」を作詞しましたが、そのなかに「往来《ゆきか》ふ汽車を下に見て　北野に渡る跨線橋」という一節があります。小林がこの「跨線橋」にこだわっていたことがよくわかります。

（3）市民社会というのは、政治学の用語としては多義的で、学界でも定義がはっきりしていません。植村邦彦『市民社会とは何か　基本概念の系譜』（平凡社新書、二〇一〇年）を参照。

（4）その後、一九七三（昭和四八）年には阪急梅田駅が国鉄の線路の北側に移ったため、東海道本線とのクロス自体がなくなりました。

学習課題

1．マス・メディアから見た大正期の東京と大阪の違いについてまとめてみよう。
2．鉄道網から見た大正期の東京と大阪の違いについてまとめてみよう。
3．小林一三が福澤諭吉から受けた思想的影響について考えてみよう。

参考文献

丸山宏『近代日本公園史の研究』（思文閣出版、一九九五年）
藤野裕子『都市と暴動の民衆史－東京・1905－1923年－』（有志社、二〇一五年）

福沢諭吉『学問のすゝめ』（岩波文庫、一九七八年）
福沢諭吉『文明論之概略』（岩波文庫、一九六二年）
『小林一三全集』第三巻、第四巻（ダイヤモンド社、一九六二年）
丸山眞男『超国家主義の論理と心理　他八篇』（古矢旬編、岩波文庫、二〇一五年）
飯田泰三『批判精神の航跡　近代日本精神史の一稜線』（筑摩書房、一九九七年）
原武史『「民都」大阪対「帝都」東京　思想としての関西私鉄』（講談社学術文庫、二〇二〇年）

10 各論7・シャーマンとしての女性

《目標＆ポイント》 明治維新により、天皇ばかりか皇后も新たにつくられ、神に祈るようになります。皇后がシャーマン化するとともに、民間でもシャーマン化した女性が出てきます。それが近代日本でどういう意味をもったかを考えます。

《キーワード》 貞明皇后、光明皇后、神功皇后、高群逸枝、神ながらの道、出口なお、折口信夫、ナカツスメラミコト

1. 近代の皇后

第4章で触れたように、江戸時代には女性だけからなる「大奥」が、ときに男性以上の権力をもつ温床となっていました。慶応四（一八六八）年四月、討幕軍が江戸城に入城すると、城内で隠然と権力を振るっていた大奥を瓦解させました。これを機に明治政府は、主のいなくなった江戸城を皇城、すなわち天皇の住居に改め、京都から東京に移ってきた男性の若き天皇睦仁（明治天皇）を維新の主体として押し出すことで、「女権」を排除しようとしました（関口すみ子『御一新とジェンダー』東京大学出版会、二〇〇五年）。

しかし、大奥は瓦解しても、天皇とともに京都から来た女官を収容する巨大な「局《つぼね》」、いわゆる後宮が、皇城内に新たにつくられました（松山恵『江戸・東京の都市史　近代以降期の都市・建築・

社会』東京大学出版会、二〇一四年)。明治政府は、女官が権力をもたないようにするために天皇を彼女らから引き離し、皇后に統轄させます。

当時の皇后は、明治天皇よりも三歳年上で、京都の公家(五摂家)の一つである一条家から嫁いできた美子《はるこ》(昭憲皇太后。一八四九～一九一四)でした(1)。明治政府は、天皇と異なり権力をもたない皇后の管理下に後宮を置くことで、江戸時代のような「弊害」を除去しようとしたのです。

けれども、皇后というのは単に皇城の内にとどまっていたわけではありませんでした。明治政府は、近代国家にふさわしく天皇をつくり出すとともに、そのパートナーとしての皇后も新たにつくり出してゆきます。具体的にいえば、軍事的指導者としての天皇に対して、倹約に努め、養蚕に励み、女子教育を奨励し、病院を回って兵士を慰問する皇后像を美子に担わせようとしたのです。また、外国から要人が来日したときには天皇とともに謁見し、マント・ド・クールやローブ・デコルテなどフランス由来の礼服を着用して肌を露出するようになります。これもまた、江戸時代では考えられないことでした。

こうして皇后は、表向きは天皇と一見対等のパートナーとしてつくられました。それは、日本が近代国家であることを強調し、西洋列強に一等国であることを認めさせるための戦略にほかなりませんでした。明治中期以降、全国の学校に下賜された肖像写真、いわゆる御真影も、天皇と皇后のものがセットでつくられました。こうすることで、西洋で定着していた一夫一婦制を演出したわけです。

しかし、皇后は決して天皇と対等ではありませんでした。明治政府が定めようとした天皇と皇后の「別」は、価値の序列を伴っていたからです。皇后は天皇の後ろに控えて天皇を支え、戦争が起これば銃後の守りに徹するものとされたのであり、皇后が天皇よりも前面に出て存在感を増すことは想定されていませんでした。

しかも天皇家では、江戸時代の将軍家と同様、一夫一婦多妾制が維持されていました。皇后美子には子供ができなかったため、明治天皇の子供はすべて（側室に当たる）複数の女官から生まれました。嘉仁《よしひと》親王（後の大正天皇）もそうです。女官から生まれたという点では、幕末に生まれた睦仁《むつひと》親王（後の明治天皇）と変わりませんでした。天皇は、後宮から完全に切り離されたわけではなかったのです。

一八八九（明治二二）年に発布された大日本帝国憲法では、天皇を統治権の総攬者や陸海軍を統帥する大元帥として規定する一方、皇后に関する規定はありませんでした。しかし、一九〇八年制定の皇室祭祀令には、次の規定があります。

第八条　大祭ニハ天皇皇族及官僚ヲ率イテ親《みずか》ラ祭典ヲ行フ
第二十条　小祭ニハ天皇皇族及官僚ヲ率イテ親ラ拝礼シ掌典長祭典ヲ行フ

これは宮中三殿で行われる祭祀、つまり宮中祭祀に関する規定です。大祭とは第6章で触れた元始祭、孝明天皇祭、紀元節祭、春季皇霊祭、神武天皇祭、秋季皇霊祭、神嘗祭、新嘗祭などを指し、小祭とは賢所御神楽（一二月一五日）、後桃園天皇例祭（一一月六日）、光格天皇例祭（一二月一一日）、仁孝天皇例祭（二月二一日）などを指します(2)。また「天皇皇族」の「皇族」には女性皇族も含まれます。

この規定にしたがい、新嘗祭を除く大祭ばかりか多くの小祭でも、皇后は天皇や皇太子などとともに宮中三殿で拝礼し、アマテラスや歴代天皇の霊、天神地祇などに祈るものとされました。実際に皇后は、明治初期から祭祀に加わり、拝礼を重ねていました。この点に関する限り、天皇と皇后の間に違いはなかったのです。

2. 神功皇后と光明皇后

本居宣長が強調したように、日本では中国とは異なり革命がなく、神武以来の天皇はアマテラスからずっと血縁でつながっているとされています。大日本帝国憲法の第一条にある「万世一系ノ天皇」というのは、まさにこのことを意味しています。

しかし、生まれながらの皇后はいません。皇后となる女性は、必ず人生の途中で皇室に嫁いできます。このために天皇にはない葛藤が生じ、苦悩するなかで皇后とは何かという強烈な意識が芽生えてくるのです。

第6章で触れたように、明治維新によってもち上げられた神武天皇は、実際には明治天皇にとってのモデルたり得ませんでした。明治天皇自身も神武天皇を意識して育てられたわけではなく、中国古代の聖人とされた堯や舜こそが理想の君主とされたのです。これに対して皇后は、『古事記』『日本書紀』のほか、『日本書紀』の続編である『続日本紀《しょくにほんぎ》』に描かれた過去の偉大な皇后を意識するようになります(3)。

その一人は光明皇后（七〇一～七六〇）です。光明子《こうみょうし》ともいい、正式な尊号は天平応真仁正皇《おうしんにんしょう》太后です。奈良時代の聖武天皇の后としてよく知られています。仏教に厚く帰依し、中国で史上唯一の女性皇帝となる武則天（則天武后）の影響を受けて悲田院や施薬院を設置し、ハンセン病患者の傷をなめたという伝説が残っています。こうした皇后像は、明治政府がつくろうとしたような、病院を慰問したり、社会的弱者に手厚い仁慈を注いだりする皇后像に見合っています。

もう一人は神功皇后《じんぐう》です。実在説と非実在説がありますが、仲哀《ちゅうあい》天皇の后とされ、『日本書紀』では独立の巻をなし、天皇と同格の扱いになっています。江戸時代に『大日本史』が神功皇后を歴代天皇から外すまでは、多くの歴史書が神功皇后を天皇と見なしてきました。

それもそのはず、神功皇后は皇后でありながら、後の応神天皇を妊娠したまま朝鮮半島に出兵し、新羅を平定し、高句麗と百済にも朝貢を誓わせました。これがいわゆる三韓征伐です。九州に戻ると応神天皇を産みますが、その後も死去するまで七〇年近くにわたって摂政の地位にありました。歴代のどの天皇もなし得なかった対外戦争を行って勝った猛々しい皇后という点で、女性的な光明皇后とは対照的という見方もできるでしょう。

『日本書紀』によると、三韓征伐の前に神が神功皇后に憑依《ひょうい》してその意思を語らせています。つまり神功皇后は、軍事指導者であるとともにシャーマンとして権力をもっていたわけです。

もちろん現在では、三韓征伐は神武東征同様、フィクションと見なされています。しかし、明治から昭和初期にかけては学校現場で事実と教えられていました。神功皇后のような「武」の象徴としての皇后像は、明治政府がつくり出そうとした天皇像に見合うものではあっても、同じく政府がつくり出そうとした皇后像には見合いません。

ところが、神功皇后は明治以前から、「武」の象徴としてしばしば言及されてきました。例えば、元寇に際しての八幡大菩薩の霊験を説いた『八幡愚童訓』甲では、水火風の三災を操り、蒙古を撃退したのは神功皇后とされていますし（『日本思想大系20　寺社縁起』岩波書店、一九七五年に所収）、文禄の役でも武将の家臣が臨津江《イムジンガン》の戦いを神功皇后の三韓征伐に重ね合わせています（北島万次『秀吉の朝鮮侵略』山川出版社、二〇〇二年）。

　また神功皇后は、西日本を中心とする各地で神武天皇よりはるかによく知られていました。例えば、神功皇后にちなむ地名や神功皇后をまつる神社は、神武天皇をまつる神社や神武天皇にちなんだ地名よりもずっと多く西日本各地に分布しています。そればかりか、各地に残る祭礼や古典落語の題材にもなっています。九州でも、南部九州を舞台とする神武東征神話より、北部九州を舞台とする三韓征伐伝説のほうが民間に土着しています。どちらもフィクションだといってしまうと、その違いが見えなくなってしまうのです。神功皇后でなく神武天皇をもち上げようとした明治政府は、はじめから困難な課題を抱えていたことになります。

　さらには、アマテラスも女性であることを忘れてはなりません。皇后は通常、天皇になり代わることはできませんが、前述のように皇后も宮中祭祀に出たり、伊勢神宮に参拝したりすることで、アマテラスとの回路が開かれるのです。

3. 貞明皇后の登場

一八七九（明治一二）年八月三一日、明治天皇と女官（権典侍《ごんのてんじ》）、柳原愛子《なるこ》（一八五九～一九四三）の間に、嘉仁親王が生まれました。嘉仁は第三皇子でしたが、第一皇子と第二皇子が夭折したために、結果として皇太子、次いで天皇となります。後の大正天皇です。

　嘉仁は生まれつき病弱で、学習院も中退しています。けれども、生き残った唯一の男子である嘉仁が皇位を継がなければ、江戸時代の光格天皇（一七七一～一八四〇）から続く嫡流の系統は必然的に断絶することになります。このため、結婚相手も慎重に選ばれました。当初は伏見宮禎子《さちこ》（一八八五～一九六六）に内定していた妃候補が、一九〇〇年の結婚直前になって九条節子《さだこ》（後の貞明皇后）に差し替えられたのは、禎子は子供が産めない体質だと侍医が判断したからであり、皇后美子の二の舞いを避けようとしたからだといわれています。条約改正すら達成できていなかった当時の政府にとって、皇室が名実ともに一夫一婦制を確立させることは、西洋列強に日本が一等国であることを認めさせるためにも必要不可欠な目標だったのです。

　これは政略結婚と見られても仕方がなかったでしょう。後に日本共産党を創立することになる山川均は、同人誌でこの結婚を批判し、初めての不敬罪で投獄されています。しかし嘉仁は、山川が察知したとおり、節子に必ずしも愛情を注がず、結婚早々に梨本宮守正王《もりまさ》（一八七四～一九五一）との結婚が決まっていた鍋島伊都子《いつこ》（一八八二～一九七六）に会うため、神奈川県の大磯や栃木県の日光にあった鍋島別邸を訪れていたことがわかっています（小田部雄次『昭憲皇太后・貞明皇后―一筋に誠をもちて仕へなば』ミネルヴァ書房、二〇一〇年）。

　それでも一九〇一年には裕仁親王（後の昭和天皇）、〇二年には雍仁《やすひと》親王（後の秩父宮）が相次いで生まれますが、皇室のしきたりに従ってすぐ里子に出されたため、節子自身が育てることはできませんでした。雍仁を懐妊したころ、絶望の淵に沈んでいた節子に対して、華族女学校の学監だった下田歌子（一八五四～一九三六）は、神功皇后の三韓征伐に言及しつつ、こう励まします。

　　神功皇后の御事跡を申上、御歴代には如此《かくのごとき》御方様被為在候《あらせられそうろう》御事なれば、御懐妊の御事なれば別《わけ》て御元気御養ひ被為在候様願度。

（安在邦夫、望月雅士編『佐佐木高行日記－かざしの桜』北泉社、二〇〇三年）

下田は、歴代の皇后のなかには天皇を上回る活躍をした勇ましい皇后もいたのだから、落ち込むことはないとして、「神功皇后の御事跡」に言及したのでしょう。このとき節子は、子供を産まなかった皇后美子とは異なり、妊娠という体験を通して初めて神功皇后とつながったという実感をもったはずです。

節子は一九一一年三月から七月にかけて、葉山御用邸に一人籠もったまま、皇太子とも親王たちとも会いませんでした。原因は腸チフスといわれていますが、真相は不明です。この間に節子は、皇后美子から賢所御供米《おくま》、つまりアマテラスに供えられる米を二週間にわたって送られ、「限りなき世をてらします天津日《あまつひ》の　光りにまさる光あらめや」という和歌を詠んでいます（『貞明皇后御集』上、宮内庁書陵部、二〇〇一年）。「天津日」というのは、アマテラスのことです。

一九一二年七月、元号は明治から大正へと変わります。嘉仁は天皇（大正天皇）に、節子は皇后（貞明皇后）になりますが、明治天皇とは全く異なる大正天皇の性格は、当時の政府関係者に大いなる危惧を抱かせました。山県有朋（一八三八～一九二二）や西園寺公望（一八四九～一九四〇）らは、皇太后となった美子（昭憲皇太后）に天皇を教育するよう求めますが、皇太后は「夫れは政事向のことの様に思はるゝが之を避けたし、先帝の御戒に女は政事に容喙《ようかい》すべきものに非ずとあり、之を守りたし」と述べたと原敬が同年一二月二二日の日記に書いています（『原敬日記』第三巻、福村出版、一九七一年）。美子は、明治政府が定めた天皇と皇后の「別」を守ろうとしたわけです。

しかし大正天皇は間もなく再び体調を崩し、代わって一夫一婦制を確立させた貞明皇后の存在が浮上してきます。それとともに、天皇と皇后の「別」は破られ、しだいに皇后が天皇よりも前面に出る場面が多くなるのです(4)。

しかも皇后は一九一四(大正三)年頃から、法学者の筧克彦《かけいかつひこ》(一八七二～一九六一)が唱える、神道の一種で、アマテラスや神功皇后を重視する「神《かん》ながらの道」に魅かれ、筧の著書を読むようになります(宮内公文書館所蔵「貞明皇后実録」大正十三年二月二十六日条)。それは皇后が、記紀に描かれた神功皇后同様、シャーマンとしての資質をしだいに開花させてゆくことを意味していました。

4. 大本と出口なお

幕末から明治にかけて、民間の女性が神がかり、新しい宗教を起こしました。有名な例としては、天理教の教祖、中山みき(一七九八～一八八七)と大本の開祖、出口なお(一八三七～一九一八)が挙げられます。ここでは出口なおについて触れておきます。

一八九二(明治二五)年、京都府の綾部に住んでいた出口なおは、突然神がかり、筆先《ふでさき》と呼ばれる平仮名の文章を書き始めました。その冒頭を掲げてみます。

三ぜん世界一度に開く梅の花、艮《うしとら》の金神《こんじん》の世に成りたぞよ。梅で開いて松で治める、神国《しんこく》の世になりたぞよ。日本は神道《しんどう》、神が構はな行けぬ国であるぞよ。外国は獣類《けもの》の世、強いもの勝ちの、悪魔ばかりの国であるぞよ。日本も獣《けもの》の世になりて居るぞよ。外国人にばかされて、尻の毛まで抜かれて居りても、未だ眼が覚めん暗がりの世になりて居るぞよ。是では、国は立ちては行かんから、神が表に現はれて、三千世界の立替へ立直しを致すぞよ。

（『大本神諭　天の巻』平凡社東洋文庫、一九七九年）

筆先の原文は、ほとんど平仮名だけでした。『大本神諭』というのは、なおの娘婿で、大本ではなおと並ぶ二大教祖とされ、聖師と呼ばれた出口王《お》仁《に》三郎《さぶろう》（一八七一～一九四八）が漢字仮名まじり文に直したものです。第12章で触れる『霊界物語』と並ぶ大本の教典とされています。艮の金神という言葉には、幕末に開教した金光教《こんこう》からの影響が見られます。艮は鬼門を意味する東北の方角を指し、鬼門に押し込められた神が表に現れ、「三千世界の立替へ立直し」がなされると予言しているわけです。ここには、終末論的な予言と強い排外主義が見られます。この文章のあとには、「東京は元の薄野《すすきの》に成るぞよ。永久《ながう》は続かんぞよ」という一節もあります。

大本では、なおがシャーマンで、王仁三郎がなおに懸かっている神霊の正邪を見分ける審神者《さにわ》という関係にありました。これは邪馬台国における卑弥呼と男弟の関係や、琉球王国で聞得大君と呼ばれる最高神女と国王の関係などによく似ています。女性史家の高群逸枝《たかむれいつえ》（一八九四～一九六四）は、女性が宗教や祭祀を担い、男性が実際の政治を行う体制を、「ヒメヒコ制」と名づけました（『大日本女性史第一巻　母系制の研究』恒星社厚生閣、一九四九年）。しかし最近の女性史研究では、女性が男性と並ぶ権力をもったり、男性がシャーマンになったりする場合もあることを理由に、シャーマン＝女性という図式を批判する見方が有力になっています(5)。

なおの筆先は、一九一八（大正七）年の死去まで続きました。その前年の一一月、なおが住んでいた綾部を貞明皇后が訪問しています。蚕業奨励のため、大正天皇と別れて単独で訪問したのです。

皇后の一行は、山陰本線の綾部駅から蚕業試験場綾部支部に馬車で向かう途上、大本（当時の正式名称は皇道大本）本部前を通過しました。

なおは、皇后がもう一人のシャーマンとして、天皇を上回る宗教的資質をもっていることを見抜いていたように思われます。一八年一月五日の筆先には、「時節が来たぞよ。時節と云ふものは結構なものの、恐いもので在るぞよ」（『大本神諭　火の巻』平凡社東洋文庫、一九七九年）という一節があります。皇后の名は節子ですから、「時節」は皇后を指し、「時節が来た」は「皇后が来た」と読めるわけです。

一九二一年二月、大本は不敬罪と新聞紙法違反を理由に弾圧され、王仁三郎らが検挙されます（第一次大本事件）。予審では王仁三郎がこの筆先につき、「皇后陛下が綾部に行啓になった事を書いたのではないか」と尋問されています（「第一次事件関係弁護資料」、池田昭編『大本史料集成』Ⅲ事件編、三一書房、一九八五年所収）。

5. 昭和天皇と貞明皇后

第一次世界大戦後のこの時期は、世界的に見ても君主政治の危機の時代に当たっていました。ロシア、ドイツ、オーストリア、トルコといった名だたる帝国が次々に崩壊し、共和制へと移行したからです。一九二一年三月から九月にかけて、皇太子裕仁が訪欧した目的の一つも、英国の王室と親しく交わることで、大衆社会の到来に君主政治をどう適応させるかという問題に対する答えを求めようとしたことにありました。裕仁は帰国直後の同年一一月に摂政となりますが、一夫一婦制を確立させた英国王室を手本に、女官たちが住み込む後宮を名実ともに廃止しようとします。これに対しては、宮中祭祀に支障をきたすとして、貞明皇后が反対しました。皇后から見ると、皇太子は西洋的なライフスタイルにこだわるあまり、アマテラスをはじめとする神々を心から信じるという祭祀の根本をおろそかにしているように映ったのです。

一九二二年三月、皇后は、天皇の病気回復を祈願するために福岡県を訪れ、香椎宮《かしいぐう》に参拝しました。香椎宮の主祭神は神功皇后で、一五年の大礼で神功皇后の夫に当たる仲哀天皇を合祀しました。皇后が九州を訪れたのは神功皇后以来とされましたが、香椎宮参拝に際して次の和歌を詠んでいます。

神々をたふとみ給ふ御心の　み光あふぎ唯かしこみぬ
大みたま吾が身に下り宿りまし　尽すまことをおしひろめませ
（筧克彦『大正の皇后宮御歌謹釈』筧克彦博士著作刊行会、一九六一年）

こうした和歌からは、貞明皇后が香椎宮に鎮まる神功皇后の霊の存在を信じ、その霊との一体化を願っていたことがうかがえます。

翌一九二三年は、年明けから皇后にとって不吉な出来事が相次ぎました。その最たるものが、九月一日に起こった関東大震災でした。皇后は震災直後、天皇とともに滞在していた日光田母沢《たもざわ》御用邸で、この年の上半期に相次いだ皇族や重臣の死を振り返りつつ、「されど心にまたこれのみにてはすむまじと、下の半期をいと心もとなくのみぞおもひがちなりける」「唯々秋の事のみおもひわづらひぬ」などと書き残しています（『貞明皇后御集』中、宮内庁書陵部、二〇〇一年）。まるで関東大震災が起きる前からこの震災を予見していたかのような皇后の文章は、「東京は元の薄野に成るぞよ。永久は続かんぞよ」という出口なおの筆先とも響き合っています。

上下もこゝろ一つにつゝしみて　神のいさめをかしこまんかな（同）

このように、皇后は関東大震災を「神のいさめ」と受け止めていました。これは儒教的な天譴論《てんけん》によく似ており、第2章の図2－2で示したアマテラスと天皇の間の「上から下への方向」に当たります。関東大震災を機に、皇后は筧克彦から直接講義を受けるなど、ますます「神ながらの道」にのめり込み、筧が発案した「神ながら皇国運動《やまとばたらき》」と呼ばれる独自の体操まで熱心に行うようになります。

大日本帝国憲法の第一条で「万世一系」イデオロギーが打ち出されたのに続いて、一九一一（明治四四）年に起こった南北朝正閏《せいじゅん》問題以降、南朝正統論が確立されましたが、神武から大正までの歴代天皇は、まだ確定していませんでした。その主な理由は、神功皇后と南朝の長慶天皇（一三四三～九四）を天皇として認めるべきか否かの問題が、決着していないことにありました。この問題は、大正天皇が死去する二カ月前に当たる一九二六年一〇月になってようやく決着し、長慶天皇を第九十八代天皇として認める一方、神功皇后は皇統から外されました。その背景には、神功皇后に思い入れをもつ貞明皇后が政治力をもつことを避けようとする判断があったように思われます。

昭和になり、節子は皇太后、裕仁は天皇となりましたが、両者の確執はなおも続きました。元老の西園寺公望は、「皇太后陛下敬神ノ念熱烈ニテ、天皇陛下ノ御体〔態〕度ニ御満足アラセラレズ。〔中略〕皇太后陛下ハ右ノ如キ形式的ノ敬神ニテハ不可ナリ。真実神ヲ敬セザレバ必ズ神罰アルベシト云ハレ居リ。〔中略〕此コトガ度々《たびたび》加フレバ、其ノ為御母子間ノ御親和ニ影響スルヤモ計リ難ク、夫《そ》レ等《ら》ノ点ニ付テハ十分ニ注意スベキコト、思フ」と言って心配しています（国立国会図書館憲政資料室所蔵「倉富勇三郎日記」昭和三年十月二十日条、原文は濁点なし）。西園寺が危惧したとおり、皇太后は大宮御所で多くの女官を率い、「母」として隠然とした権力を保ち続けることになります。天皇の意図に反して、「大奥」に当たる空間は解体されなかったのです。

〔提供：毎日新聞社〕

図10－１　皇太后節子

二・二六事件の直後に当たる一九三六年三月に広田弘毅内閣が成立したときには、一一人の閣僚がそろって大宮御所を訪れ、一人ずつ皇太后に拝謁し、「激励ノ御言葉」をかけられています。（「貞明皇后実録」昭和十一年三月一〇日条）。この話を聞いた西園寺公望は、「とにかくやはり婦人のことであるから、よほどその点は考へて接しないと、陛下との間で或は憂慮するやうなことが起りはせんか。自分は心配してをる」と危惧しています（原田熊雄述『西園寺公と政局』第五巻、岩波書店、一九五一年）。

二〇一四年九月には、宮内庁から『昭和天皇実録』が公開されました。この実録における最大の謎の一つは、戦争末期の一九四五年七月三〇日と八月二日に、大分県の宇佐神宮と前述の香椎宮に勅使を参向させていることです。宇佐神宮の主祭神は、前述した三韓征伐の際、神功皇后の胎内にいたとされる応神天皇です。つまりこの勅使参向は、三韓征伐という「勝った戦争」を念頭に、敵国撃破を祈らせているわけです。これは、すでに戦争終結を決断していた天皇の意向とは明らかに相反しており、天皇がポツダム宣言を受諾するぎりぎりの段階まで皇太后の意向を無視できなかった表れと見ることができます。

民俗学者の折口信夫《おりくちしのぶ》は、敗戦直後の一九四六年に著した「女帝考」という論稿で、沖縄での現地調査などを踏まえ、神と天皇の中間に、「仲介者なる聖者、中立ちして神意を伝へる非常に尊い聖語伝達者」として、ナカツスメラミコト（中天皇、中皇命）と呼ばれる「血縁近い皇族の女性」がいるという説を唱えました。

神功皇后の昔には、まだ中天皇《なかつすめらみこと》に類した名称は出来なかったものであろうと思われる。そうして、実際は、中つ天皇として、威力を発揮遊したのだということが出来る。

皇后とは中つ天皇《すめらみこと》であり、中つ天皇は皇后であることが、まずひと口には申してよいと思うのである。

（「女帝考」、安藤礼二編『折口信夫天皇論集』講談社文芸文庫、二〇一一年所収）

この説に従えば、第2章の図2－2ではアマテラスと天皇の中間に皇后（皇太后）が入ることになります。皇后は天皇よりも神に近くなるわけです。折口は皇后の具体的実例として神功皇后を挙げていますが、貞明皇后（皇太后節子）も当てはまると考えれば、なぜ昭和天皇が戦争末期まで皇太后の意向を無視できなかったのかという理由の一端が見えてくるように思われます。『昭和天皇実録』と「貞明皇后実録」を照合すると、戦地から帰還した軍人が午前に昭和天皇に、そして同じ日の午後ないし翌日以降に皇太后節子に会っているケースが、一九三八年一月から四五年七月にかけておびただしい数にのぼることが確認できるのです(6)。

注

(1) 宮中では三歳年上を忌み嫌う俗信があったため、わざと生年を一年遅くし、公式には二歳年上としました。

(2) 小祭のうち、天皇の例祭は先帝以前三代の天皇の例祭を指しますので、原則として代替わりによって変わります。天皇明仁(現上皇)の場合は、孝明天皇例祭(一月三〇日)、明治天皇例祭(七月三〇日)、大正天皇例祭(一二月二五日)が小祭に当たりました。現天皇(徳仁)の場合は、先帝(明仁)がまだ生きている間はやはり孝明天皇例祭、明治天皇例祭、大正天皇例祭が小祭となります。

(3) もっとも古代には、持統天皇(六四五~七〇二)や光明皇后、孝謙・称徳天皇のように、前漢の呂后や唐の武則天(則天武后)のような中国の皇后や女性皇帝を意識する女性天皇や皇后もいました。直木孝次郎「持統天皇と呂太后」(三品彰英編『日本書紀研究』第一冊、塙書房、一九六四年所収)および勝浦令子《のりこ》『孝謙・称徳天皇』(ミネルヴァ書房、二〇一四年)を参照。

(4) 大正期には、乃木希典とともに殉死した妻の静子(一八五九~一九一二)や、明治天皇の妃で、明治天皇とともに一九二〇年に創建された明治神宮の祭神となった昭憲皇太后の「婦徳」が称えられました。これはまさに明治政府が定めた天皇と皇后の「別」に見合うものでしたが、現実の天皇制は必ずしもそうではなかったわけです。

(5) 例えば、荒木敏夫『可能性としての女帝　女帝と王権・国家』(青木書店、一九九九年)や義江明子『古代女性史への招待　〈妹の力〉を超えて』(吉川弘文館、二〇〇四年)を参照。前述した神功皇后も、権力をもっていたという点では単なるシャーマンではありませんでした。

(6) ただし皇太后節子の場合、ナカツスメラミコトではあっても、清の西太后や神功皇后とは異なり、天皇に代わるほどの絶対的な政治権力をもつことはありませんでした。この点では第4章で触れた垂簾聴政とは異なり、行政権でなく祭祀権を握っていた琉球王国の聞得大君に近いといえます。

学習課題

1．明治政府は、天皇と皇后にどのような役割を分担させようとしたのかについてまとめてみよう。
2．なぜ大正期になって皇后の存在感が浮上するのかについて考えてみよう。
3．昭和初期における皇太后と天皇の確執が現実の政治に及ぼした影響について考えてみよう。

参考文献

関口すみ子『御一新とジェンダー』（東京大学出版会、二〇〇五年）
原武史『皇后考』（講談社学術文庫、二〇一七年）
出口ナオ『大本神諭』天の巻、火の巻（平凡社東洋文庫、一九七九年）
『貞明皇后御集』上・中（宮内庁書陵部、二〇〇一年）
『昭和天皇実録』第九（東京書籍、二〇一六年）
安藤礼二『折口信夫』（講談社、二〇一四年）
安藤礼二編『折口信夫天皇論集』（講談社文芸文庫、二〇一一年）
原武史『〈女帝〉の日本史』（ＮＨＫ出版新書、二〇一七年。韓国語版は成均館大学校出版部、二〇二〇年）
原武史「戦中期の天皇裕仁と皇太后節子」（御厨貴編『天皇の近代―明治150年・平成30年』、千倉書房、二〇一八年所収）

11 各論8・超国家主義と「国体」

《目標&ポイント》 大正天皇の病気をきっかけに「国体」が視覚化されるのに呼応して超国家主義が台頭する過程や、日中戦争の勃発とともに「時間支配」が大々的に導入され、「想像の共同体」が確立される過程につき考察します。

《キーワード》 国体、視覚化、ナショナリズム、超国家主義、宮城前広場、時間支配、想像の共同体、満洲国

1．大正期におけるナショナリズムの転換

第2章で触れたように、大正期には天皇の病気をきっかけとして、近代天皇制の刷新が図られました。その先駆けとなったのは、一九二一（大正一〇）年三月から九月にかけての皇太子裕仁（後の昭和天皇）の訪欧でした。訪欧の最中には全国各地で活動写真の映写会が開かれ、体調が悪化しつつあった天皇に代わり、帰国直後に摂政、すなわち事実上の天皇となる若くて健康的な皇太子の実像が急速に知られるようになりました。

皇太子は二一年九月三日に帰国し、九月八日に東京の日比谷公園で、九月一三日に京都の平安神宮大極殿で、それぞれ「市民奉祝会」が開かれました。いずれの奉祝会にも三万人を超える市民が集まり、皇太子が「令旨《りょうじ》」と呼ばれる文書を読み上げると、市民の間から万歳の叫び声が起こり

ました。奉祝会に居合わせた東京市助役の永田秀次郎《ひでじろう》（一八七六～一九四三）は、皇太子帰国後の変化につき、こう述べています。

九月三日以後の我皇室は我々のものである。決して貴族のものでも無く軍閥のものでもなく官僚のものでもなく直接に我々七千万同胞のものである。我親愛なる皇太子殿下は実に直接に我々のものである。殿下が外遊の前後に於る御態度と今回の御令旨とは真に我々国民をして斯の如くに感ぜしめなくては叶はぬ様に仕向けられたのである。斯の如くにして我国体の精華は我々民族の脳中に光風霽月《せいげつ》の如くに清朗なるものとなつた。（「皇室と国民の接近」、『平易なる皇室論』敬文館、一九二二年所収。傍点は原文）

永田秀次郎は、これまで必ずしも明らかでなかった「国体」が、皇太子帰国後の政治空間の成立とともに「光風霽月の如くに清朗なるものとなつた」と感じているのです。けれどもこうした感を抱いていたのは、決して永田のような政府側の人物だけではありませんでした。安田財閥の当主、安田善次郎（一八三八～一九二一）を暗殺したテロリストの朝日平吾《へいご》（一八九〇～一九二一）もまた、「東宮殿下ヲ奉迎スルノ日」である九月三日に、次のような一節を含む遺書「死ノ叫声」を書いていたからです。

現下ノ社会組織ハ国家生活ノ根本タル陛下ト臣民トヲ隔離スルノ甚ダシキモノニシテ、君民一体ノ聖慮ヲ冒瀆《ぼうとく》シ奉ルモノナリ、〔中略〕従テ君側《くんそく》ノ奸《かん》ヲ浄《きよ》メ奸富ヲ誅スルハ日本国隆昌ノタメノ手段ニシテ国民大多数ノ幸福ナルト共ニ真正ノ日本人タル吾等当然ノ要求ナリ権利ナリ。
（今井清一、高橋正衛編『現代史資料』４、みすず書房、一九六三年）

朝日は、皇太子が帰国した九月三日以降の光景を目のあたりにして、初めて「君民一体ノ聖慮ヲ冒瀆」する「現下ノ社会組織」の矛盾をはっきりと意識するとともに、「君民一体」を妨げる「君側ノ奸」の排除を主張します。大正天皇の病気を契機とする上からの天皇像の転換に呼応する形で、新しい下からのナショナリズムが台頭するのです。このナショナリズムは、明治以来の日本の国家主義とは区別されるべきもので、「超国家主義」と名づけることができます。

2. 超国家主義とは何か

超国家主義といえば、丸山眞男の「超国家主義の論理と心理」という論文が、戦後いち早くこの用語を用いています。第９章でも同論文を引用したように、丸山は一九四一（昭和一六）年七月に文部省が刊行した『臣民の道』に言及しつつ、「私的なものが端的に私的なものとして承認されたことが未だ嘗てな」く、「国家的なるものの内部へ、私的利害が無制限に侵入する」ような日本独特の国家主義を「超国家主義」と名づけ、それは「なにも全体主義の流行と共に現われ来ったわけではなく、日本の国家構造そのものに内在していた」としています。

この分析の問題点についてはすでに第９章で触れましたが、超国家主義という用語を丸山とは異なる意味で用いたのが、哲学者の久野収と、政治学者で丸山の弟子でもある橋川文三《ぶんそう》（一九二二～八三）でした。

久野は前掲「日本の超国家主義－昭和維新の思想－」で超国家主義の原型を朝日平吾に見いだし、「朝日の遺書は、明治以来の伝統的国家主義の主柱であった元老、重臣、新旧の華族、軍閥、財閥、政党の首脳を、だれかれの別なく、悪の元兇と断じ、かたっぱしから殺してしまえと主張することによって、明治以来の伝統的国家主義からの切れめを明らかにしている」と述べています。橋川もまた、「昭和超国家主義の諸相」（中島岳志編『橋川文三セレクション』岩波現代文庫、二〇一一年所収）で丸山のナショナリズム論を批判し、久野同様、伝統的国家主義から切れた超国家主義の原点として朝日の遺書に注目しました。本章では、丸山でなく久野や橋川にならって超国家主義という用語を用いることにします(1)。

久野収は、「超国家主義の聖典」として、一九一九（大正八）年に書き上げられた北一輝の『国家改造法案原理大綱』（二三年に『日本改造法案大綱』として刊行）に注目します。超国家主義は、現象としては二一年九月の安田善次郎暗殺事件に始まるが、理論としてはその二年前に確立されたとしたわけです。

もっとも、北の思想は一九〇六（明治三九）年に刊行された『国体論及び純正社会主義』にすでに現れていました。ここで北は、国家を構成する機関を「天皇」と「国民」に二極化し、上からの官僚的支配のシンボルとなった天皇を、下からの国民的統一のシンボルに立て直そうとしました。このことが「天皇は全日本国民とともに、国家改造の根基を定めんがために、天皇大権の発動により て三年間憲法を停止し、両院を解散し、全国に戒厳令をしく」という『日本改造法案大綱』の巻一「国民の天皇」の文章につながり、一九三六（昭和一一）年に二・二六事件を引き起こす青年将校に思想的影響を与えていったのです。

3.「君民一体」の空間

一九二一（大正一〇）年一一月二五日、皇太子裕仁は摂政となります。裕仁は、二六年一二月に天皇になるまでに、沖縄県を含むすべての道府県を一巡しました。そして天皇になってからも、三七（昭和一二）年七月に日中戦争が勃発するまで、たいていは毎年秋に全国各地で行われる陸軍特別大演習の統監に付随する形で地方視察を続けています。これほど全国を頻繁に回った天皇は初めてでした。

しかも、明治天皇や大正天皇に比べると、行啓や行幸の形態が大きく変わりました。その変化を一言でいえば、第2章で触れたように、裕仁が訪れた各地で「君民一体」の空間が設定されたことです。二二年の北海道行啓からは、公会堂や運動場で旗行列や君が代斉唱、万歳三唱が行われるようになりました。さらに二五年の東北巡啓からは、中学校のグランドや練兵場などの「空き地」で女子生徒による奉迎歌の斉唱や、分列行進を伴う親閲式が行われるようになりました。皇太子や天皇が肉声を発する代わりに、臣民による下からの「奉仕」が、各地で大々的に繰り広げられるようになったわけです。

これもまた視覚的支配の一形態と呼ぶことができるでしょう。しかし臣民は、江戸時代や明治後期のように、支配者自身を見る代わりに駕籠や御召列車を見て、反射的に土下座や敬礼のような受け身の姿勢をとっているわけではありません。裕仁はどこでも身体をさらしており、皇太子や天皇の視線を意識しながら、万単位の臣民が積極的に一糸乱れぬパフォーマンスを演じて見せたのです。

万単位の臣民のなかには、選挙権をもたない女性や学生生徒、あるいは植民地の人々が数多く含まれていました。もし昭和天皇が、明治後期から大正期にかけての天皇と同様、陸軍特別大演習の統監を目的とする行幸だけを行っていたら、天皇は男性化した軍事的なシンボルでしかなかったでしょう。後述する植民地を含む地方視察を合わせて行うことによって性や年齢や民族の壁を超越し、文字どおり「万民」に君臨するようになるのです。

裕仁自身は、東京のほか、大阪や京都を訪れたときを除いて、公共の空間で基本的に肉声を発しませんでした。第2章で触れたように、君主が言葉を発するよりも、臣民が無言の君主の前でさまざまな「奉仕」を行うほうが、「君民一体」感は高まります。それだけではありません。君主の発する言葉は当然日本語であり、その言葉は日本語のわかる人々にしか理解されないのに対して、「奉仕」の一環としての敬礼や万歳、旗行列、歌の斉唱、分列行進などは、日本語の通じない人々にでもできるため、異民族が多く住む植民地における統治にも応用できるわけです(2)。二三年の台湾行啓を分析した政治学者の米原《よねはら》謙は、こう述べています。

実際に裕仁は、一九二三年に台湾を、二五年に樺太をそれぞれ訪れています。

> 咳ひとつない静まり返った空間で、多数の児童生徒が皇太子の存在だけを意識して、「起立」「気ヲ付ケ」「整列」「敬礼」「歌唱」などの動作をやりとげること、これが「国体」と呼ばれる秩序の理想的表現だった。〔中略〕執拗な訓練を通じて養われた規律と一体感こそが「一視同仁《いっしどうじん》」の具体的表現だったのである。
>
> (『国体論はなぜ生まれたか　明治国家の知の地形図』ミネルヴァ書房、二〇一五年)

「一視同仁」というのは、誰をも差別せず、すべての人を平等に見て一様に仁愛を施すことを意味し、植民地政策のスローガンとしてしばしば用いられました。日本人と台湾に住む異民族が分けへだてなく天皇の名代と一体になっていると感じることで、「一視同仁」が体感されるわけです。

こうして「国体」は、植民地でも視覚化されるようになりました。一九二五年に公布された治安維持法の第一条第一項には、「国体ヲ変革シ又ハ私有財産制度ヲ否認スルコトヲ目的トシテ結社ヲ組織シ又ハ情ヲ知リテ之ニ加入シタル者ハ十年以下ノ懲役又ハ禁錮ニ処ス」とあります。皇太子が植民地を含む全国を回った時期は、「国体」が法律用語として初めて登場する時期と重なっていたことがわかります。

4. 宮城前広場の政治性

第8章で触れたように、明治以降につくられた公共空間の一つとして、公園がありました。東京では公園が民衆運動の舞台となり、日比谷公園で日露戦争の講和条約に反対する日比谷焼き打ち事件が起こったり、上野公園でメーデーが行われたり、日比谷公園や芝公園、上野公園などで普通選挙の実施を求める大正デモクラシーの集会が開かれたりしました。ただし前述のように、日比谷公園は皇太子がヨーロッパから帰国した際の奉祝会の会場となったほか、上野公園も皇室の御料地だったため、明治から大正にかけて、天皇が出席するイベントがしばしば開催されました（丸山宏『近代日本公園史の研究』思文閣出版、一九九五年）。

ところが、二三年九月の関東大震災では宮城《きゅうじょう》（現・皇居）前広場に約三〇万人の罹災者が集まったことから、それまで「無用の長物」と呼ばれていたこの広場が浮上します。そして二四年六月に、皇太子裕仁と久邇宮良子《くにのみやながこ》（後の香淳皇后。一九〇三〜二〇〇〇）の結婚を祝う東京市主催の成婚奉祝会が開かれたのを機に、宮城前広場は上野公園に代わる天皇制の政治空間として浮上することになります(3)。

　昭和になると、宮城前広場の政治的重要性はますます高まります。第8章で触れたドイツの政治学者、ユルゲン・ハーバーマスにならっていえば、昭和天皇は宮城前広場を、「公衆の前で臨御する君主の人身によって、「或る不可視の存在を可視的にする」」、「代表的具現」の公共圏へと変えてゆくのです（『公共性の構造転換　市民社会の一カテゴリーについての探求』第2版、未來社、一九九四年）(4)。ハーバーマスのいう「或る不可視の存在」こそ、「国体」にほかなりません。

　宮城前広場では天皇の臨席のもと、万単位の臣民が集まる大規模な親閲式や、「紀元二千六百年式典」（一九四〇年一一月一〇日）をはじめとする記念式典などがしばしば行われるようになります。親閲式で天皇は身体をさらし、臣民はそのすぐ目の前を分列行進しました。臣民は一糸乱れぬ姿勢をとりながら「頭右《かしらみぎ》」の合図とともにいっせいに天皇を見ており、「君民一体」感が演出されたのです。

　一九三六年の二・二六事件には直接関与しなかったものの、当時の皇道派青年将校の一人だった大蔵栄一（一九〇三〜七九）は、三四年頃にあった彼らの会合を次のように回想しています。

> 天皇を雲の上にまつり上げて、雲の下では勝手なまねをしている現状が今日の日本である。これが妖雲だ。この妖雲を一日も早く切り開いて真の日本の姿を現出しなければならない――ということであった。〔中略〕

私らは東京における会合の席上で、よく話し合ったことがあった。

「妖雲を払い除いた暁は、天皇に二重橋の前にお出でいただいて、国民といっしょに天皇を胴上げしようではないか」

この気持ちは、私ら青年将校間の全部の、偽らざる気持ちであった。

（『二・二六事件への挽歌』読売新聞社、一九七一年。傍点引用者）。

二重橋というのは、言うまでもなく宮城前広場から見える正門鉄橋《てつばし》のことです。ここには青年将校にとっての、宮城前広場のあるべき姿がとらえられています。それはあながち幻想ではありませんでした。すでに親閲式を通して、天皇と臣民の間にある（と彼らが信じた）「妖雲」が取り払われ、「天皇を胴上げ」す

〔提供：朝日新聞社〕

図11－1　白馬に乗って二重橋に現れた天皇（1942年２月）

るための条件が整えられていたからです。彼らが国家改造運動に向かうのは、単に北一輝の著作から影響を受けたというだけでなく、昭和初期の宮城前広場の光景に触発された面もあったわけです。この点では、皇太子裕仁が帰国してからの光景に触発されて安田善次郎を暗殺し、超国家主義の源流をなした朝日平吾とも共通しています。

一九三七年七月に勃発した日中戦争により天皇の地方視察が中断され、地方での視覚的支配が不可能になると、宮城前広場は天皇が万単位の臣民の前に現れるほとんど唯一の政治空間となります。三八年一〇月の武漢三鎮占領や四二年二月のシンガポール陥落に際しては、天皇は白馬に乗って二重橋に現れるという、前例のないパフォーマンスを演じました（図11-1を参照）。親閲式では広場の台座に乗り、臣民に近づくことで「人間」を演出した天皇は、戦勝を祝う際には一転して二重橋という高みに白馬に乗って現れ、「神」として振る舞ったのです。こうしたパフォーマンスが広場に集まった人々に勝利の幻想を与え、天皇自身の意識をも呪縛していったのは想像に難くありません。

5. ドイツやイタリアとの違い

一九三〇年代に全体主義が台頭した国としては、日本のほかにナチス・ドイツとファシスト・イタリアがあります。けれども当時の日本とドイツやイタリアの間には、決定的といえるほどの違いがあります。

その違いは、アドルフ・ヒトラーやベニート・ムッソリーニ（一八八三〜一九四五）のような権力の簒奪者が日本に現れなかったというだけにとどまりません。建築と都市から違いに注目した建築史家の井上章一は、こう述べています。

ヨーロッパのファシズムやナチズムは、首都の都市改造に力をいれた。新しい街区をうみだし、新体制の力を見せつけようとしたのである。あるいは、ユートピア的な演出を、建築や都市でこころみたとも、評せよう。

イタリアでは、モダンデザインの新建築が、体制を宣伝する小道具に、しばしばなった。ドイツでは、都市建築が第三帝国様式で統制されだしている。体制の新しさ、偉大さは、建築にたくして、表現されていたのである。まあ、その規模は、ナチズムのほうが圧倒的に大きいが。

さて、日本である。「日本ファシズム」は、それらに類する都市建築を、ほとんど生みださなかった。人々にユートピア的な夢をあたえるような建築は、たてていない。

（『夢と魅惑の全体主義』文春新書、二〇〇六年）

井上の指摘は、次のように言い換えることができるでしょう。ドイツやイタリアの全体主義では、独裁者の権力によって都市に建築物が建てられ、政治空間が大きく変わりました。一方、大正末期以降の日本では、植民地を含めて、全国各地の運動場や練兵場、飛行場など、何もない既存の「空き地」が、皇太子や天皇が現れることで、にわかに政治空間になりました。宮城前広場も同様で、たとえ紀元二千六百年式典のような記念式典のために広場に仮宮殿を建てても、式典が終わればすぐに解体してしまい、永続的な建築物は建てられませんでした。天皇はせいぜい、二重橋という既存の橋を利用するだけでした。ファシズム化が進んだ昭和初期になっても、「人々にユートピア的な夢をあたえるような建築は、たてていない」のです。

第7章で触れたように、これは江戸時代に街道そのものが行列によって支配を視覚化するための政治空間へと早変わりしたことと共通します。こうした視覚的支配は、鉄道が発達する明治以降も継承されました。同様に、たとえ東京をはじめとする全国の都市が空襲され、建築物が破壊されても、「空き地」は各地に残り、一九四六年以降の戦後巡幸ではそうした空間で「君民一体」の光景が再現されました。天皇制はナチズムやファシズムと異なり、派手な建築に訴えなかったからこそ、空襲によって全国が焦土と化し、敗戦によって政治体制が大きく変わった占領期にあっても、国民の圧倒的な支持を得たともいえるのです。

もう一つ、ラジオの使い方にも違いがありました。ヒトラーは大衆集会での演説のほか、ラジオを積極的に活用し、大衆に向かってイデオロギーを吹き込もうとしました。その意味では、言葉（ロゴス）を中核とする古代ギリシア以来の西洋政治思想の伝統を忠実に踏襲していました（ジョージ・L・モッセ『大衆の国民化－ナチズムに至る政治シンボルと大衆文化』佐藤卓己・佐藤八寿子訳、柏書房、一九九四年および高田博行『ヒトラー演説』中公新書、二〇一四年）。一方、天皇は親閲式でも基本的に無言のままで、一九四〇年の紀元二千六百年式典のようにラジオで中継された場合でも、天皇が勅語を読み上げると無音になりました。四五年八月一五日の玉音放送まで、ラジオに天皇の肉声が流れることはありませんでした(5)。

6. 戦中期の「時間支配」

第7章で触れた「時間支配」は、あくまでも天皇が乗る御召列車の沿線でのみ成立するものでした。ところが一九一五（大正四）年と二八（昭和三）年に京都御所で行われた大正天皇と昭和天皇の即位礼（大礼）では全国レベルで導入され、それぞれ首相が高御座《たかみくら》の天皇に向かって万歳を叫んだ一一月一〇日の午後三時三〇分（大正大礼）と午後三時（昭和大礼）に、植民地を含む全国で臣民がいっせいに京都の天皇に向かって万歳を叫びました(6)。

　天皇を意識するものの、天皇の身体を媒介としないこうした支配は、三七年に日中戦争で中断された地方行幸における視覚的支配に代わり、日中戦争以降に大々的に導入され、日本の傀儡《かいらい》国家である「満洲国」を含めて年中行事化してゆきます。第3章で触れたように、当時の近衛文麿内閣が進めた国民精神総動員運動の一環として、祝祭日や記念日、あるいは天皇の伊勢神宮参拝や靖国神社臨時大祭などに「国民奉祝の時間」や「全国民黙禱時間」などが定められ、全国民がいっせいに黙禱や遥拝、あるいは万歳をすることが求められたのです。

　そのなかには天皇の伊勢神宮参拝や靖国神社臨時大祭のように、天皇自身も臣民と同じ時間に拝礼したり、黙禱したりする行事もありました。なお日中戦争が勃発した三七年には時差をなくし、「満洲国」を含めて時報を統一しています。

　時間支配というのは、国民全体が同時に同じ姿勢をとっていると想像することで成り立つ支配です。政治学者のベネディクト・アンダーソン（一九三六〜二〇一五）は、『増補　想像の共同体－ナショナリズムの起源と流行』（白石さや・白石隆訳、NTT出版、一九九七年）のなかで「国民は〔イメージとして心の中に〕想像されたものである。というのは、いかに小さな国民であろうと、これを構成する人々は、その大多数の同胞を知ることも、会うことも、あるいはかれらについて聞くこともなく、それでいてなお、ひとりひとりの心の中には、共同の聖餐《コミュニオン》のイメージが生きているからである」（傍○原文）と述べていますが、このような意味での「想像の共同体」が、日中戦争や太平洋戦争の進行とともに大日本帝国や「満洲国」全体で確立されました。

人々は新聞のほか、地域住民組織である隣組や町内会が発行する回報や回覧板で具体的な日付や時間を知ることになりました。回覧板には、例えば「紀元二千六百年元旦の興亜奉公日には、特に左のことを実行致しましょう。（イ）早朝必ず最寄の神社に参拝すること、（ロ）午前九時の『国民奉祝の時間』には、宮城遥拝並びに万歳奉唱を行うこと」と書かれていました。読んだ証拠としてハンコを押し、隣家に回すわけです。

財界人の朝倉毎人《つねと》（一八八二～一九七一）は、四二年四月二五日と一〇月一六日の靖国神社臨時大祭につき、日記にそれぞれ「午前十時十五分ニ全国一億ノ民草、陛下ノ御親拝ニ従ヒテ祈念拝礼ヲ為ス。此瞬間神国ナラデハ解シ得ザル神々敷《こうごうしき》心境ナリ」「午前十時十五分全国一斉ニ御親拝ニ相随フテ皆瞑目。英霊ヲ拝シ奉レリ。此ノ心此ノ一心アレバコソ我皇国ノ精神ハ天地ヲ貫キ八紘為宇《はっこういう》ノ拡充ヲ見ルベキナリ」と記しています（『朝倉毎人日記』昭和十五年七月－昭和十七年、山川出版社、一九八九年）。天皇と植民地や租借地、占領地などを含む大日本帝国、そして「満洲国」の臣民が、午前一〇時一五分という同じ時間に黙禱していると〈想像する〉ことにこそ、「君民一体」の「国体」を見いだしていたのです。

正確にいえば、一九三二年に成立した「満洲国」は少し異なります。「満洲国」は三四（康徳元）年に帝政に移行し、愛新覚羅溥儀（一九〇六～六七）が初代皇帝となりました。溥儀は天皇と異なり、日中戦争以降も地方巡幸を続けました。また日本の祝祭日や記念日などに「時間支配」が導入されたのは日本と同じでしたが、加えて建国節や万寿節（皇帝誕生日）など、「満洲国」独自の祝

表11－1　戦中期の「時間支配」一覧表

（1937～40年。1941年以降は前掲『増補版　可視化された帝国』を参照）

年	月	日	祝祭日･記念日の名称	時間の名称	時間	備考
1937	11	3	明治節	国民奉祝の時間	午前9時	
1938	1	1	四方拝	新年奉祝の時間	午前10時	
	2	11	紀元節	紀元節奉祝の時間	午前10時	
	3	10	陸軍記念日	全国民黙禱時間	正午	
	4	26	靖国神社臨時大祭	同	午前10時15分	
		29	天長節	天長節奉祝の時間	午前8時	
	5	27	海軍記念日	全国民黙禱時間	正午	
	7	7	支那事変一周年	同	正午	
	10	19	靖国神社臨時大祭	同	午前10時15分	
	11	3	明治節	国民奉祝の時間	午前9時	
1939	1	1	四方拝	同	午前10時	
	2	11	紀元節	同	午前9時	
	3	1	建国節	国民慶祝の時間	午前11時	満洲国のみ
		10	陸軍記念日	全国民黙禱時間	正午	
	4	25	靖国神社臨時大祭	同	午前10時15分	
		29	天長節	国民奉祝の時間	午前8時	
	5	27	海軍記念日	全国民黙禱時間	正午	
	7	7	支那事変二周年	同	正午	
	10	20	靖国神社臨時大祭	同	午前10時15分	
	11	3	明治節	国民奉祝の時間	午前9時	
1940	1	1	四方拝	同	午前9時	
	2	11	紀元節	同	午前9時	
	3	1	建国節	国民慶祝の時間	午前11時	満洲国のみ
		10	陸軍記念日	全国民黙禱時間	正午	
	4	3	神武天皇祭		午前9時	満洲国のみ
		25	靖国神社臨時大祭	全国民黙禱時間	午前10時30分	
	5	27	海軍記念日	同	正午	
	6	10	天皇伊勢神宮参拝	同	午前11時12分	
					午後1時54分	
		26	溥儀宮城訪問		午後2時	満洲国のみ
	7	3	溥儀伊勢神宮参拝		午後1時24分	満洲国のみ
		7	支那事変三周年	全国民黙禱時間	正午	
	10	7	兵隊さん有難う運動開幕	同	正午	
		18	靖国神社臨時大祭	全国民黙禱時間	午前10時15分	
	11	3	明治節	国民奉祝の時間	午前9時	
		10	紀元二千六百年式典	同	午前11時25分	

祭日にも同様の支配が貫かれました。つまり「満洲国」では、日本以上に「視覚的支配」と「時間支配」が併用されたのです。

どちらの支配も、皇帝自身が言葉を発するわけではありません。多民族国家を統治するのに、これほど都合のよい支配形態もなかったでしょう。後年、溥儀は「もっとも私を陶酔させたものは、『御臨幸』と『巡幸』だった」（『わが半生』下、ちくま文庫、一九九二年）と回想しているように、皇帝自身がこうした支配のとりこになっていました。おそらく「満洲国」ほど、日本で発明された言説化されない政治思想を徹底させようとした国家はなかったといってよいと思います。

第2章で触れたように、昭和天皇は終戦の詔書のなかで「朕ハ茲《ここ》ニ国体ヲ護持シ得テ忠良ナル爾《なんじ》臣民ノ赤誠ニ信倚《しんい》シ常ニ爾臣民ト共ニ在リ」と述べています。つまりポツダム宣言を受諾しても、「爾臣民ト共ニ在」る「国体」、すなわち「君民一体」の「国体」は護持されるとしたわけです。それが決して間違っていなかったことは、一九四六年から始まる戦後巡幸で証明されることになります。

注

（1）ただし、久野や橋川は超国家主義の発生を朝日平吾や北一輝といった個人の思想に還元する傾向があり、皇太子裕仁の登場に伴う天皇制の上からの再編という社会的側面にはあまり注意を払っていません。

（2）この最たる例が後述する「満洲国」です。皇帝溥儀は一九三八（康徳五）年から四三年にかけて積極的に地方を視察しましたが、各地で五族（日本人、満洲人、中国人、朝鮮人、蒙古人）や白系ロシア人による分列式や万歳がなされました。

（3）上野公園は震災直後の一九二四年に東京市に下賜され、上野恩賜公園となりました。

（4）ハーバーマスは「代表的具現」の公共圏を、第8章で触れた「市民的公共圏」の前段階として位置づけています。

（5）正確にいえば、一九二八年一二月三日の大礼観兵式で、意図せざる結果として天皇の肉声がラジオに流れたことがありました。竹山昭子『ラジオの時代　ラジオは茶の間の主役だった』（世界思想社、二〇〇二年）を参照。
（6）三七年に時報が統一されるまで、先島《さきしま》諸島以西の地方や台湾は一時間の時差があったので、それらの地方や台湾では午後二時三〇分と午後二時に万歳を叫んだことになります。

学習課題

1．明治以降の国家主義と大正期に台頭する超国家主義の違いについて考えてみよう。
2．ドイツのナチズム、イタリアのファシズムと昭和初期の天皇制との違いについてまとめてみよう。
3．なぜ植民地や「満洲国」では視覚的支配や時間支配が一層有効なのかについて考えてみよう。

参考文献

原武史『大正天皇』（朝日文庫、二〇一五年）
原武史『増補版　可視化された帝国』（みすず書房、二〇一一年）
原武史『完本　皇居前広場』（文春学藝ライブラリー、二〇一四年）
久野収・鶴見俊輔『現代日本の思想』（岩波新書、一九五六年）
中島岳志編『橋川文三セレクション』（岩波現代文庫、二〇一一年）
米原謙『国体論はなぜ生まれたのか　明治国家の知の地形図』（ミネルヴァ書房、二〇一五年）
井上章一『夢と魅惑の全体主義』（文春新書、二〇〇六年）
ジョージ・L・モッセ『大衆の国民化－ナチズムに至る政治シンボルと大衆文化』（佐藤卓己・佐藤八寿子訳、柏書房、一九九四年）
高田博行『ヒトラー演説』（中公新書、二〇一四年）

ベネディクト・アンダーソン『増補　想像の共同体―ナショナリズムの起源と流行』（白石さや・白石隆訳、NTT出版、一九九七年）

12 各論9・異端の諸思想

《目標&ポイント》 明治から昭和初期にかけて「異端」とされた思想の例として、キリスト教やマルクス主義、北一輝の「純正社会主義」、大本教団を率いた出口王仁三郎の神道思想について解説します。

《キーワード》 L正統、O正統、異端、不敬罪、治安維持法、北一輝、大本、出口王仁三郎、霊界物語、大東亜共栄圏

1. 正統と異端

丸山眞男は、江戸時代の朱子学者、山崎闇斎とその門人に関する論文「闇斎学と闇斎学派」（一九八〇年）のなかで、「正統」という概念について論じています。それによれば、正統には教義・世界観を中核とするorthodoxy（O正統）と、統治者または統治体系を主体とするlegitimacy（L正統）という二つの概念があります。orthodoxyに対立するのはheresyないしheterodoxyで、漢語では「異端」がそれに当たります(1)。

しかし「国体」という概念には、L正統はあっても、O正統はありませんでした。第2章で触れたように、丸山自身も「国体を特定の「学説」や「定義」で論理化することは、ただちにそれをイデオロギー的に限定し相対化する意味をもつからして、慎重に避けられた」（『日本の思想』岩波新

書、一九六一年）と述べています。つまり、「国体」は「万世一系」の天皇を統治の主体とする概念ではあっても、言説によって教義や世界観をはっきりと定義することができず、「君民一体」の空間を通して視覚化されることで身体ごと実感されるものであったがゆえに、潜在的にはあらゆる思想と両立し、無限に抱擁することのできる可能性をもっていたわけです。

このことは、「異端」がなかったことを意味するわけではありません。それどころか、近代天皇制が確立される明治初期から昭和初期に至るまで、「異端」として排斥されたり、不敬罪に問われたりした思想は絶えることがありませんでした。「それ〔国体〕は否定面においては――つまりひとたび反国体として断ぜられた内外の敵に対しては――きわめて明確峻烈な権力体として作用」（同）したのです。

では、近代天皇制のもとでは、どういう思想が「異端」と見なされるのでしょうか。大きく分けて、二つの場合が考えられます。その第一は、L正統そのものを否定する場合であり、第二は、L正統は否定しなくても、O正統に相当する教義を兼ね備えていたり、新たにO正統をつくり出そうとしたりする場合です。第一の代表例はマルクス主義、第二の代表例はキリスト教でした。

2. キリスト教とマルクス主義

丸山は、明治のキリスト教と大正末期からのマルクス主義が果たした役割に注目し、次のように述べています。

あらゆる哲学・宗教・学問を――相互に原理的に矛盾するものまで――「無限抱擁」してこれを精

神的経歴のなかに「平和共存」させる思想的「寛容」の伝統にとって唯一の異質的なものは、まさにそうした精神的雑居性の原理的否認を要請し、世界経験の論理的および価値的な整序を内面的に強制する思想であった。近代日本においてこうした意味をもって登場したのが、明治のキリスト教であり、大正末期からのマルクス主義にほかならない。つまりキリスト教とマルクス主義は究極的には正反対の立場に立つにもかかわらず、日本の知的風土においてはある共通した精神史的役割をになう運命をもったのである。（前掲『日本の思想』。傍点原文）

キリスト教には聖書、マルクス主義には『資本論』という、「世界経験の論理的および価値的な整序」があり、それをまるごと信じることで初めてキリスト教徒やマルクス主義者になることができたのです。この点でキリスト教とマルクス主義は、どちらも「異端」としての役割を担っていました。

しかし、両者には重大な違いがありました。キリスト教は、天皇制自体を否定しない代わりに、彼岸を通して此岸を相対化することで、天皇が絶対的な支配者ではないという論理を導き出しました。一方、マルクス主義は革命によって資本主義体制が社会主義体制へと移行することを主張しました。天皇こそは最大の地主であり、天皇制は歴史の法則によって必然的に崩壊するとしたのです。

無教会派のクリスチャンであった内村鑑三（一八六一〜一九三〇）は、一八九一（明治二四）年に第一高等中学校で「不敬事件」を起こしています。内村は、教育勅語における天皇の署名に敬礼することを拒んだのです。また日露戦争に際しては、幸徳秋水や堺利彦ら平民社に集まった明治社会主義者(2)とともに非戦論を唱え、国家目標より優越した価値に基づいて偏狭な愛国心を否定しました。しかし、すべてのクリスチャンが同じ考えだったわけではありません。東京の本郷教会を主宰していた海老名弾正《だんじょう》（一八五六〜一九三七）は、内村とは対照的に、「神の国」を建設するための手段として日露戦争を肯定しています（吉馴《よしなれ》明子『海老名弾正の政治思想』東京大学出版会、一九八二年を参照）。海老名にとっては、戦争の目的と彼岸が結びつくのです。

国家主義が強まる一九三〇年代になると、既成教団であるカトリックもプロテスタントも国策に迎合し、率先して神社への参拝を行うようになりました。国家に対する抵抗の姿勢を見せた数少ない例外としては、内村鑑三と同じ無教会派の矢内原忠雄（一八九三〜一九六一）らや、灯台社（ものみの塔聖書冊子協会日本支部。通称エホバの証人）の明石順三（一八八九〜一九六五）らが挙げられます。

特に後者は、キリスト教という「異端」に属するとともに、唯一神エホバを信仰し、独自の聖書を編纂する点でキリスト教それ自体のなかでも「異端」と見なされていましたが、徹底した平和主義に基づく兵役拒否の思想を崩すことはありませんでした。信徒は三三年と三九年にいっせいに検挙され、獄中で転向者や死者を出しながらも、明石順三は四五年まで抵抗の姿勢を続けました（稲垣真美『兵役を拒否した日本人―灯台社の戦時下抵抗』岩波新書、一九七二年）。

では、皇室とキリスト教は全く関係がなかったのでしょうか。そうではありません。昭和天皇は、皇太子だった一九二一（大正一〇）年七月一五日にローマ法王庁を訪れ、ベネディクト一五世（一八五四〜一九二二）から「カトリックの教理は確立した国体・政体の変更を許さない」「教徒の国家観念に対しては何ら懸念の必要はない」「将来日本帝国とカトリック教会と提携して進むこともたびたびあるべし」などと言われています（『昭和天皇実録』第三、東京書籍、二〇一五年）。要するに、カトリックはL正統を否定しないと強調されたわけです。天皇の神格化が強まったはずの戦中期には、昭和天皇の妃である香淳皇后が宮中でクリスチャンの野口幽香《ゆか》（一八六六～一九五〇）から定期的に聖書の講義を受けており、昭和天皇がこれを黙認しています（原武史『皇后考』講談社、二〇一五年）。

敗戦後の昭和天皇は、日本人に宗教心がなかったことを反省しています。神道は宗教としての資格がなかったことを、天皇自身が認めたのです。このため天皇は、占領期にフランス人のヨゼフ・フロジャック（一八八六～一九五九）やドイツ人で日本に帰化した聖園《みその》テレジア（一八九〇～一九六五）をはじめとするカトリックの信者にしばしば面会し、皇后とともに植村環《たまき》（一八九〇～一九八二）から聖書の講義を受けるようになります。

連合国軍最高司令官ダグラス・マッカーサー（一八八〇～一九六四）から退位を封じられた天皇は、もう一つの責任のとり方として、神道を捨てて改宗することを考えていたように見えます。ベネディクト一五世が強調したように、たとえ改宗してもL正統は変わらず、「国体」とキリスト教は両立するからです。天皇自身によるO正統樹立のための模索と見なすことも不可能ではないでしょう。結局、天皇が改宗することはありませんでしたが、昭和天皇のこうした姿勢は戦後の皇室とキリスト教の親和性の高さを示しています。

一方、マルクス主義は、それまでの社会主義思想とは異なり、体系性と実践的性格を兼ね備えていたため、ロシア革命直後に当たる大正後期、吉野作造の民本主義にとって代わるようにして瞬く間に流行しました。一九二二（大正一一）年には、世界革命を目指すコミンテルンの働きかけにより、堺利彦や山川均を中心として日本共産党が結党されています。共産党は二四年にいったん解党しますが、コミンテルンの指令で二六年に再建され、福本和夫（一八九四〜一九八三）が理論的指導者となりました。

しかし一九二七（昭和二）年には福本の路線が斥けられ、代わってまずは君主制廃止によるブルジョワ民主主義革命を目指す「二七年テーゼ」が採択されます。このように、ブルジョワ民主主義革命を経てから社会主義革命を目指す理論は「二段階革命方式」と呼ばれました。三二年には初めて「天皇制」という用語が登場し、「二七年テーゼ」を継承して天皇制廃止によるブルジョワ民主主義革命を目指す「三二年テーゼ」が採択されました。なお、ブルジョワ民主主義革命を経ず、いきなり社会主義革命を目指すのは、「一段階方式」と呼ばれました。

当時の政府は、共産党の活動に神経を尖らせていました。一九二五年に成立した治安維持法の第一条「国体ヲ変革シ又ハ私有財産制度ヲ否認スルコトヲ目的トシテ結社ヲ組織シ又ハ情ヲ知リテ之ニ加入シタル者ハ十年以下ノ懲役又ハ禁錮ニ処ス」は、共産党の弾圧を目的とするものでした。治安維持法は二八年に改正され、最高刑が死刑になりました。同年からは共産党に対する激しい弾圧が始まり、三三年には獄中で幹部の佐野学（一八九二〜一九五三）と鍋山貞親（一九〇一〜七九）が「転向」声明を出したことで、戦前の共産党は一気に瓦解へと向かいました。

マルクス主義はキリスト教とは異なり、L正統そのものを否定する思想であったため、皇室とは絶対に相いれませんでした。戦後の昭和天皇が最も恐れていたのも、内乱や革命にほかなりません。天皇は、客観的には内乱や革命の危険が去ったはずの一九七〇年代までずっとその幻影におびえ続けていたことが、『昭和天皇実録』から確認できます（原武史『「昭和天皇実録」を読む』岩波新書、二〇一五年）。

3. 北一輝と『国体論及び純正社会主義』

明治社会主義者たちは、「国体」を十分に批判することができませんでしたが、例外は北一輝です。北は、一九〇六（明治三九）年に刊行された大著『国体論及び純正社会主義』のなかで、第3章で触れた社会進化論の立場から、当時の世にはびこっていた「所謂《いわゆる》国体論」に痛烈な批判を加えています。

日本の憲法学者に於ては、国体を憲法論に於て論ずるは我が国体は如何なる国体か、即ち主権は何処に所在するかを決定せんが為めなりと云ふに其の解釈としては常に必ず、万世一系の我国体に於ては主権は天皇に在りと一貫す。是れ少しも解釈に非らず、万世一系の天皇に主権が所在するが故に主権は天皇に在りと云ふものなり。甲が年齢を問はれたるに乙と同じと答へ、更に乙を問はれて甲と同じと答ふる問答の循環なり。笑ふべきは法律学者のみに非らず、倫理学者にても哲学者にても、其の頭蓋骨《ずがいこつ》を横ざまに万世一系の一語に撃たれて悉く《ことごとく》白痴となる。

（『北一輝著作集』第一巻、みすず書房、一九五九年。原文は旧字体）

「万世一系」はL正統ではあっても、それだけでは「天皇に主権があるから主権は天皇にある」というだけのトートロジー（同義反復）に陥り、O正統たり得ない――こんなことすらわからず、「頭蓋骨を横ざまに万世一系の一語に撃たれて悉く白痴となる」学者たちを、弱冠二三歳の北は嘲笑しているのです。

北によれば、そもそもこのような「国体」に対する超歴史的なとらえ方自体が誤っています。なぜなら「国体」は、日本の歴史とともに二段階ないし三段階の進化を遂げてきたからです。古代の「君主国」、中世の「貴族国」（双方を合わせて「家長国」）を経て、明治維新以降、日本は「民主国」（「公民国家」）の時代に入りました。「民主国」ないし「公民国家」では主権が国家にあり、国家を構成する機関は「国民」と「天皇」へと大きく二極化されるのです。

こうした過激な内容を有する『国体論及び純正社会主義』は発売禁止になりました。しかし国家を構成する機関を「国民」と「天皇」に還元する思想は超国家主義の源流をなし、一九一九年に公表された『日本改造法案大綱』に受け継がれたことは第11章で触れたとおりです。自らの思想を「純正社会主義」と称した北一輝は、幸徳秋水や堺利彦らの明治社会主義者に近いところにいましたが、堺利彦のように、明治の唯物論的社会主義から大正のマルクス主義へと向かう流れとは一線を画すことになります。

丸山眞男と親交のあった思想家の竹内好《よしみ》（一九一〇〜七七）は、「共産党の綱領はコミンテルンから頂戴したものだが、北の国家改造のプログラムは、彼一個の頭脳の産物であった」と評価しています（「北一輝」、『竹内好全集』第八巻、筑摩書房、一九八〇年所収）。しかも、現実との緊張関係を失い、「理論信仰」に陥ってしまったマルクス主義とは異なり、北の思想は現実に影響を及ぼしました。「日本ファシズムの指導者は数少くないが、ともかくも一つの理論体系をもち、その理論が現実にはたらきかけたという点では、北がほとんど唯一の例ではないかと思う」（同）と竹内が述べたとおりです。

4. 異端の神道

キリスト教は「国体」のL正統を否定しなくても、O正統になり得たことはすでに触れました。しかしこのような宗教は、キリスト教に限られませんでした。国家神道へと行き着く流れとは異なる神道のなかにも、O正統を新たにつくろうとした「異端」が、明治から昭和にかけて現れたからです。

その発端となったのが、第5章で触れた出雲大社の千家尊福《せんげたかとみ》を中心とする「出雲派」でした。彼らは復古神道を大成した平田篤胤の思想を受け継ぎ、生前の世界である「顕明界」は天皇が治めているのに対して、死後の世界である「幽冥界」はオオクニヌシ（大国主神）が主宰しているとして、前者に対する後者の優位を主張しました。こうした主張が、対立する「伊勢派」から「吾国体ヲ乱ル者」と批判されたのです。まだ国家神道が確立されていない一八八〇（明治一三）年の段階で、早くも「反国体」のレッテルを張られていることに注目すべきでしょう。

祭神論争に敗れたことで、出雲派は国家神道との妥協を余儀なくされましたが、オオクニヌシの代わりに同じ出雲系の神であるスサノヲ（須佐之男命、素戔嗚尊）を中心とする神学を確立させたのが、出口なおの娘の出口すみ（一八八三～一九五二）と結婚して養子となり、なお亡きあとの大本教団を率いることになる出口王仁三郎でした。

第10章で触れたように、大本の開祖は出口なおです。なおは一八九二（明治二五）年に神がかり、筆先を書き始めましたが、神道の素養はありませんでした。一方、王仁三郎は早くから篤胤神学を学び、京都の皇典講究所に入学して神職の資格を得るなど、神道全般に精通していました。一九一八（大正七）年になおが死去したのに続いて二一年に第一次大本事件(3)が起こると、王仁三郎や英文学者の浅野和三郎（一八七四～一九三七）などの幹部がいっせいに検挙されましたが、王仁三郎は保釈されるや、筆先を漢字仮名まじり文にした『大本神諭』と並ぶ教典『霊界物語』全八一巻の口述を始めることになります。それは復古神道出雲派に代わる新たなO正統をつくり出すための試みだったというべきでしょう。

しかし『霊界物語』第十一巻（天声社、一九二二年）には、L正統すらも揺るがしかねない記述があります。

〔提供：朝日新聞社〕

図12－1　出口王仁三郎

> 今日は天照大御神の三代の日子番能邇々芸命《ひこほのににぎのみこと》が、〔中略〕我皇室の御先祖となり其後万世一系に此国をお治めになつてあるのでありますが、それより以前に於きましては、古事記によりますると須佐之男命が此国を知召《しろしめ》されたといふことは前の〔伊邪那岐《いざなぎ》〕大神の神勅を見ても明白な事実であります。

この解釈によれば、もともとはスサノヲが日本を治めるはずだったのに、アマテラスが孫のニニギ（日子番能邇々芸命）を降臨させて奪い取ったことになります。「万世一系」のイデオロギーそのものを否定しようとしているわけです。

その上で王仁三郎は、スサノヲを現界だけでなく、霊界全体を治める神として位置づけようとします。

瑞《みず》の御霊《みたま》の大神〔スサノヲ〕は大国常立大神《おおくにとこたちのおおかみ》を初め日の大神〔アマテラス〕、月の大神〔ツクヨミ〕其外一切の神権を一身にあつめて宇宙に神臨したまふのである。此大神は天上を統臨したまふと共に、中有界《ちゅううかい》、現界、地獄をも統御したまふは当然の理である事を思はねばならぬ。

（同第四十七巻、天声社、一九二四年）

復古神道出雲派の思想を受け継ぎながら、スサノヲの支配権は出雲派にとってのオオクニヌシに比べても、はるかに拡大していることがわかります。アマテラスや天皇に対するスサノヲの優位が確立されたのです。

『霊界物語』には、現実の事件に触発された「不敬」な記述もあります。一九二三（大正一二）年一二月二七日に皇太子裕仁が摂政として帝国議会の開院式に向かう途上、アナーキストの難波大助（一八九九～一九二四）に狙撃される虎ノ門事件が起こりましたが、翌月に王仁三郎は愛媛県の松山で第六十九巻の口述を行っています。そのなかで、国依別《くによりわけ》と末子姫という男女の神が、国の後継者をめぐって対話する場面があります。

末子「女が後を継ぐとは前代未聞では厶《ござ》いませぬか、養子でもせなくちやなりますまい。さうすれば万代不易の国司家は断絶するぢやありませぬか」
国依「三五教《あなないきょう》の教にも女の御世継が良いと示されてあるではないか。女の世継としておけば、腹から腹へ伝はつて行くのだから、其血統に少しも間違ひはない。若し男子の世継とすれば、一方の妻の方に於て、夫に知らさず第二の夫を拵《こしら》へてゐた場合、其生れた子は何方《どちら》の子か分らぬやうになつて来る。それだから却て女の方が確実だ（以下略）」（同第六十九巻、天声社、一九二五年）

国依別のいう「三五教」とは、大本自身を指しています。王仁三郎は「腹」、すなわち性という最もプライベートな視点から、大日本帝国憲法と旧皇室典範に定められた男系男子による皇位継承を原則とする「万世一系」の危うさを指摘しているのです。

この記述が、なぜ虎ノ門事件と関係しているのでしょうか。実は事件の直後から、不穏な噂が広まりました。東京在住の作家、永井荷風（一八七九～一九五九）は、難波が死刑に処せられた翌日に当たる一九二四年一一月一六日の日記『断腸亭日乗』で、欄外に「大助ハ社会主義者ニアラズ摂政宮演習ノ時其処《そこ》ノ旅館ニテ大助ガ許婚《いいなずけ》ノ女ヲ枕席ニ侍ラセタルヲ無念ニ思ヒ腹〔復〕讐ヲ思立チシナリト云フ」（『荷風全集』第二十一巻、岩波書店、一九九三年所収）と朱書きしています。なお、この噂は事件直後から大阪や広島、福岡、金沢にも広がっていたことが、難波の親戚に当たる国光家に養子にいった大塚有章《ゆうしょう》（一八九七～一九七六）によって確認されています（「難波大助の家族たち」、『文藝春秋』一九六七年六月号所収）。

皇太子裕仁は、事件前年の一一月、香川県で陸軍特別大演習を統監してから、松山で迎賓館として建てられた旅館（久松定謨《さだこと》別邸。現・萬翠荘《ばんすいそう》）に泊まっています。そして新嘗祭に当たる一一月二三日には終日こもり、ビリヤードや将棋に興じていたとされています（前掲『昭和天皇実録』第三）。王仁三郎が虎ノ門事件の翌月にわざわざ松山にやって来たのは、前述のような噂を意識している可能性があるのです。

　例えば、皇太子の相手をした女性に子供が生まれたとします。しかしその女性が、同時並行的に難波大助とも性関係をもっていた場合、生まれた子供が皇太子の子供なのか難波の子供なのか、直ちにはわからなくなります。反対に女性を皇太子にした場合、たとえほかにどういう男性と性関係をもとうが、生まれた女子に皇位を継がせてゆけば「其血統に少しも間違ひはない」――国依別が言外にほのめかしているのは、こういうことなのです。これもまた、L正統に対する批判として読みとれます。

　このように『霊界物語』は、『大本神諭』以上に「不敬」な内容に満ちていました。一九三五（昭和一〇）年一二月、王仁三郎や妻のすみらは、治安維持法違反と不敬罪の容疑で検挙されました。いわゆる第二次大本事件です。京都府の綾部と亀岡にあった本部の神殿は、ダイナマイトで爆破されました。

5. 無思想化の極限としての大東亜共栄圏

　日蓮正宗《しょうしゅう》の信者だった牧口常三郎《つねさぶろう》（一八七一～一九四四）と戸田城聖《じょうせい》（一九〇〇～五八）は、一九三〇年に創価学会の前身に当たる教育団体「創価教育学会」を設立します。創価教育学会は日蓮正宗の信仰に基づいて神社神道を批判し、伊勢神宮のお札である神宮大麻を祭ることを拒んだため、四三年七月に大本と同様、治安維持法違反並びに不敬罪の容疑で牧口、戸田ら幹部が逮捕されました。四四年に牧口は獄死しますが、四五年七月に戸田は出獄し、創価教育学会を創価学会と改めます。戦後も戦前の勢いを回復することができなかった大本とは対照的に、戦後の創価学会は戸田の指導により教勢を爆発的に拡大させてゆくことになります(4)。

太平洋戦争中には、政府により戦争の目的が「大東亜共栄圏」の建設にあると宣伝されました。けれども竹内好にいわせれば、大東亜共栄圏とは「アジア主義をふくめて一切の「思想」を圧殺した上に成り立った擬似思想」（「日本のアジア主義」、前掲『竹内好全集』第八巻所収）にほかなりませんでした。「（戦前の）思想の圧殺は、左翼思想からはじまって、自由主義に及び、次第に右翼も対象にされた。中野正剛《せいごう》の東方会も、石原莞爾の東亜連盟も弾圧された。これらの比較的にはアジア主義的な思想を弾圧することによって共栄圏思想は成立したのであるから、それは見方によってはアジア主義の無思想化の極限状況ともいえる」（同）のです。O正統となり得るすべての思想が弾圧の対象となったといってもよいでしょう。

一九四〇（昭和一五）年には、近衛文麿内閣のもとで地域の最小単位として隣組が整備されました。前章で記した「国民奉祝の時間」や「全国民黙禱時間」は、隣組の回覧板によって周知徹底されました。こうして末端における住民どうしの自主的な相互監視体制が強まるなか、言説化されないがゆえにO正統にはなり得ない「時間支配」が、大東亜共栄圏全体に浸透していったのです。

注

（1） 戦後の丸山は、約三〇年にわたって「正統と異端」をめぐる研究会を続けてきました。詳しくは『丸山眞男

集　別集』第四巻および第五巻（岩波書店、二〇一七年）を参照。

（2）明治社会主義というのは、大正期にマルクス主義が主流になる以前の初期社会主義のことで、キリスト教社会主義と唯物論的社会主義に大きく分かれ、さらに後者は幸徳秋水らの直接行動派と片山潜（一八五九〜一九三三）らの議会政策派に分裂するなど、多種多様な流れが混在していました。最近の研究として、梅森直之『初期社会主義の地形学《トポグラフィー》』（有志舎、二〇一六年）を参照。

（3）なおの筆先に基づき、近い将来における「立替え立直し」が訪れ、その暁には世界が天皇を中心として一つになるとする「大正維新」の到来を予言したことが新聞紙法違反と不敬罪に問われ、幹部がいっせいに検挙された事件。この事件を機に浅野和三郎らは大本を離れ、王仁三郎の主導権が確立されました。

（4）創価学会では、牧口を初代会長、戸田を二代会長と呼んでいます。三代会長となった池田大作は、戸田が出獄してからの創価学会の歩みを『人間革命』全一二巻（聖教ワイド文庫、二〇一三年）に描いています。

学習課題

1. 近代日本の政治思想史でキリスト教とマルクス主義が果たした役割の共通点と相違点についてまとめてみよう。
2. 『国体論及び純正社会主義』から『日本改造法案大綱』へと至る北一輝の政治思想についてまとめてみよう。
3. なぜ大本は大正と昭和の二度にわたり弾圧されたのかについて考えてみよう。

参考文献

丸山眞男「闇斎と闇斎学派」（『丸山眞男集』第十一巻、岩波書店、一九九六年所収）

丸山眞男『日本の思想』（岩波新書、一九六一年）
『昭和天皇実録』第三（東京書籍、二〇一五年）
原武史『皇后考』（講談社学術文庫、二〇一七年）
原武史『〈出雲〉という思想』（講談社学術文庫、二〇〇一年）
『北一輝著作集』第一巻（みすず書房、一九五九年）
出口王仁三郎『霊界物語』第十一巻、第四十七巻、第六十九巻（天声社、一九二二年、一九二四年、一九二五年）
『竹内好全集』第八巻（筑摩書房、一九八〇年）
『丸山眞男集別集第四巻　正統と異端一』（岩波書店、二〇一八年）

13 各論10・戦後の「アメリカ化」

《目標&ポイント》 戦後、アメリカは日本国憲法に代表される上からの民主化を進める一方、独立回復後も安保体制のもとで米軍が駐留し続けました。両義性をはらむ「アメリカ化」に対する反応を通して、民主主義の定着過程を概観します。

《キーワード》 マッカーサー、丸山眞男、庶民大学三島教室、小林一三、新茶道、朝鮮戦争、国立文教地区、原水禁運動、六〇年安保闘争

1. マッカーサーと天皇

敗戦から一カ月あまり後の一九四五（昭和二〇）年九月二七日、東京のアメリカ大使館で昭和天皇とマッカーサーは初めて会い、第一回会談を行いました。会談前には写真が撮影され、二九日の新聞に掲載されました。この写真について、作家の大江健三郎は小説『取り替え子』で、「リーダー」と呼ばれる人物にこう言わせています。

日本の敗戦から、被占領の全期間における、アメリカと日本の関係を「象徴」するものとして、一枚の写真が永遠に残る。昭和二十年九月二十七日、アメリカ大使館において、両腰に手を置いた明るい色のシャツとズボンのマッカーサー元帥と、黒い礼服で直立する天皇陛下。天皇が神と

して復活する日がもう決して来ぬことを、それは日本人に刻印する。(『取り替え子《チェンジリング》』講談社文庫、二〇〇四年)

一九二一(大正一〇)年の訪欧以来、昭和天皇は生身の身体を大々的にさらしてきました。昭和になると宮城前広場にたびたび現れ、二重橋で白馬に乗る姿をさらすことで、「神」としての天皇像を演出してきました。それは第4章で触れたような、江戸時代以来の視覚的支配を受け継ぐものでもありました。

ところが、その支配はたった一枚の写真によって覆りました。視覚に頼った支配が視覚そのものによって否定されたのです。歴史学者のジョン・ダワーは、「どちらがより大きな権力をもっているかは一目瞭然であった。マッカーサー最高司令官はカーキ色の開襟シャツに勲章もつけず、両手を腰にあて、少しだけひじを張って、気楽といっていいような姿勢で立っており、しかも天皇を見下ろすような長身であった。他方、司令官の左に立つ天皇は、礼装のモーニング姿で緊張して立っている」と述べています(『敗北を抱きしめて』下、三浦陽一他訳、岩波書店、二〇〇一年)。

〔提供:朝日新聞社〕

図13ー1　マッカーサーと昭和天皇

米軍を主体とする連合国軍は、日本の非軍事化と民主化を進める一方、解体された陸海軍に代わる軍隊を東京をはじめとする全国各地に進駐させました。つまり戦後の「アメリカ化」とは、民主化と米軍の駐留という、必ずしも相いれない二つの側面で展開されていったのです。

占領期に後者の側面を象徴したのが、宮城（一九四八年七月より皇居と改称）前広場における米軍のパレードです。戦前には昭和天皇の親閲式や記念式典が行われた広場を、今度は米軍が何度も利用し、天皇に代わってマッカーサーや第八軍司令官のロバート・アイケルバーガー（一八八六～一九六一）が観閲台に立つようになるのです。こうした変化に対して、公職追放処分を受けていた徳富蘇峰は、四六（昭和二一）年五月一一日の日記で次のように嘆いています。

宮城前といえば、昨年迄は我等にとつて、極めて神聖の場所と、考えられていた。〔中略〕しかるにこの宮城前の広場は、今日如何に使用せられつつあるか。思いも寄らぬ外国兵の分列式を行うやら、調練をするやら、若くは将官歓迎の式場に使用するやら、殆ど御濠を隔てたる内には、今上天皇が在《い》ます事を、無視しているかの如き状態である。

（『徳富蘇峰　終戦後日記Ⅱ―「頑蘇夢物語」続篇』講談社、二〇〇六年）

しかし、蘇峰のように米軍に対して露骨な嫌悪感を表明した日本人は、ごく少数にすぎませんでした。連合国軍の進駐に対する日本人の抵抗や反乱は、全国的に見ても全くといってよいほどなかったのです(1)。その背景には第3章で触れたような、敗戦による変化を「自然の趨勢」と見なして素直に受け入れる政治風土があったように思われます。

この当時、多くの日本人にとってアメリカとは、日本軍に代わって君臨する恐るべき軍事大国ではなく、民主化を進める信頼すべき国と考えられていました。次章で触れる日本共産党ですら、当初は獄中から解放してくれた米軍を「解放軍」と見なしていたのです。

民主化の眼目は、言うまでもなく憲法改正でした。けれども一九四六年二月七日、昭和天皇は国務大臣の松本烝治《じょうじ》（一八七七〜一九五四）が主体となって作成した大日本帝国憲法の改正私案（憲法改正要綱。いわゆる松本試案）に対して、大日本帝国憲法と全く変わらない第一条と第四条を統合することを提案していたように、憲法の条文そのものを基本的に変える必要を感じていなかったように見えます（『昭和天皇実録』第十、東京書籍、二〇一七年）。天皇には、第一条に規定された「万世一系」に対する揺るぎない確信があったのです。

松本試案はGHQ（連合国軍最高司令官総司令部）によって却下され、代わってマッカーサー草案（GHQ草案）が作成されます。これが日本国憲法につながるわけです。天皇の弟の高松宮（宣仁《のぶひと》親王、一九〇五〜八七）は、「新憲法草案は主権在民がはっきりしすぎており賛成しかねる」と述べています（同）。しかし天皇は、四六年一〇月一六日に行われたマッカーサーとの第二回会談で、新憲法につき謝意を伝えています。天皇制が維持されたことで、「国体」は保たれたと解釈したからでしょう。

昭和天皇は、民主主義がアメリカから与えられたとは考えませんでした。一九四六（昭和二一）年一月一日、天皇は五箇条の御誓文を引用し、「叡旨《えいし》公明正大、又何ヲカ加ヘン。朕ハ茲《ここ》ニ誓ヲ新ニシテ国運ヲ開カント欲ス。須《すべか》ラク此ノ御趣旨ニ則《のっと》リ、旧来ノ陋習《ろうしゅう》ヲ去リ、民意ヲ暢達《ちょうたつ》シ、官民挙ゲテ平和主義ニ徹シ、教養豊カニ文化ヲ築キ、以テ民主ノ向上ヲ図リ、新日本ヲ建設スベシ」とする詔書を発表しています（同）。一九七七年八月、天皇はこの詔書に触れながら、民主主義は輸入のものではなく明治天皇が採用し、五箇条の御誓文に記したと述べています（『昭和天皇実録』昭和五十二年八月二十三日条）。つまり天皇にいわせれば、日本国憲法もまた五箇条の御誓文を受け継いでいるわけです。

2.「下からの民主主義」の試み1――丸山眞男の場合

敗戦後、一般市民はGHQによって民主主義が「上」から与えられるのをただ待っていたわけではありませんでした。彼らはいち早く時代の変化を察し、自発的に民主主義とは何かを学ぼうとして、知識人を招いて勉強会を開きました。静岡県三島市で開かれた「庶民大学三島教室」もその一つです。一九四五（昭和二〇）年一〇月から準備が始まり、四六年二月に開設されたこの教室には、東京から丸山眞男や法学者の川島武宜《たけよし》（一九〇九～九二）、社会学者の清水幾太郎《いくたろう》（一九〇七～八八）らが招かれています。丸山は、当時の模様をこう回想しています。

聴衆は、ぽつぽつ帰ってきた学徒も少しはいましたけれど、大体は普通の労働者や主婦でした。そのときの民衆の真剣な表情、質問はほとんど想像を絶しますね。つまり、いままでの価値体系が一挙に崩れ、皇国とか神州不滅とか、それまで教えられたことがすべて通用しなくなってしまった。まったくの方向感覚の喪失なんです。

民主主義といったって、なんのことか分らないですから、まず民主主義とはどういうことなのかから話を始めるんですけど、庶民は決して知ったかぶりはせずに、分らないことは分らないとはっきりいう。ぼくは米屋の二階に泊まっていたんですが、話が終わってから、米屋のご主人が二階に上がってきて、さっきの話のつづきですがといって、しばらく話をしていると、「あっ、いまの言葉はいただきました」という（笑）。いただきましたというのは、頭でなく体で分ったということなんですね。

（「戦後民主主義の「原点」」、『丸山眞男集』第十五巻、岩波書店、一九九六年所収）

アメリカという絶対的権力が介在しているかいないかという違いはあるにせよ、ここには第8章で触れたような、明治初期の民権結社との連続性が見られます。横井小楠のいう「人々相互之講習討論」による「公論」の形成が萌芽的に見られたといってもよいでしょう。丸山自身も、「民主主義の「啓蒙」運動は三島だけでなく、全国にあったんです。／僕はそういう雰囲気の中にあって、明治維新のときを追体験した気がしました」（同）と述べています。

おそらく丸山は、このとき初めて女性を含む不特定多数の大衆と本格的に触れる機会をもったと思われます(2)。しかし丸山が庶民大学三島教室の講師をつとめたのは、前身の三島文化協会を含めても三回だけでした。もちろん講師が大衆から教えられる面もないわけではありませんでしたが、「啓蒙」という言葉が暗示するように、知識人が（無知な）大衆を教え導く関係は厳然と存在していました。後に評論家の吉本隆明（一九二四〜二〇一二）は、丸山を次のように批判することになります。

大衆はそれ自体として生きている。天皇制によってでもなく、理念によってでもなく、それ自体として生きている。それから出発しない大衆のイメージは、すべて仮構のイメージとなる。ほんとうは、大衆の日本的な存在様式の変遷如何として設定されなければならないもんだいを、支配ヒエラルキイが思想的に天皇制から、ブルジョワ民主主義に変った（あるいは変りつつある）から、大衆的な課題は、民主主義の擁護または確立にあるといった仮構のイメージで捉えることになる。（「丸山真男論」、『吉本隆明全著作集』12、勁草書房、一九六九年所収。傍点原文）

吉本隆明にいわせれば、丸山には大衆の真の姿が見えていませんでした。大衆を民主化の対象として客体的に見るのではなく、大衆それ自体を見なければならないというのです。吉本の批判を受け入れると、大衆と（西洋由来の）民主主義はあたかも水と油のような関係になり、戦後のアメリカ化に呼応する「下からの民主主義」の試み自体が間違っていたという結論にもなりかねません。

庶民大学三島教室のような自発的な勉強会は、占領政策の一環として教育改革が進むにつれ、廃れてゆきました。民主主義の教育は、もっぱら制度化された学校が担うことになるからです。けれども敗戦直後、大衆自身が米軍を主体とする連合国軍による占領という「大勢」に順応し、民主主義を積極的に受容しようとしたことはまぎれもない事実でした。そして占領期には、丸山とは全く違う方法で大衆に根差した民主主義を根づかせようと考えた財界人もいました。第9章で触れた小林一三です。

3.「下からの民主主義」の試み2 ― 小林一三の場合

小林一三は、第二次近衛文麿内閣で商工大臣を務めたことから、一九四六年から五一年にかけて公職追放の処分を受けましたが、占領期の日本は戦前同様、「官」が大きな権力をもち、「依然として官僚の陣営によって政治をしやうといふ旧式の枠内を出づることが出来ないから困る」(「小林一三日記」一九四七年七月一日条、『小林一三日記』二、阪急電鉄、一九九二年所収)と考えていました。「官僚を討滅してほんとうの民主々義の政治を実行せんとする為めには我々が選んだ知事市長を我々の思ふ通りに動かさなくては駄目」(同)なのに、「官僚達は今以て「これはマッカーサーの指令でどうすることも出来ない」と其責任を米国に押付けんとする」(同)のはおかしいともいっています。こうした文章を見るかぎり、戦後の「アメリカ化」が戦前以来の「官」の優位を改めてくれることを期待していたようにも見えます。

しかし小林一三にとって、「アメリカ化」は両義性をはらむものとしてとらえられました。小林は、GHQによる占領統治を平和と自由、民主主義の観点から基本的に評価する一方、「無闇に個人主義の悪い方面のみが横行し、教育の方針も亦変更されてその帰着点がはっきりしない」ことに危惧の念を抱いていました(『新茶道』文藝春秋新社、一九五一年)。

その背景には、戦争が「個人主義の悪い方面」を加速させたという認識がありました。「個人としては人情深く、礼儀の厚い国民であるとしても、社会性を持つ立場に於ては、余りに個人本位であるといふ非難を受けるのは、公共的生活に慣れない事と其の訓練が足らない事に原因するのであると思ふ」(「二つ覚えの話」、『雅俗三昧』雅俗山荘、一九四六年所収)。したがって、アメリカの民主主義をただ受容して個人の自由を認めるだけでは、戦争によって促進された悪しき「個人主義」がますます加速してしまうことを、小林は心配していたのです。

このとき、小林が着目していたのが、戦中期から公職追放処分を受けた占領期にかけてのめり込んでいた茶道でした。小林は、茶道が一般国民の生活から遊離し、茶碗や炭斗《すみとり》が何万円といったお

〔提供：阪急文化財団〕
図13－２　茶を点てる小林一三

金の話ばかりになってしまった現状を厳しく批判しました。そして、仏教を大衆化した親鸞（一一七三～一二六二）のように茶道を大衆化するには、茶道を家庭生活のなかに浸透させなければならないと考えました。「お茶が小さいお茶席から出発して大衆に支持せられるやうになり、自然に公共性を帯ぶるやうになつて来る」（同）ならば、「個人本位」の態度も改まるとしたのです。

小林は、自ら提唱した茶道を「新茶道」と名づけ、こう述べています。

何故、私はお茶を大衆生活に持込み、国民日常の行儀作法に利用せんとするかといへば、お茶はビタミンC満点で食事衛生に利益あること、行儀作法が謙譲美徳、例へば仮に小さい問題を採上げて見ても、電車に乗る時、喧嘩腰で入口で先を争ふが如き醜態を演ずることは自然になくなるし、公徳心は発達する。無駄を省き、質素倹約の生活を楽しむことが出来る。すべてかういふ問題は、書物によつて、説教によつて、学校に於て、或は家庭に於て、充分に説明し納得する事は出来るとしても、只それだけではこれを実行に移す機会が、《ママ》ないから、勢ひその結果は空論に終り勝ちになるものである。若しこれらの精神を具体化し、実地に現示し得るとすれば、それこそ茶道唯一の行為であるから、茶道の普及こそ、日本国民の生活を向上安泰ならしむる有益な方法と確信するのである。

（前掲『新茶道』）

このような茶道論をもとに、小林は新しい「茶道の普及」を図るべく、『茶道読本』という教科書をいち早く完成させ、茶道師範という職種をつくり、学校ではなく神社や寺院を寺子屋式の道場として活用すべきだとしています。それはおそらく、学校のように「生徒」が茶道師範からただ知識を与えられるだけの受動的な対象となることを避けたかったからでしょう。誤解を恐れずにいえば、民主主義を単なる観念的な空論としてではなく、儒教でいうところの「礼楽」として身体化することが目指されているのです。

小林によれば、日本国民は今後、三つの段階を経ることになります。現在は「憐みを受けている国民」、次は「可愛がられる国民」、そして最後に「尊敬せられる国民」となったとき、初めて完全なる独立国家として認められるのです。新茶道は、独立した「文化国家」の礎となるべきだというのです。こうした独立に対する考え方には、福澤諭吉からの影響があると思われます。

小林には、アメリカから与えられた民主主義を、大衆に根差した日本の「伝統」といかに接合させるかという、丸山にはない問題意識がありました。学者の丸山とは異なり、阪急の創業者として大衆を意識したアイデアを次々に実行に移してきた小林には、それだけ大衆の顔がよく見えていたといえるかもしれません。ただし、小林の民主主義論にも問題がないわけではありません。新茶道を国民に定着させることで、公共心や公徳心は身につくかもしれませんが、個人に根差した人権意識は本当に根づくのかという問題です。そちらは主に学校が担うべきだと解釈することもできなくはありませんが、小林はこれについては積極的に述べていません。

現実の戦後日本は、小林が理想とする「文化国家」ではなく、「経済大国」への道を歩むことになります。小林が提唱した新茶道は、茶道界でも一顧だにされませんでした。戦後の茶道は圧倒的に女性の稽古事となり、結婚前に不可欠な「作法」として認知されることになります（加藤恵津子『〈お茶〉はなぜ女のものになったか　茶道から見る戦後の家族』紀伊國屋書店、二〇〇四年）。

4. 反米としての民主主義――中央線沿線を中心として

一九五〇（昭和二五）年六月に朝鮮戦争が勃発すると、国内の米軍基地に従来にも増して多くの米軍兵が進駐するようになりました。また五一年九月にはサンフランシスコ平和条約が調印されたのと同じ日に日米安全保障条約が結ばれたことで、独立回復後も米軍が駐留を続ける安保体制が確立されます。

これにより、もう一つの「アメリカ化」というべき現象が生まれました。米軍基地があった東京都立川市では、米軍兵の相手をする日本人女性（いわゆるパンパンガール）が街にあふれ、風紀が乱れました。ある中学三年生は、「……道路上では、私たちが、目をそむけなければならないような行為が、公然と、しかも真昼からおこなわれている。女を抱いたり、おぶったり……。〔中略〕夜ともなれば、ホテルのまわりで騒ぐ彼らの痴態を見る時、私たちは自分自身がけがれてゆくような気持になる」と記しています（『東京百年史』第六巻、東京都、一九七二年）。

こうした風紀の乱れは、立川市に隣接し、大正末期から学園都市として計画的に開発が進んだ北多摩郡国立《くにたち》町（現・国立市）にも及んできました。子供への影響を心配する母親たちにより、五一年五月に「国立町浄化運動期成同志会」が結成されると、地元の学生や教職員も加わって浄化運動が繰り広げられ、五二年には町の三分の一が「文教地区」に指定されました（『国立市史』下巻、国立市、一九九〇年）。この運動をきっかけとして、国立では青年たちの会である「土曜会」、女性たちの会である「くにたち婦人の会」、町の政治や財政を勉強する母親たちの会である「火曜会」などの団体がつくられ、五五年には公民館が開館するなど、学習会が活発に開かれました。GHQが進めた民主化よりはむしろ駐留し続ける米軍によって、親米的というよりはむしろ反米的な性格をもつ下からの民主主義が根づいていったのです。

しかし、地域自治を目指す民主主義自体はアメリカ的なものでした。フランス人思想家のトクヴィルは、『アメリカのデモクラシー』第一巻上（松本礼二訳、岩波文庫、二〇〇五年）で米国東海岸ニューイングランドのタウンと呼ばれる地域共同体を取り上げ、「住民はタウンに野心と将来をかけ、自治活動の一つ一つに関わり、手近にあるこの限られた領域で社会を始めようとする」と述べていますが、この指摘は国立町にも当てはまります。皮肉にも米軍基地の存在が、日本で最もアメリカ的な民主主義を生み出したわけです。

一九五四年三月には、米軍が太平洋のビキニ環礁で行った水爆実験で第五福竜丸が被曝したのを機に、原水爆禁止運動（原水禁運動）が起こりました。杉並区立公民館の館長で国際法学者の安井郁《かおる》（一九〇七～八〇）を中心に、地元の母親たちにより「水爆禁止署名運動杉並協議会」が結成され、杉並区を拠点として組織的な署名運動が全国規模で展開されたのです。そして原爆投下からちょうど十年に当たる五五年八月六日には、広島で第一回原水禁世界大会が開かれました（原武史『レッドアローとスターハウス　もうひとつの戦後思想史　増補新版』新潮選書、二〇一九年）。

原水禁運動とほぼ並行して、立川の米軍基地を北多摩郡砂川町（現・立川市）に拡張させる計画に反対する、いわゆる砂川闘争も始まりました。砂川町では地元住民が立ち上がり、「基地拡張反対同盟」が結成されましたが、ベッドタウンとして発展しつつあった国立町や杉並区とは異なり、住民は農民が主体でした。しかし国立町や杉並区の運動同様、反米的な性格は共通していました。この闘争は地元農民の勝利に終わり、立川基地拡張計画は中止に追い込まれました。

ここで取り上げた住民運動は、立川市に隣接する砂川町を含めて、いずれも国鉄（現・JR）中央線の沿線で起こっています。この沿線は関東大震災の後に宅地化されたところが多く、国立もちょうどそのころに学園都市として開発されました。それ以降、中央線沿線には大学が次々に建てられ、政治家や文化人、学生が多く住むようになり、特定の政党の地盤にならない無党派的ないし超党派的な政治風土が育まれました。この点は、次章で取り上げる西武沿線とは対照的です。

5．六〇年安保闘争

戦後の民主主義で一つのピークとなったのが、六〇年安保闘争でした。前節で取り上げた反米運動が頂点に達した闘争でもありました。

闘争のきっかけとなったのは、アメリカに日本防衛の義務規定がなく、日本が一方的に基地を提供する内容をもった日米安全保障条約を改定し、アメリカに日本防衛の義務を課す代わりに、日本は国内の米軍基地が攻撃された場合にも日本が攻撃されたものと見なして対応できるようにすることで、より対等な条約に近づけようとする自民党の岸信介内閣の政治姿勢にありました。連合国軍からA級戦犯の被疑者として逮捕された岸信介（一八九六～一九八七）には改憲と核を含む再軍備によるアメリカからの自立という目標がありましたが、多くの国民には安保改定は日本の対米従属をより強め、戦争に巻き込まれる危険性を高くするものと映ったのです。

このため、野党の日本社会党や日本共産党のほか、丸山眞男や竹内好、清水幾太郎など中央線沿線に住んでいた学者や、次章で触れる新左翼、そして後述する無党派市民団体が反対の声を上げました。にもかかわらず、岸首相は六〇年五月一九日から二〇日にかけて警官隊を衆議院に導入し、二〇日未明、新安保条約承認の強行採決に踏み切りました。この強行採決に対して、丸山が「もし私たちが、十九日から二十日にかけての夜の事態を認めるならば、それは、権力がもし欲すれば何事も強行できるということ、つまり万能であることを認めることになります。権力が万能であることを認めながら、同時に民主主義を認めることはできません」（「選択のとき」、『丸山眞男集』第八巻、一九九六年所収）と述べるなど、反対闘争は一気に燃え広がりました。闘争の主な舞台となったのは、占領期にしばしば使われた皇居前広場ではなく、国会前の道路でした(3)。このときは国会前の道路が歩行者に開放されることで、道路が広場としての役割を果たしたと見ることもできます。

六〇年安保闘争では、数多くの無党派市民団体が生まれました。なかでも最大の組織は、画家の小林トミ（一九三〇〜二〇〇三）や哲学者の鶴見俊輔《しゅんすけ》（一九二二〜二〇一五）、政治学者の高畠通敏《みちとし》（一九三三〜二〇〇四）らによって結成された「声なき声の会」でした。歴史社会学者の小熊英二が指摘するように、このとき初めて市民という言葉が積極的に用いられたのです（『〈民主〉と〈愛国〉　戦後日本のナショナリズムと公共性』新曜社、二〇〇二年）。中央線沿線でも、前述した国立や杉並のほか、武蔵野、三鷹、小金井、日野で次々と市民団体ができています。

しかし、強行採決から三〇日が経過した六月一九日には新安保条約が自然成立し、七月に岸内閣が退陣すると、闘争は急速に終息へと向かいました。条約がいったん成立してしまうと、多くの国民の目には安保改定が動かしがたい既成事実として映ったからです。第3章で触れた「なる」の論理が浸透していったといってもよいでしょう(4)。一一月二〇日の衆議院議員総選挙では、自民党が二八七から二九六へと議席を増やす一方、日本社会党は右派が民主社会党として独立した影響もあり、一六六から一四五へと議席を減らしました。確かに六〇年安保闘争は、岸内閣を退陣させ、自民党が掲げていた改憲や再軍備を封じ込める成果を挙げましたが、一党優位の政党政治が変わることはありませんでした。

岸内閣を受け継いだ池田勇人内閣は、所得倍増をスローガンとして掲げ、政治から経済へと政策の力点を転換しました。実際に六〇年代には高度成長が続くなかで都市化やモータリゼーションが進み、高速道路やスーパーマーケット、ショッピングセンターが各地に建設されるなど、インフラのアメリカ化が進みました。

他方で一九六五（昭和四〇）年から米軍による北ベトナムへの爆撃（いわゆる北爆）が本格化すると、声なき声の会を母体として、作家の小田実《まこと》（一九三二～二〇〇七）を代表とする「ベトナムに平和を！市民文化団体連合」（後に「ベトナムに平和を！市民連合」と改称。略称はベ平連）が結成され、米軍基地を提供している日本もまたベトナム戦争に加担していることが糾弾されました。確かに六〇年安保闘争以降、「社会の雰囲気は一変し、対米従属の問題は、いよいよ後景に退き、見えにくくなっていく」（加藤典洋《のりひろ》『戦後入門』ちくま新書、二〇一五年）にしても、人々の間に反米意識が消えたわけではなかったのです。この反米意識は、次章で触れる戦後の「ソ連化」とも無関係ではありませんでした。

注

（1）逆に小説では、敗戦直後に日本人が連合国軍に対する反乱を計画したり、実行したりする場面が描かれるようになります。高橋和巳《かずみ》『邪宗門』下（河出文庫、二〇一四年）や前掲『取り替え子』などを参照。

（2）丸山自身が「民衆と接触したという意味での僕の基本的な体験は軍隊です」（「聞き書き　庶民大学三島教室」、丸山眞男手帖の会編『丸山眞男話文集』1、みすず書房、二〇〇八年所収）と回想しているように、一九四四年に陸軍二等兵として召集されたときにも兵営で大衆に相当する兵士たちと共同生活を送ったことはありましたが、言うまでもなく女性は排除されていました。

（3）占領期の宮城＝皇居前広場が米軍を主体とする連合国軍とともに日本社会党、日本共産党、労働組合などの左翼勢力にも利用されていたことは、次章で触れたいと思います。

（4）この点で興味深いのは、自然成立という国会の用語です。これはまさに第3章で触れた「おのずから」「なる」をそのまま漢字に直したように見えるからです。

学習課題

1．なぜ丸山眞男は占領期に明治維新を追体験したと感じたのかについて考えてみよう。
2．なぜ小林一三は占領期に新茶道を普及させようとしたのかについて考えてみよう。
3．米軍基地と民主主義の関係についてまとめてみよう。

参考文献

ジョン・ダワー『敗北を抱きしめて』下（三浦陽一他訳、岩波書店、二〇〇一年）
『丸山眞男集』第八巻、第十五巻（岩波書店、一九九六年）
小林一三『新茶道』（文藝春秋新社、一九五二年）
原武史『レッドアローとスターハウス　もうひとつの戦後思想史　増補新版』（新潮選書、二〇一九年）

トクヴィル『アメリカのデモクラシー』第一巻上（松本礼二訳、岩波文庫、二〇〇五年）
苅部直『丸山眞男』（岩波新書、二〇〇六年）
小熊英二『〈民主〉と〈愛国〉　戦後日本のナショナリズムと公共性』（新曜社、二〇〇二年）
原武史『団地の空間政治学』（ＮＨＫブックス、二〇一二年）

14 各論11・戦後の「ソ連化」

《目標&ポイント》 戦後日本はアメリカとは異なり、日本社会党や日本共産党が有力野党となり、社会主義が影響力をもつようになります。住宅や鉄道などのインフラがソ連化をもたらしたという点から、戦後の革新勢力について分析します。

《キーワード》 日本社会党、日本共産党、六全協、新左翼、日本住宅公団、中央線、西武線、堤康次郎、滝山団地、多摩田園都市

1．戦後日本とソ連の共通点

前章では戦後の「アメリカ化」について触れましたが、「アメリカ化」という変数だけでは戦後の政治思想史を描くことはできません。「ソ連化」とでもいうべきもう一つの変数に注目する必要があるからです。

言うまでもなくソ連は、戦後の冷戦時代にはアメリカに対抗する超大国でした。「ソ連化」とはソ連の体制イデオロギーであった社会主義（狭義ではマルクス・レーニン主義）が広まることを意味しますが、それだけではありません。そうした思想が広まる基盤となるインフラ、マルクス主義の用語を借りれば下部構造が、ソ連とよく似た形で都市部を中心に整備されることをも意味します。戦後の政治思想史は、「アメリカ化」と「ソ連化」がせめぎあう過程としてとらえたほうが、アメ

リカとは異なる政党政治が確立される現実の政治を考察する上でも有効だと思います。

日本とアメリカは第二次世界大戦を戦いながら、アメリカ本国は空襲をほぼ全く受けなかったのに対して、日本は空襲により都市部を徹底的に破壊されました。空襲による被災人口は九八〇万人、被災した都市は約二五〇、被災した戸数は総戸数の二割以上に当たる二三三万戸に達しました（井上亮『焦土からの再生』新潮社、二〇一二年）。この点で日本は、アメリカよりもソ連に似ています。なぜならソ連でも、第二次世界大戦中にドイツ軍により一七一〇の都市と七万以上の村落を破壊され、国全体の住宅の約三分の一が被災し、二五〇〇万人が住居を失ったからです（有泉亨編『集団住宅とその管理』東京大学出版会、一九六一年）。

これにより日本とソ連では、戦後に深刻な住宅不足が生じました。アメリカでも戦後に兵士が帰還した上にベビーブームが始まったため、住宅が不足しましたが、建てられたのは庭とガレージつきの一戸建住宅でした。一方、日本とソ連では一戸建住宅を建てるほどの余裕はなく、都市部を中心に集合住宅（いわゆる団地）がつくられることになります。日本で一九五五（昭和三〇）年に日本住宅公団（現・独立行政法人都市再生機構）が発足し、東京や大阪の郊外に大団地が建てられる時期と、ソ連でフルシチョフ体制のもと、モスクワやレニングラード（現・サンクトペテルブルク）の郊外に集合住宅が建てられる時期は、ほぼ一致しているのです。なおアメリカでは、日本の団地に相当する住宅地はつくられませんでした。

交通網という点でも、戦後の日本とソ連はよく似た発達を遂げました。都市部では、鉄道を中心とする公共交通機関が発達したからです。ソ連では六五年まで自家用車の保持が自由化されず、日本でも六〇年代まで本格的な高速道路はつくられませんでした。一方、アメリカでは二〇世紀初頭にインターアーバンと呼ばれる都市間を結ぶ電車が発達したものの、その後はモータリゼーションが進み、ロサンゼルスのように鉄道が全廃された都市まで現れました。日本で一〇〇〇人当たり五人しか乗用車をもっていなかった一九六一年の時点で、アメリカでは一〇〇〇人あたり三四五台も乗用車をもっていました（運輸省編『運輸白書（昭和39年度）』大蔵省印刷局、一九六四年）。

このように、戦後の日本では住宅や鉄道といったインフラの整備に関して、都市部を中心に「ソ連化」が進んだのです。東京や大阪郊外の団地に住むサラリーマンは、モスクワやレニングラード郊外の団地に住む労働者同様、鉄道に乗って通勤するスタイルが一般的になります。一九六六年には、モスクワ地下鉄コムソモリスカヤ駅の乗降客数が六〇万人に達しましたが、同年には国鉄新宿駅の乗降客数も約八二万人に達しています。鉄道よりも自家用車に乗って通勤するスタイルが定着するアメリカには、これほど乗降客数の多い駅はありませんでした。

戦後の日本では、左翼政党が育たず、共和党と民主党の二大政党制が確立されるアメリカとは異なり、日本社会党や日本共産党のような、社会主義をイデオロギーとして掲げる政党が都市部を中心に支持を集め、少なからぬ議席を占めるようになります。それは一体なぜでしょうか。この問いに答えるには、あえてマルクス主義風にいえばソ連とよく似た下部構造が上部構造を規定していることに注意する必要があるのです。

2. 日本社会党と日本共産党

一九四五（昭和二〇）年一一月二日、旧無産政党系の政治勢力を結集し、日本社会党が結成されました。社会党は四七年の衆議院議員総選挙で早くも第一党となり、片山哲（一八八七〜一九七八）

を首班とする内閣が生まれます。続く民主党の芦田均内閣でも連立与党となりますが、結党以来、党内では右派と左派の対立を抱えていました。片山や西尾末広（一八九一〜一九八一）らの右派は西欧型の社会民主主義をモデルとし、議会主義的な社会変革を目指したのに対して、鈴木茂三郎（一八九三〜一九七〇）らの左派は議会主義を否定して革命を目指しました。五一年にはサンフランシスコ講和条約と日米安保条約をめぐり、両条約に賛成する右派社会党と反対する左派社会党に分裂しましたが、五五年に再統一を果たしています。

同年、社会党に対抗して二つの保守政党、すなわち鳩山一郎（一八八三〜一九五九）を党首とする日本民主党と吉田茂（一八七八〜一九六七）を党首とする自由党が合同し、自由民主党が結党されました。これ以降、自民党を与党とし、社会党を最大野党とする「五五年体制」が、非自民連立の細川護熙《もりひろ》内閣が発足する一九九三（平成五）年まで続くことになります。

初代自民党内閣に当たる鳩山一郎内閣は、吉田茂のような対米一辺倒の外交ではなく、サンフランシスコ講和条約に調印しなかったソ連との国交回復に努め、一九五六年一〇月には日ソ共同宣言が出されました。また鳩山内閣は、住宅の面でも従来の保守政権とは異なる政策を打ち出しました。それを象徴するのが、五五年に発足した日本住宅公団です。公団は五〇年代後半以降、住宅不足が深刻な問題となっていた東京や大阪の郊外に、賃貸を主体とする大団地を次々と建設していったのです。

当時のソ連でも、日本同様、住宅不足が深刻化していました。一九五三年、スターリンの死去後に第一書記となったニキータ・フルシチョフ（一八九四〜一九七一）は、モスクワやレニングラードの郊外に同質的な団地を大量に建設させました。モスクワ市内で竣工した住宅の床面積は、四六年に八万六〇〇〇平方メートルだったのが、五五年に一〇〇万平方メートルの大台に達し、五八年に二〇〇万平方メートル、六〇年に三〇〇万平方メートルを突破しています（原武史『レッドアローとスターハウス　もうひとつの戦後思想史　増補新版』新潮選書、二〇一九年）。

日本住宅公団は、当時のソ連に職員を派遣し、住宅の量産を可能にした大型パネル工法（プレハブ工法）などを視察させています。しかし自民党の住宅政策は、公団を発足させてからも中間層の持ち家取得促進を政策に掲げていたため、一戸建優先であることに変わりはありませんでした。労働者のための借家の公営住宅を大量に建設すべきだと主張したのは社会党のほうであり、公団や公営の団地はやがて共産党を含めた革新系の支持基盤となってゆきます。階級的にいえば、労働者階級ではなく新中間階級が、社会党や共産党の支持者になるわけです(1)。その背景には、それまで革新系の支持基盤となっていた炭鉱の斜陽化と都市化がありました。

六〇年安保闘争の直後に当たる一九六〇年一一月の衆議院議員総選挙では、自民党が議席を伸ばす一方、社会党は議席を減らしました。けれども当時、読売新聞社が東京、大阪郊外にある四一の団地住民を対象としたアンケート調査によれば、社会党の支持者が自民党の支持者を二〇％も上回っていました。その理由の約半数は「社会主義国家のほうがいいと思うから」であり、社会主義という理念そのものに共鳴する積極的支持があったことがわかります（原武史『団地の空間政治学』NHKブックス、二〇一二年）。都市化の進行とともに団地が増えてゆくことは、こうした住民が増えてゆくことを暗示していたわけですから、自民党にとっては大きな脅威ととらえられました。

日本社会党とともに、戦後日本の革新政党の一翼を担ったのが日本共産党です。大正から昭和初期にかけての共産党については第12章で触れたとおりですが、戦後はGHQにより合法化され、出獄した徳田球一（一八九四〜一九五三）を書記長として再建されました。一九四六（昭和二一）年五月一日のメーデーには、社会党や労働組合の関係者を合わせて約五〇万人が宮城前広場に集まり、徳田が「天皇を打倒しろ！」と叫んでいます（マーク・ゲイン『ニッポン日記』井本威夫訳、ちくま文庫、一九九八年）。前章で触れたように、占領期に連合国軍のパレードがしばしば行われたこの広場は、左翼勢力の集会の場としても大いに利用されていたのです。四七年からは、共産党機関紙『アカハタ』がこの広場を「人民広場」と呼ぶようになります。

日本共産党には日本社会党のような左派と右派の対立はなく、綱領は社会党よりも急進的で、天皇制廃止や人民民主政府の樹立を掲げる一方、自分たちを解放してくれた連合国軍を解放軍と規定するなど、GHQを評価する姿勢も見せていました。一九四九（昭和二四）年の衆議院議員総選挙では、三五議席を獲得し、社会党の四八議席に迫っています。

しかし翌一九五〇年、GHQに対する妥協的な姿勢を批判するコミンフォルム（共産党・労働者党情報局。コミンテルンの後身）機関紙の論文をめぐって党内に対立が生じた上、東アジアの国際情勢の変化に伴う国家権力強化の動き、いわゆる「逆コース」のなかで、レッド＝パージを進めようとするGHQとも対立するようになります。この結果、徳田球一や野坂参三（一八九二〜一九九三）を中心とする「所感派」と呼ばれる人々が実権を握ると、共産党では極左的な武装闘争路線が採用され、五二年の衆議院議員総選挙では国民の支持を失って議席がゼロになりました。

一九五五年七月に開かれた第六回全国協議会（六全協）で、共産党は方針転換を図ります。従来の武装闘争路線が「極左冒険主義」として放棄され、マルクス・レーニン主義を堅持する一方、議会を拠点とする平和革命路線への転換が図られるのです。同時に党のイメージのソフト化が図られ、五九年からは一般向けの「アカハタ祭り」(後の赤旗まつり)が毎年開かれるようになります。六一年の第八回大会では、議長の野坂参三が「単一の大衆的な全国的婦人組織の確立」を提唱し、その翌年には共産党シンパの団体として「新日本婦人の会」が結成されました。

こうした方針転換が功を奏し、共産党は六〇年代になると国会や地方議会で議席を伸ばしてゆきました。統一地方選挙では社会党と共産党が共闘し(社共共闘)、東京都や大阪府など都市部を中心に革新自治体が相次いで成立します。国政選挙でも、共産党は七二年の衆議院議員総選挙で三八議席、七四年の参議院議員選挙でも一三議席を獲得するなど、社会党と合わせて保革伯仲の状況をつくり出しました。

3. 団地と日本共産党

六〇年代から七〇年代にかけて日本共産党が伸びた背景としては、大都市郊外の団地で支持者を拡大させていったことが挙げられます。

一九六〇年九月、前年に結婚したばかりの皇太子(現上皇)夫妻が、訪米の直前に東京都北多摩郡保谷町(現・西東京市)、田無町(同)、久留米町(現・東久留米市)の三町にまたがるひばりが丘団地(現・ひばりが丘パークヒルズ)を視察しました。洋式便所やステンレスの流し台などが完備し、テーブルや家電製品などが普及していた団地にこそ、最もアメリカに近いライフスタイルが実現していたと思われたからです。しかし、それが奇妙な誤解に基づいていたことは、これまでの説明からも明らかでしょう。

そもそも大団地というのは、軍用地や工場の跡地、無居住の雑木林などを開発したところに、何千もの世帯が一挙に入居するわけで、地縁も血縁もない新住民しかいませんでした。間取りは2DKの賃貸が主体で、夫婦と子供からなる核家族を想定していました。五九年のひばりが丘団地の完成とほぼ同時に入居した文芸評論家の秋山駿《しゅん》（一九三〇～二〇一三）は、団地に特有のライフスタイルにつき、こう述べています。

人間の生活がかくも千篇一律《せんぺんいちりつ》の光景を呈するとは、私は思っても見なかった。窓から透かし見られる一つの生活のパターンは、まったくそのままの形で他の二十三の部屋にも適合するものであろう。まず水の音がして、人の影が動き、窓を開け、子供達の声が騒いで、食事が始まる、といったふうな日常の儀式から、その後、掃除、洗濯、買い物、夕べの団欒と続いていくのだが、その食卓の位置、洗濯機の置き場所にしても、ほとんど寸分の相違もないのである。すべてよく似ている二十四の同じような人間が、すべてよく似ている同じような生活の光景を展開している、というのでは、これほど飽き飽きする見物はあるまい。

（『舗石の思想』講談社文芸文庫、二〇〇二年）

秋山が入居した80号棟は四階建で、世帯数は二四ありました。全世帯の間取りが同じであるばかりか、一日のサイクルも同じであり、テーブルや家電製品の位置まで同じだったことがわかります。その意味で団地というのは恐ろしく平等主義的で、社会主義との強い親和性があったわけです。

ほとんどの大団地では、入居者により自治会ができました。第11章で触れた戦中期の隣組や町内会もまた住民組織でしたが、それらは大政翼賛会の最末端組織として「上」からつくられたのに対して、団地の自治会は新参者による自発的な組織であった点で決定的に違っており、むしろ同時代のソ連の団地でつくられた全入居者総会に似ていたのです。六〇年代には、後に共産党の幹部となる上田耕一郎（一九二七〜二〇〇八）や不破哲三（本名は上田建二郎。耕一郎の弟）も千葉県松戸市の常盤平《ときわだいら》団地やひばりが丘団地に住んでいて、自治会や自治協（自治会協議会。現・全国公団住宅自治会協議会）の役員になっています。

団地では、夫が都心に通うサラリーマンである場合が圧倒的に多く、家電製品の普及によって家事労働から解放された主婦の自由時間が増えたこともあって、主婦が自治会の活動の中心を占めるようになります。思想家のハンナ・アーレントは『人間の条件』（志水速雄訳、ちくま学芸文庫、一九九四年）で、古代ギリシアのポリス（政治共同体）で直接民主政の主体として「活動」する男性と、オイコス（家）で「労働」に従事する女性を対比させましたが、団地ではこの「活動」と「労働」の担い手が性的にちょうど正反対になっていたわけです。

一九六二（昭和三七）年に新日本婦人の会が結成されると、多くの団地の自治会では役員に占める女性共産党員の比率が高くなりました。六〇年代後半には、ひばりが丘団地でも「自治会は特定の政党と関係があるんじゃないですか」「自治会役員で特定の政治活動をしている人が多いんじゃないですか」という声が上がるようになります（前掲『団地の空間政治学』）。なお、共産党に続いて公明党の支持母体である創価学会も団地住民の組織化に乗り出し、七三年には団地を「人間共和の都」に変えるための「団地部」ができています。

しかし、団地の時代は長続きしませんでした。七〇年代以降、住宅不足が解消されると、団地を建設する意味は失われました。集合住宅は民間のマンションのほうが多くなり、革新勢力も伸び悩むようになります。加えて八九年から九一年にかけて東西冷戦の終わりとソ連の解体があり、日本社会党は九六年に社会民主党に改称したものの、社会主義の退潮とともに国会の議席数が激減したまま今日に至っています。なお、日本共産党もまた二〇〇〇年代にいったん議席数を減らしましたが、二〇一〇年代には党勢を回復しています。

4. 新左翼の登場

一九五五（昭和三〇）年の六全協で発表された方針転換に反発し、共産党から分派したのがいわゆる新左翼です。その先駆けとなったのは、フルシチョフのスターリン批判に呼応してスターリニズムを批判した「革命的共産主義者同盟」ですが、新左翼の中心となったのは大学生で、五八年には暴力革命路線を掲げる「共産主義者同盟」（ブント）を結成し、全国の大学の学生自治会からなる全学連（全日本学生自治会総連合）の執行部を掌握しました。彼らは共産党からは極左を意味する「トロツキスト」と呼ばれましたが、六〇年安保闘争では国会突入などの実力行使を試みるなど、派手な行動が社会的注目を集めました。このときには清水幾太郎のように、彼らの国会突入を公然と支持する学者も現れました。

しかし共産主義者同盟は、安保闘争の敗北に伴い四分五裂の状態に陥りました。六〇年代には、共産党の指導を受けた日本民主青年同盟（民青）が大学の学生自治会に進出する一方、革命的共産主義者同盟を母体として革共同全国委員会（中核派）と革共同革命的マルクス主義派（革マル派）が誕生したのに加えて、社会党から分かれたセクトも誕生するなど、新左翼のセクト化が進みました。彼らは共産党や社会党を「既成左翼」と呼び、激しく批判することになります。

地方から上京する大学生は、山手線の外側に当たる豊島区や中野区、杉並区、新宿区などに建てられた木造賃貸アパートに一人で住むことが多く、核家族を対象とする郊外の団地に住むことはできませんでした。つまり六〇年代には、共産党が郊外の団地を有力な地盤としてゆくのに対して、地方出身の新左翼の学生の多くは都心により近く、大学にも通いやすい「木賃ベルト地帯」に居住していたのです。

一九六七（昭和四二）年一〇月八日と一一月一二日、新左翼はベトナム戦争で日本がアメリカを支援することに反対するため、ゲバ棒に覆面、ヘルメット姿で空港のある東京の羽田に集まり、佐藤栄作首相の南ベトナム訪問や訪米を阻止しようとしました（羽田事件）。一〇月八日には中核派の学生が死亡しましたが、ちょうど同じ日に共産党は東京郊外の多摩湖畔で「赤旗まつり」を開催していたため、新左翼の強い非難を浴びました。けれどもこのときは、新左翼をトロツキストと呼ぶ共産党だけでなく、大学当局やマスコミまで含めて新左翼の暴力に対する批判が集中することになります（小熊英二『１９６８』上、新曜社、二〇〇九年）。

六〇年代後半には、首都圏や関西の大学を舞台に、いわゆる学園闘争が起こりました。闘争の主体となったのは、初期には新左翼のセクトでしたが、六八年になると東大や日大などで学部やセクトを超えた運動として「全学共闘会議」（全共闘）が結成され、東大では大学院博士課程に在学中の山本義隆が代表になります。山本は『日本の思想』（岩波新書、一九六一年）を引用しつつ、その著者で東大教授の丸山眞男をこう批判しています。

日本の天皇制ファシズムに鋭い批判をあびせてやまない丸山教授は、それを支えた権力の頂点の「無責任体制」と、底辺の「部落共同体」の両極に酷似した構造をもつ東大教授会が、帝国主義国家機構の中に包摂されつつ「大学の自治」の擬制をもつのに極めて有効であったことには全く関心を示さない。

（『私の1960年代』金曜日、二〇一五年）

山本は若き物理学徒として、明治以来の科学技術の歩みを批判的にとらえており、帝国主義国家としての本質は戦後も変わっていないという意識をもっていました。彼にいわせれば、その総本山こそ東京大学にほかならないのに、丸山を含む東大教授会のメンバーは、天皇制に通じる国家権力に守られながら研究を続けていることに対する自覚があまりにもないのです。「東大解体」という全共闘のスローガンは、まさにここから発しています。

こうして丸山は全共闘から激しい攻撃を受けて六九年に入院し、七一年に東大を早期退職します。大学紛争は六九年になるとほぼ沈静化し、学園闘争の舞台は高校へと移ってゆきます（小林哲夫『高校紛争　1969－1970』中公新書、二〇一二年）。七〇年代になると、新左翼はさらに極左化し、共産主義者同盟赤軍派による「よど号事件」（一九七〇年）や連合赤軍による「あさま山荘事件」（一九七二年）などが起きる一方、大学内では中核派と革マル派の対立が激化して内ゲバが頻発するなど、自滅への道をたどってゆきました。

5. 東京西部の政治風土―中央線沿線と西武線沿線

第9章で触れたように、鉄道はその沿線に「～区民」や「～市民」といった行政区分よりも強い住民意識をつくり出します。とりわけ、JR山手線のターミナルから放射状に鉄道が延びる東京西部は、沿線によって政治風土や政治思想が微妙に異なるという特徴があります(2)。そのなかでも新宿以西のＪＲ中央線の沿線と西武池袋線、西武新宿線、西武拝島線の沿線は、途中まで互いに数キロしか離れていないエリアを並行して走っているにもかかわらず、対照的ともいえる違いがあります。

前章で触れた中央線沿線は、大正末期から開発が進んだため、豊田駅前に建設された多摩平団地

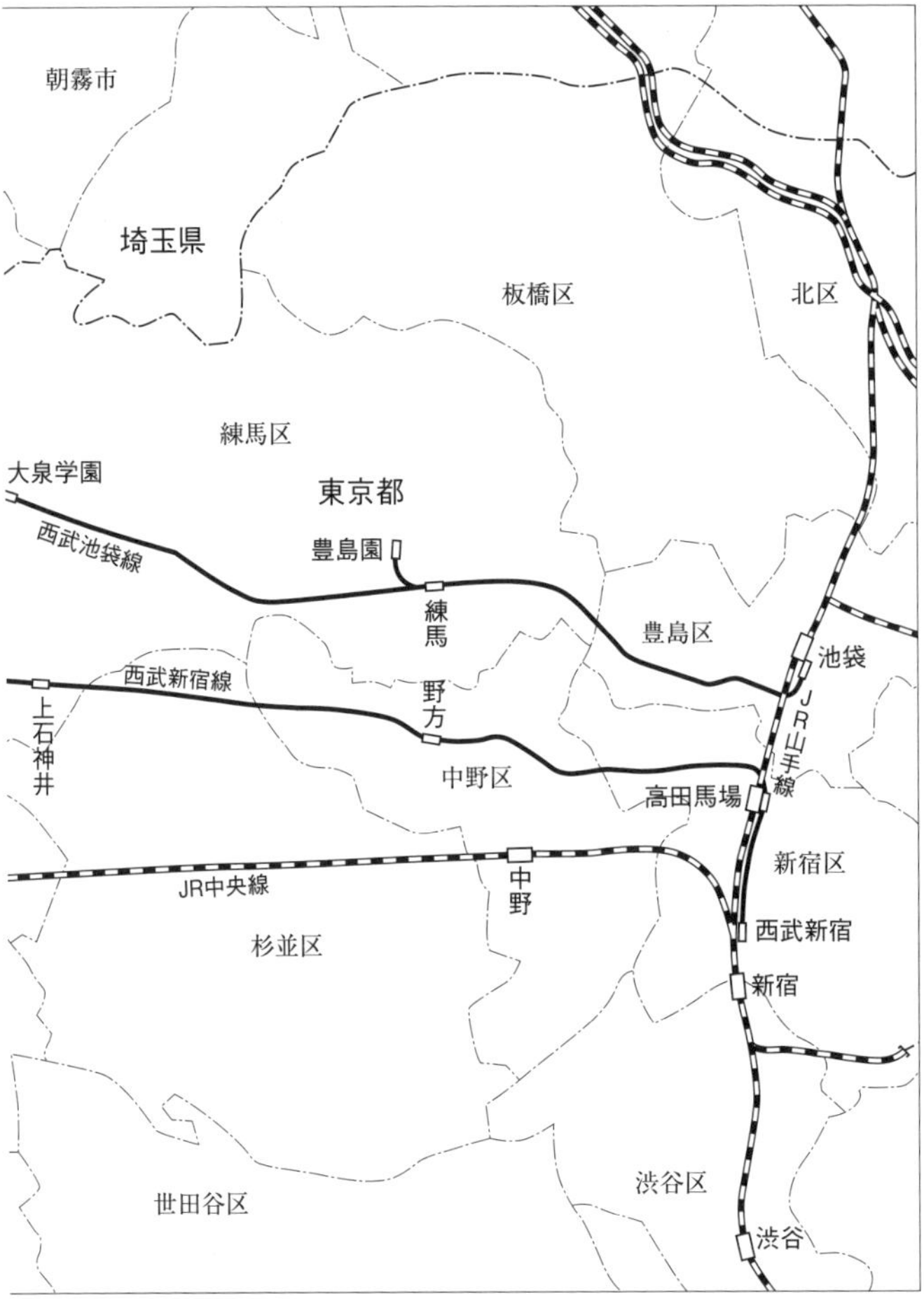

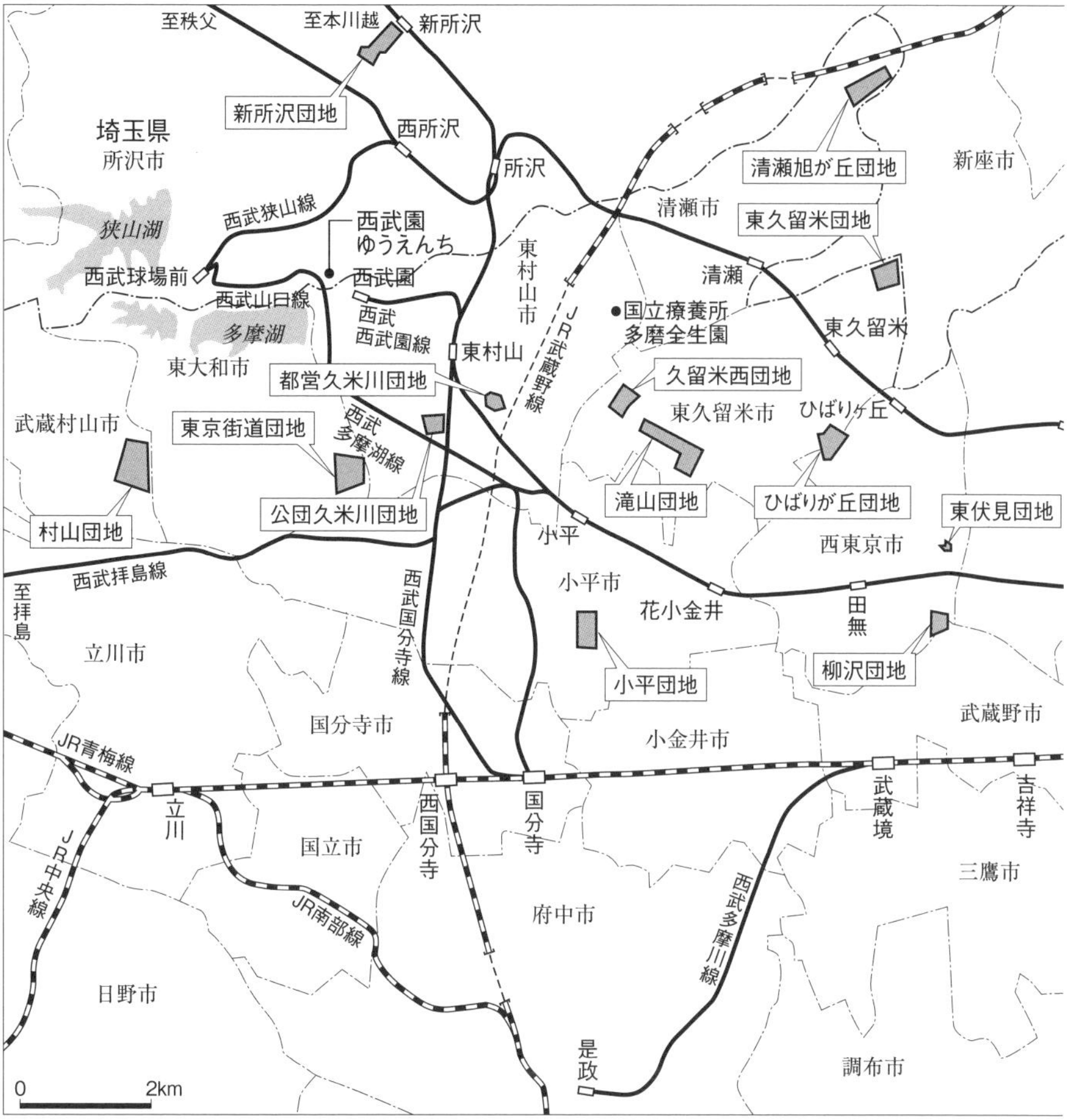

図14－1　中央線沿線と西武線沿線の団地（解体されたものを含む）

を除いて、駅付近に団地ができませんでした。また国立に移転した一橋大学や小金井に移転した東京学芸大学をはじめ、大学が多く立地していました。このため駅前には喫茶店や古本屋、雀荘、映画館、劇場などが立ち並び、前述した木賃アパート以外にも大学生が多く住んでいました(3)。

しかも、京浜工業地帯から横田基地や立川基地まで米軍の燃料を運ぶ貨物列車が定期的に走っていて、一九六七（昭和四二）年八月には新宿駅で衝突炎上事故まで起こしているように、鉄道そのものに政治性が伴っていました。六八年一〇月二一日の国際反戦デーに新宿駅構内で起こった事件（いわゆる新宿騒乱）(4)は、無党派の市民や新左翼の学生と親和性の高い中央線沿線の政治風土を抜きにしては考えられません。

一方、西武線沿線は中央線沿線よりも開発が遅れましたが、五〇年代後半から一気に開発が進み、久米川、ひばりが丘、新所沢、東久留米、村山、久留米西、清瀬旭が丘、滝山など、公団や東京都、東京都住宅供給公社の大団地が次々にできました（図14－1を参照）。これにより、中央線沿線に比べてよりソ連的な風景が現れることになりました。

西武グループの総帥であった堤康次郎（一八八九～一九六四）は、自民党の代議士であり、安保改定を進める岸信介内閣を全面的に支持していました。西武沿線には安保改定に反対する市民団体が相次いで生まれましたが、それは同時に「堤コンツェルン」と呼ばれる同族経営を続ける堤康次郎に対する反対運動でもありました。したがって安保闘争に敗北しても、西武が運賃値上げを発表するたびに沿線では反対運動が起こり、共産党が支持を集めました。国鉄の中央線とは異なり、巨大資本によって住民が搾取されるという、マルクス主義の窮乏化理論が当てはまる条件があったからです。

一九六八（昭和四三）年から七〇年にかけて、北多摩郡久留米町（現・東久留米市）に建設された公団の滝山団地は、西武池袋線と新宿線にはさまれた、無人の雑木林が広がる地帯を人工的に開発してできた団地でした。総戸数は三二〇〇戸でしたが、分譲が賃貸の倍もあり、すべての棟が五階建の中層フラットタイプで統一されていました。これほど同質的な団地はほかにありませんでした。共産党は滝山団地を重点地区とし、いち早く自治会や支部をつくっています。公民館はなく、住民は小学生の子供をもつ核家族が大半を占めたため、地域の小学校が地域の中核になりました。

実は私自身が、六九年から七五年まで、滝山団地の小学校に通っていました。この小学校では、ソ連の教育者、アントン・マカレンコ（一八八八〜一九三九）の影響を受けた全国生活指導研究協議会（全生研）の唱える集団主義教育が盛んになり、七四年には一種のコミューンが成立します。その詳細については、原武史『滝山コミューン一九七四』（講談社文庫、二〇一〇年）をご参照ください。

西武沿線のソ連的郊外と比較すべきは、中央線沿線ではなく、六〇年代以降に多摩丘陵を開発してつくられた東急田園都市線沿線の「多摩田園都市」かもしれません。確かに多摩田園都市は二〇世紀初頭のロンドン郊外で開発された田園都市（ガーデンシティ）をモデルにしていますが、東急が開発した丘陵地帯に車の所有を前提とする一戸建を中心とする住宅地が広がっており、鉄道以外に高速道路や国道も通っている点で、アメリカ的郊外ともいえるからです。

こうした郊外のあり方は住民の政治意識にも反映していて、多摩田園都市は新自由クラブやみんなの党、維新の党（現・民進党）のような自民党ではない保守、いわゆる新保守主義（ないし新自由主義）の地盤となってきました。西武沿線の団地の衰退と多摩田園都市の人口の急増は、二一世紀の日本の政治状況を暗示しているようにも見えるのです。

注

（1） この「階級」という用語に関しては、橋本健二『階級社会　現代日本の格差を問う』（講談社選書メチエ、二〇〇六年）を参照。なお千葉県船橋市の高根台団地に住んでいたルポライターの竹中労（一九三〇～九一）は、一九七〇年に共産党の書記局長になった不破哲三を揶揄しつつ、「日共が小ブルジョワ市民党と成り果て、団地女房から票をかせいどる現状」を痛烈に批判しています（「エライ人を斬る」、『週刊読売』七〇年九月十一日号所収）。

（2） 首都圏や阪神間などでは、同じ鉄道が通る「～沿線住民」という意識のほうが、「～区民」「～市民」といった行政区分よりも深く住民のアイデンティティを規定する場合があります。本節で取り上げる中央線、西武池袋線、西武新宿線、東急田園都市線は、いずれもそうした例に当てはまります。

（3） こうした中央線沿線特有の空気感を巧みに描いた最近の小説として桐野夏生《きりのなつお》『抱く女』（新潮社、二〇一五年）を参照。

（4） この新宿騒乱については、次章で改めて触れます。

学習課題

1．インフラから見た戦後の「ソ連化」についてまとめてみよう。
2．なぜ日本共産党は一九六〇～七〇年代に勢力を伸ばしたのかについて考えてみよう。
3．中央線沿線と西武線沿線の政治風土の違いについて考えてみよう。

参考文献

原武史『レッドアローとスターハウス　増補新版』（新潮選書、二〇一九年）

原武史『完本　皇居前広場』（文春学藝ライブラリー、二〇一四年）
原武史『団地の空間政治学』（NHKブックス、二〇一二年）
秋山駿『舗石の思想』（講談社文芸文庫、二〇〇二年）
不破哲三『不破哲三　時代の証言』（中央公論新社、二〇一一年）
上田七加子『道ひとすじ　不破哲三とともに生きる』（中央公論新社、二〇一二年）
小熊英二『１９６８』上（新曜社、二〇〇九年）
山本義隆『私の１９６０年代』（金曜日、二〇一五年）

15 各論12・象徴天皇制と戦後政治

《目標&ポイント》　ミッチーブームとともに始まる大衆天皇制の政治的意味について考察するとともに、それに対抗した三島由紀夫の政治思想を分析します。また平成の天皇制についても考えます。

《キーワード》　ミッチーブーム、大衆天皇制、松下圭一、三島由紀夫、文化防衛論、たをやめぶり、ますらをぶり、新宿騒乱、自衛隊、平成の天皇制

1. 天皇の皇后化

言うまでもなく、「戦前」から「戦後」への政治体制の変化には、まことに大きなものがありました。一九四六（昭和二一）年の元日には第13章で触れた「新日本建設の詔書」が出されて昭和天皇がいわゆる人間宣言を行い、同年の一一月三日には日本国憲法が公布され、天皇は「統治権の総攬《そうらん》者」から「国民統合の象徴」へと変わりました。

こうして昭和天皇は、戦前にもっていた政治的権力をすべて失いながらも、GHQが占領改革を円滑に進めるという政治的理由から、退位することを許されませんでした。退位を封じられた天皇は、第12章で触れたようにキリスト教、もっといえばカトリックに接近しますが、一九五一年にサンフランシスコ講和条約と日米安保条約が結ばれると、聖書の講義を受けることもなくなり、憲法

に規定された象徴天皇の枠組みに拘束されてゆきました。

その一方、昭和天皇が在位し続けたことは、憲法が改正されたにもかかわらず、戦前と戦後の天皇制の間に強い連続性をもたらすことを意味しました。一九四七年に制定された皇室典範は、皇位継承者の資格を「男系の男子」とし、生前退位を認めないなど、明治の旧皇室典範を色濃く踏襲していました。また第13章で触れたように、天皇自身が大日本帝国憲法の条文にとらわれていましたし、行幸や宮中祭祀のように、日本国憲法下でも変わらずに続けられた天皇の活動もありました。こうした活動は、憲法に規定された「国事行為」と区別されますが、行幸が「公的行為」と呼ばれるのに対して、政教分離により天皇家の私的行事とされた宮中祭祀は、名目上「私的行為」に分類される場合が多くなっています(1)。

実際に天皇は四六年から五四年にかけて、米軍の執政下にあった沖縄県を除く全国を回りましたが(戦後巡幸)、その途上では各地に親閲場や奉迎場が設けられ、集まった人々が万歳を叫ぶなど、戦前さながらの「奉迎」が行われました。確かに四五年九月二九日の新聞に掲載されたマッカーサーと天皇が並ぶ写真の衝撃は大きかったものの、マッカーサーは地方を公式には全く訪れなかったため、地方では依然として天皇のカリスマ性が失われていなかったのです。また天皇は、戦前と同じ祝祭日に同じ名称の宮中祭祀を、ほぼそっくり皇居の宮中三殿で行い、御告文を読み上げました(2)。つまり戦後になっても、第2章で記した図が依然として当てはまったわけです。

しかし、戦後巡幸で天皇が訪れた場所を見てみると、重要な変化が生じているのがわかります。陸海軍の解体に伴い、演習地や軍事施設への訪問がなくなる代わりに、各地の病院や療養所、戦災孤児の施設などを積極的に訪れているのです。また巡幸とは別に、東京近郊の社会事業施設を香淳皇后とともに日帰りで訪れています。これらの施設には、明治から昭和初期にかけて、皇后や女性皇族が積極的に訪れていました。戦後の天皇は、大元帥でなくなった結果、皇后化したという言い方ができるでしょう。

一九五一（昭和二六）年五月に皇太后節子《さだこ》（貞明皇后）が死去すると、香淳皇后の外見に変化が生じます。戦中期に皇太后がデザインし、国民に不評だった宮中服に代わり、専属の服飾デザイナーがデザインした服を着るようになり、パーマもかけるようになります。皇后の外見が派手になり、存在感が浮上するとともに、正月に天皇や皇后を間近で見ることのできる一般参賀の人出も急増します。約三八万人が詰め掛けた五四年の一般参賀では、将棋倒しによって一六人が犠牲になりました（二重橋事件）。

2. ミッチーブームと大衆天皇制の成立

ところが、皇后が注目される時代は長続きしませんでした。一九五八（昭和三三）年一一月に皇太子明仁（現上皇）と「平民」の正田美智子（現上皇后）との婚約が発表されると、皇室のイメージが大きく変わり、美智子のニックネームにちなんだ「ミッチーブーム」が起こりました。週刊誌が次々に創刊されたり、結婚当日の模様を見たい人々がテレビを購入し、当日はテレビで大々的に生中継されたりするなど、皇室が消費の対象へと変わったのです。政治学者の松下圭一（一九二九〜二〇一五）は、皇太子の結婚を機に皇室と国民の間に確立された天皇制を、「大衆天皇制」と名づけました（「大衆天皇制論」、『戦後政治の歴史と思想』ちくま学芸文庫、一九九四年所収）。

正田美智子はカトリックの家庭に育ち、カトリックの大学である聖心女子大学を卒業しました。

「平民」であるがゆえに、皇后や旧女性皇族らはいっせいに反対しました。また神道を奉じる皇室に嫁ぐ関係上、カトリックの家庭に育ったことも問題になりましたが、一一月二七日に開かれた皇室会議の冒頭、宮内庁長官の宇佐美毅《たけし》（一九〇三〜九一）は「聖心はキリスト教の教育機関であるが、正田美智子さんは洗礼を受けていません」と説明しました（橋本明『昭和抱擁―天皇あっての平安《やすらぎ》―』日本教育新聞社、一九九八年）。この結果、満場一致で結婚が決まったわけです。

知らせを聞いた元女性皇族の梨本伊都子《いつこ》（一八八二〜一九七六）は、「もう〳〵朝から御婚約発表でうめつくし、憤慨したり、なさけなく思ったり、色々。日本ももうだめだと考えた」と日記に書いています（小田部《おたべ》雄次『梨本宮伊都子妃の日記』小学館、一九九一年）。しかし昭和天皇は、一貫して二人の結婚を支持していました。五九年三月一二日に天皇と会った侍従の入江相政《すけまさ》（一九〇五〜八五）は、「美智子さんの事について非常に御期待になつてゐること」を天皇から聞いています（『入江相政日記』第六巻、朝日文庫、一九九四年）。その背景には、天皇自身が占領期にカトリックに接近した経験があったと考えられます。つまり美智子がカトリックの家庭で育ったことは、天皇にとってマイナスどころかプラスの印象を与えたように思われるのです。

結婚の翌年に当たる一九六〇年には安保闘争が起こり、六月に予定されていたアメリカ大統領、ドワイト・D・アイゼンハワー（一八九〇〜一九六九）の訪日が中止されました。同年九月に行われた皇太子夫妻の訪米は、アイゼンハワーが訪日できなかった代償としての政治的意味をもつものでした。その意味では憲法違反の疑問を抱かせるものでしたが、天皇夫妻に代わって皇太子夫妻が皇室外交の担い手となることを告げる訪米でもありました。

これ以降、皇太子夫妻は積極的に外国を訪問するようになります。外国でも、もっぱら注目されたのは皇太子ではなく、皇太子妃のほうでした。しかし第二子を流産するなど、精神的危機に陥ったあとの一九六五年一〇月、皇太子妃は精神科医の神谷美恵子（一九一四～七九）と出会うことになります。神谷は岡山県のハンセン病療養所、長島愛生園を長年にわたって訪れるなど、ハンセン病患者に対する献身的な治療を続けていました。皇太子妃は神谷を通して、第10章で触れたようにハンセン病患者の傷を自らなめた伝説の残る光明皇后という過去の偉大な皇后にモデルを見いだしたのではないでしょうか(3)。光明皇后が史上初めての皇族以外からの皇后であったことも、民間から嫁いだ皇太子妃にとってはコミットを深める要因になったと思われます。

それは戦後の皇后化した天皇制を、ますます皇后化（光明皇后化）することにつながりました。こうした天皇制の変質に対する最も根源的な批判を行った思想家として、作家の三島由紀夫（一九二五～七〇）の名前を挙げることができます。

3. 三島由紀夫の政治思想

戦中期から華々しい作家活動を続けてきた三島が、現実の天皇制に対する関心を抱く一つのきっかけとなったのは、ミッチーブームだったと思われます。実は三島は、皇太子の婚約が決まる前に正田美智子と見合いをしたという説があります。三島は後に、ミッチーブームを機に確立された大衆天皇制を「週刊誌天皇制」と名づけましたが、もし正田美智子との縁談を断られたとすれば、この言い方には個人的な怨念がこもっているという意地の悪い見方もできなくはありません。

一九六一（昭和三六）年に発表された小説「憂国」で、三島は初めて二・二六事件を取り上げました。さらに『文藝』一九六六年六月号に発表された「英霊の聲《こえ》」では、二・二六事件で処刑された青年将校の霊や神風特攻隊の霊に、「などてすめろぎは人間《ひと》となりたまひし」（なぜ天皇陛下は人間となってしまわれたのか）と語らせています。これが四六年元日の「新日本建設ニ関スル詔書」でいわゆる人間宣言を行った昭和天皇に対する呪詛を意味していることは言うまでもありません。

その一方で、「祭服に玉体を包み、夜昼おぼろげに／宮中賢所のなお奥深く／皇祖皇宗のおんみたまの前にぬかずき、神のおんために死したる者らの霊を祭りて／ただ斎《いつ》き、ただ祈りてましまさば、何ほどか尊かりしならん」とも語らせているように、青年将校の霊や神風特攻隊の霊をまつるためにも、天皇は賢所のある宮中三殿に赴き、祭祀を行わなければならないとしたのです。つまり三島にいわせれば、青年将校の霊はもちろん、神風特攻隊の霊すらも靖国神社には鎮まっていないことになります。

三島は一九六五年から四部作となる『豊饒の海』の取材を始めていて、六六年一月には巫女に相当する内掌典に案内され、一般に立ち入ることのできない宮中三殿を視察しています。このときの感激を、三島はドナルド・キーンあての手紙のなかで、「長篇の取材で、この間宮中の賢所へ行つて内掌典に会ひ、平安朝の昔にかへつた気がしました」（『三島由紀夫未発表書簡』中公文庫、二〇〇一年）と述べています。これほど感激したのは、松下圭一のいう大衆天皇制のもとでも、「お濠の内側」では宮中祭祀が続けられていることを発見したと思ったからでしょう。実際には祈年祭や新嘗祭のように、農耕儀礼とつながっている宮中祭祀もあり、例えば同じく祭祀に着目した日本浪曼派の保《やす》田《だ》與《よ》重郎《じゅうろう》（一九一〇〜八一）はそちらを重視したのですが、三島が引きつけられたのは「平安朝の昔」という言葉から連想される「みやび」の世界でした。

三島にとっての祭祀の発見が、先に引用した「英霊の聲」の語りにつながるとともに、『豊饒の海』第一部「春の雪」のモチーフになります。「春の雪」の冒頭では、明治天皇が主人公の松枝清顕《まつがえきよあき》の邸を訪問したときの模様が回想されています。明治末期の松枝邸には「数知れぬほどの女たちが住んで」おり、邸内にある「お宮様」は宮中三殿のようにも見えます。三島自身、「春の雪」は女性的で優美かつ繊細な歌風を意味する「たをやめぶり」を描いたと記しています。

しかし第二部「奔馬」では、一転して男性的でおおらかな歌風を意味する「ますらをぶり」が描かれます。時代はテロが横行する昭和初期に移っていますが、もはや天皇自身は出てきません。昭和天皇の代わりに描かれるのは、太陽です。松枝清顕の生まれ変わりである主人公、飯沼勲にとっての理想は、「太陽の、……日の出の断崖の上で、昇る日輪を拝しながら、……かがやく海を見下ろしながら、けだかい松の樹の根方で、……自刃すること」でした。

この「春の雪」と「奔馬」の作風の違いに象徴される対照的な天皇像は、『中央公論』六八年七月号に掲載された評論「文化防衛論」で、本格的に論じられることになります。三島によれば、天皇ないし天皇制には明治以降に強まった「政治概念としての天皇（制）」のほかに「文化概念としての天皇（制）」があります。その中核にある「みやび」は、宮廷の文化的精華となる一方、二・二六事件のように、ときには天皇のための蹶起の形態をとることもありました。つまり、「みやび」には「たをやめぶり」のほかに、「ますらをぶり」も含まれるわけです。しかし明治以降の「政治概念としての天皇（制）」は、「文化概念としての天皇（制）」を多分に犠牲にした上、戦後の天皇制はそのいずれをも無力化して、「週刊誌天皇制」へと失墜してしまいました。

そうしたなかで、三島にとっての希望は、宮中祭祀と歌会始がいまなお続けられていることでした。しかし、それだけでは「たをやめぶり」が保たれているにすぎません。三島は、「ますらをぶり」を復活させるべく、天皇に栄誉大権を与えて自衛隊と天皇をつなげることを提案します。

三島が最も恐れていたのは、総選挙のたびに日本共産党が議席を伸ばし、共産党政権が誕生することでした。「時運の赴くところ、象徴天皇制を圧倒的多数を以て支持する国民が、同時に、容共政権の成立を容認するかもしれない。そのときは、代議制民主主義を通じて平和裡に、「天皇制下の共産政体」さへ成立しかねないのである」。三島は、武力を肯定する点で共闘できる新左翼よりも、選挙を通して天皇制そのものを骨抜きにしようとする共産党のほうを警戒していたのです。

政治学者の橋川文三は、「美の論理と政治の論理」（『中央公論』六八年九月号所収）という論文で「文化防衛論」を批判しました。橋川によれば、近代国家の論理と美の総攬者としての天皇は根本的に相いれないのであり、天皇と軍隊が直結した瞬間に「文化概念としての天皇」は「政治概念としての天皇」にすり変わってしまうのです。しかし三島は、橋川からの批判に「ギャフンと参った」（「橋川文三氏への公開状」、『中央公論』六八年一〇月号所収）としながらも、「文化防衛論」に書かれたことをもとに現実へと踏み出してゆきます(4)。

4. 新左翼と三島由紀夫

三島は一九六七（昭和四二）年四月から五月にかけて自衛隊へ体験入隊したのに続いて、六八年一〇月五日には日本の文化と伝統を「剣」で死守する民間防衛組織として、自衛隊の体験入隊生からなる「楯の会」を結成しました。楯の会の事実上の指導官は、陸上自衛隊調査学校情報教育課長の山本舜勝《きよかつ》（一九一九〜二〇〇一）でした。

新左翼が同時多発的に行動を起こした同年一〇月二一日の「国際反戦デー」では、三島は銀座四丁目の交番の屋根によじ登り、「飛び交う石の雨をものともせず、市街戦を見つめ続け」ています（山本舜勝『三島由紀夫　憂悶の祖国防衛戦－市ヶ谷決起への道程と真相』日本文芸社、一九八〇年）。その結果、革命前夜の状況が生まれつつあり、革命を未然に防止するべく自衛隊が治安出動する日が遠からずやってくるという確信を抱くようになるのです。自衛隊法第七八条で「一般の警察力をもってしは、治安を維持することができないと認められる場合」に首相が命ずることができるとされたのが、この治安出動でした。

六八年を革命前夜ととらえた点で、三島の認識は新左翼と共通していました。新左翼の学生によく読まれていた『朝日ジャーナル』六八年一一月三日号の特集「国際反戦行動デー」冒頭に掲載された編集部の記事は、こう述べています。

小雨けむる新宿駅ホームは、こぶし大の石が散乱。横づけされた電車の窓はメチャメチャにこわされ、中の座席は引きずり出され、線路内の信号機はあちこちで割られていた。すでに、階段の火災は消えていたが、国鉄当局は翌朝の電車の運行を中止すると発表していた。〝革命前夜〟を思わせる光景であった。

（「若い力が演じた新宿ハプニング」）

一方、首相の佐藤栄作（一九〇一～七五）は、全くそうは見ていませんでした。佐藤の南ベトナム訪問を阻止しようとした羽田闘争から一周年の同年一〇月八日、新宿駅構内に新左翼が乱入しましたが、その翌日の日記には「昨夜の三派全学連の新宿駅構内のさわぎは面白くないので、強い態度で臨む事を指示する。ほんとに困りもの」と書き、一〇月二一日にも「学生連中の反戦デモ一寸《ちょっと》あれる」としか書いていないからです（『佐藤榮作日記』第三巻、朝日新聞社、一九九八年）。

佐藤の筆致からは、革命前夜という危機感は全くといってよいほど伝わってきません。たとえ騒乱罪や破壊活動防止法は適用しても内乱罪は適用せず、自衛隊の治安出動は想定していませんでした。したがって当然、憲法改正も考えていません。自民党は五五年の結党以来、改憲を党是に掲げてきましたが、佐藤の実兄で改憲論者の岸信介が六〇年安保闘争の混乱に伴い首相を辞めてから、改憲を封印するようになりました。佐藤にいわせれば、自民党の政権下で革命など起きるはずがなかったのです。

楯の会でも、指導官の山本舜勝や学生長の持丸博（一九四三～二〇一三）の認識は、三島よりはむしろ佐藤に近いものでした。ノンフィクション作家の猪瀬直樹は、「山本も持丸も全共闘の叛乱を、革命に至るプロセスと見做さなかった。三島の言動がファナティックな短期決戦型になるに従い溝ができるのは当然だった」（『ペルソナ　三島由紀夫伝』文藝春秋、一九九五年）と指摘しています。

当時、三島や新左翼に近い認識を抱いていたのは、昭和天皇だったのではないでしょうか。第12章で触れたように、天皇には戦後ずっと、潜在的に内乱や革命に対する恐怖感がありました。直接現場に行って確かめることができず、間接的な情報しか伝えられていなかった天皇は、そうした情報から革命前夜のような光景を想像したのかもしれません。『昭和天皇実録』には、六八年から六九年にかけて、御用邸で学生運動につき記者から質問され、「困った問題」「立場上言えないことを残念に思う」「心配にたえない」などと答える天皇の姿が克明に描かれています。

三島が日本の運命を占う「天王山」として注目していたのは、新宿騒乱からちょうど一年後に当たる六九年の国際反戦デー、すなわち一〇月二一日でした。彼自身、「一九六九年の一〇・二一のデモには、またしてもデモ狂の私はヘルメットをかぶって夕方から新宿へ出かけた」(『行動学入門』文春文庫、一九七四年)と書いているように、この日もまた新宿駅に向かったのです。

三島が思い描いていたシナリオにつき、山本舜勝は次のように述べています。

十月二十一日、新宿でデモ隊が騒乱状態を起こし、治安出動が必至となったとき、まず三島と「楯の会」全員が身を挺してデモ隊を排除し、私の同志が率いる東部方面の特別班も呼応する。ここでついに、自衛隊主力が出動し、戒厳令的状態下で首都の治安を回復する。万一、デモ隊が皇居へ侵入した場合、私が待機させた自衛隊のヘリコプターで「楯の会」会員を移動させ、機を失せず、断固阻止する。

(『自衛隊「影の部隊」』講談社、二〇〇一年)

しかし前年とは異なり、デモは機動隊によりあっさりと鎮圧されました。三島は自決した日に撒いた楯の会のちらしで、こう述べています。

総理訪米前の大詰ともいふべきこのデモは、圧倒的な警察力の下に不発に終つた。その状況を新宿で見て、私は『これで憲法は変らない』と痛恨した。その日に何が起つたか。政府は極左勢力の限界を見極め、戒厳令にも等しい警察の規制に対する一般民衆の反応を見極め、敢て『憲法改正』といふ火中の栗を拾はずとも、事態を収拾しうる自信を得たのである。治安出動は不用になつた。(「檄」、『決定版　三島由紀夫全集』36、新潮社、二〇〇三年所収)

憲法を改正して自衛隊を国軍とし、天皇に栄誉大権を与えることで、皇后化した戦後の天皇制に「ますらをぶり」を取り戻そうとする三島の遠大な計画は、こうしてあっけなく挫折したのです(5)。

首相の佐藤栄作は、六九年一〇月二一日の日記に「準備が充分できているせいか、新宿以外は小ぜり合ひの程度。新宿駅も十時半頃大した事はない。このまゝ終るか」と書いています（前掲『佐藤榮作日記』第三巻）。佐藤が新左翼よりも恐れていたのは、総選挙のたびに議席数を増やしていた日本共産党と公明党でした。共産党の伸びを警戒していた点では、皮肉にも三島の認識と共通していたわけです。

〔提供：朝日新聞社〕

図15―1　バルコニーで演説する三島由紀夫

小説の世界から現実へと向かい、夢破れた三島が最終的にとったのは、自決という方法でした。三島は、『豊饒の海』第四部「天人五衰」を書き上げた七〇年一一月二五日に楯の会の学生とともに陸上自衛隊市ケ谷駐屯地（現・防衛省）の東部方面総監室を占拠し、バルコニーで自衛隊員に向かって演説した直後に割腹自殺をします。天皇はその翌日、侍従長の入江相政に対して三島のことを話しています（前掲『入江相政日記』第八巻）。ただしその内容はわかっていません。

5. 天皇制の現在

一九八九年一月七日、一年あまりに及ぶ闘病生活の末、昭和天皇が死去しました。元号は平成に変わり、天皇明仁（現上皇）と皇后美智子（現上皇后）が即位します。昭和天皇という、戦前の男性的な軍事指導者の面影を戦後もなお残す天皇がいなくなったことで、皇后化した天皇制としての象徴天皇制の姿が一層あらわになりました。

明仁と美智子は、一九五九年の結婚以来、ほぼ必ず二人そろって全国を回り、福祉施設や病院、ハンセン病などの療養所を訪れてきました。二〇一九年四月に退位するまでに、各都道府県を二人で少なくとも三回は訪れています。北は北海道の宗谷岬から西は沖縄県の与那国島まで、離島を含めてくまなく回っています。

また二人は皇太子（妃）時代に沖縄本島や伊江島、さらに天皇、皇后時代に硫黄島、サイパン、パラオ、フィリピンなど、海外を含む太平洋戦争の激戦地を訪れたほか、天皇、皇后時代には地震や津波、台風、豪雨、火山の噴火などの被災地や避難場所にも、二人で頻繁に足を運んできました。訪問した場所で、明仁と美智子は自らひざまずき、一人ひとりに同じ目の高さで話しかけたり、そろって黙祷したりしています。昭和天皇の巡幸や行幸の途上で見られたような、天皇と万単位の臣民が一体となることで「国体」が視覚化される「君民一体」の空間は、もはや成立しなくなっています。しかし地方訪問のたびに、政府や国会などを媒介とせず、天皇、皇后と一人ひとりの国民が直接つながる関係をずっと築いてきたという意味では、ミクロ化した「国体」が確立されてきたともいえるのです。

現実の政治が権力にまみれ、社会的弱者や被災者に対して有効な対策をなし得ていないと映れば映るほど、天皇や皇后の存在感は増し、カリスマ性が引き立つという構造は、平成になっても厳然と存在しました。この点では、三島由紀夫が批判した「週刊誌的天皇制」のもとでも、天皇のカリスマ性はなお保たれているといえるわけです。

天皇明仁は、二〇一一（平成二三）年三月一一日に起こった東日本大震災の五日後、初めてテレビに出演し、「東北地方太平洋沖地震に関する天皇陛下のおことば」を述べました。昭和初期の超国家主義では、下からの「君民一体」を求めて、政府や議会などの要人を暗殺するテロやクーデターが起こりましたが、このときは一九四五年八月一五日の玉音放送と同様、天皇の側が政府や国会を飛び越え、国民に直接訴えかけようとしたのです。「おことば」は、地震や津波、原発事故などで動揺していた国民の心を落ち着かせるうえで、政治家よりもはるかに大きな影響力を及ぼしました。

実はこの前年から、天皇明仁は非公式な場で退位の意思を表明していました。ところが一二年に成立した第二次安倍晋三政権は、天皇の意思に従って退位を認めてしまうと憲法に抵触することを恐れ、十分な対応をとろうとはしませんでした。一六年八月八日に天皇が再びテレビに出演し、「象徴としてのお務めについての天皇陛下のおことば」を一〇分あまりにわたって述べたのは、一一年三月一一日の「おことば」が国民に大きなインパクトを与えたという前例を踏まえ、国民に向かって直接退位の意思を強くにじませることで、国民の圧倒的支持をとりつけ、政府や国会を動かそうとする政治的意図があったからだと思われます。

天皇（およびその意を受けた宮内庁）の狙いは見事に的中し、一七年六月に「天皇の退位等に関

〔提供：宮内庁ホームページ〕

図15－２　「象徴としてのお務めについての天皇陛下のおことば」を読み上げる天皇

する皇室典範特例法」が成立します。皇室典範そのものは変えないまま、一代限りの例外として退位を認めたのです。

特例法に従う形で、天皇明仁は一九年四月三〇日に退位して上皇となり、五月一日には新天皇徳仁が即位しました。こうした一連のプロセスは、憲法に抵触しないようにするための手続きを踏んでいるとはいえ、天皇が国政に関する権能を有しないことを定めた憲法第四条に照らし合わせてみると、問題がなかったとは言い切れません。

天皇明仁は、一六年八月の「おことば」で単に退位を強くにじませただけではありませんでした。自ら象徴の務めにつき、積極的に定義しているからです。

私はこれまで天皇の務めとして、何よりもまず国民の安寧と幸せを祈ることを大切に考えて来ましたが、同時に事にあたっては、時として人々の傍らに立ち、その声に耳を傾け、思いに寄り

添うことも大切なことと考えて来ました。（宮内庁ホームページ）

「国民の安寧と幸せを祈ること」は宮中祭祀を、「人々の傍らに立ち、その声に耳を傾け、思いに寄り添うこと」は行幸（ないしは行幸啓）を指しています。宮中祭祀も行幸も、天皇の権力が増大する明治になってほとんどつくられたり、大々的に復活したりしたものです。それらを戦後になっても明治、大正、昭和の各天皇より熱心に続け、ついには象徴の務めの二大柱としたのです。

本章第1節で述べたように、前者は「私的行為」、後者は「公的行為」に当たります。どちらも「国事行為」ではありません。憲法の条文には明記されていない行為が、象徴の中核に位置づけられたわけです。

憲法第一条に規定された国民主権の原則を踏まえれば、象徴の具体的中身について不断に議論するべき主体は、私たち国民自身のはずです。それなのに、実際には天皇明仁から投げかけられた「象徴とは何か」という問題提起に対して、私たちは議論らしい議論をほとんどしてきませんでした。

前述のように、二〇一九年五月一日には新天皇徳仁が即位し、元号は令和に改まりました。明治から大正、大正から昭和、昭和から平成と、代替わりのたびに天皇制のスタイルが大きく変わってきたことを踏まえれば、「令和」が「平成」と全く同じということはあり得ません。実際に二〇二〇（令和二）年に世界的に大流行した新型コロナウイルスは、現上皇が象徴の務めの一つとした行幸（ないしは行幸啓）をほぼできなくさせました。

天皇徳仁と皇后雅子は、こうした時代の変化に対応した新しい象徴のスタイルを模索していきます。しかしそれは本来、国民自身が議論して決めるべきことでなければなりません。「平成」の反省を「令和」にどう生かすかが問われているのです。

注

（1）したがって宮中祭祀の経費は公費ではなく、内廷費から支出されることになっています。宮中祭祀を担当する掌典職の職員（掌典や内掌典など）も、公務員ではなく内廷費によって雇われる私的使用人として位置づけられています。

（2）ＧＨＱは国家神道を解体しましたが、天皇家にも信教の自由はあるという理由から、私事として宮中祭祀を続けることを認めたのです。

（3）三韓征伐を行ったとされる神功皇后は戦後全面的に否定されたのに対して、社会的弱者に手厚い仁慈のまなざしを注ぐ光明皇后は、戦後の皇后像ばかりか天皇像にも適合的だったという見方ができると思います。

（4）三島自身は言及していませんが、近代天皇制のもとで多くの祭祀がつくり出され、天皇は軍事指導者でありながら同時に祭祀の主体にもなることを踏まえれば、橋川の批判にも問題がないわけではありません。

（5）最近では、三島が憲法改正を強調するようになったのは、「檄」の文章に相反して、六九年一〇月二一日に自衛隊の治安出動の可能性が消えたと判断したからだという説も出されています。鈴木宏三『三島由紀夫　幻の皇居突入計画』（彩流社、二〇一六年）を参照。

学習課題

1．象徴天皇制における天皇の皇后化について考えてみよう。
2．三島由紀夫と新左翼の共通点と相違点について考えてみよう。
3．平成の天皇制と憲法の関係についてまとめてみよう。

参考文献

松下圭一『戦後政治の歴史と思想』（ちくま学芸文庫、一九九四年）
三島由紀夫『英霊の聲』（河出文庫、一九九〇年）
三島由紀夫『春の雪―豊饒の海・第一巻』（新潮文庫、二〇〇二年）
三島由紀夫『奔馬―豊饒の海・第二巻』（新潮文庫、二〇〇二年）
三島由紀夫『文化防衛論』（ちくま文庫、二〇〇六年）
三島由紀夫『行動学入門』（文春文庫、一九七四年）
山本舜勝『自衛隊「影の部隊」―三島由紀夫を殺した真実の告白』（講談社、二〇〇一年）
原武史『昭和天皇』（岩波新書、二〇〇八年）
『歩み　皇后陛下お言葉集』（海竜社、二〇〇五年）
原武史『平成の終焉　退位と天皇・皇后』（岩波新書、二〇一九年）

●ま　行

●は　行

●な　行

●た 行

●さ　行

●か　行

人名索引

●配列は五十音順。

著者紹介

原　武史（はら・たけし）

一九六二年　東京都に生まれる
一九八六年　早稲田大学政経学部卒業
一九九二年　東京大学大学院法学政治学研究科博士課程中退
現　在　放送大学教授、明治学院大学名誉教授
主な著書　『昭和天皇』（岩波書店）
『増補版　可視化された帝国』（みすず書房）
『皇后考』（講談社）
『レッドアローとスターハウス』（新潮社）
『大正天皇』（朝日新聞出版）

放送大学教材　1539361-1-2111（ラジオ）

改訂版　日本政治思想史

発　行　2021年 3 月20日　第 1 刷
　　　　2023年 8 月20日　第 2 刷
著　者　原　武史
発行所　一般財団法人　放送大学教育振興会
　　　　〒105-0001　東京都港区虎ノ門1-14-1　郵政福祉琴平ビル
　　　　電話　03（3502）2750

市販用は放送大学教材と同じ内容です。定価はカバーに表示してあります。
落丁本・乱丁本はお取り替えいたします。

Printed in Japan　ISBN978-4-595-32268-6　C1331